MW00815494

LANGUE FRANÇAISE

Collectif

LANGUE FRANÇAISE

Inédit

© E.J.L., 2007

Sommaire

DEUXIÈME PARTIE
Grammaire française
par Nathalie Baccus

TROISIÈME PARTIE
Conjugaison française
Collectif

QUATRIÈME PARTIE
Dictées pour progresser
par Mélanie Lamarre

PREMIÈRE PARTIE

Orthographe française

par Nathalie Baccus

Chapitre 1

Les règles d'usage

Accents

• L'accent aigu se met sur la lettre e pour noter le son fermé [e].
Il se retrouve à l'initiale, à l'intérieur ou en finale d'un mot.
  Exemple : *un été ; compléter.*

• L'accent grave se met sur la lettre e pour noter le son ouvert [ɛ].
On le trouve :
– devant un s final
  Exemple : *un exc<u>ès</u>*
– devant une syllabe qui contient un e muet
  Exemple : *elle compl<u>ète</u>*
– devant un groupe de consonnes, si la seconde est -r ou -l
  Exemple : *la fiè<u>vr</u>e ; le trè<u>fl</u>e*
– sur les lettres e, a et u, pour distinguer certains mots de leurs
  homophones
  Exemple : *des (amis) / dès (que) ; la (fille) / là ; ou (bien) / où*

Remarque : Certains verbes peuvent changer leur accent aigu en
accent grave, ou prendre un accent grave, à certains temps.

• L'accent circonflexe se met sur les lettres *a*, *e*, *i*, *o* et *u*.
Il remplace très souvent un *s* disparu, que l'on retrouve parfois dans des mots de la même famille.
> Exemple : *un bâton* (s maintenu dans *une bastonnade*) ; *la fête* (le *festin*, le *festival*, *festif*) ; *le faîte* ; *la piqûre*.

L'accent circonflexe permet aussi de distinguer les homophones.
> Exemple : *un pécheur* (qui commet une faute) / *un pêcheur* (qui pêche le poisson).
> *sur* (au-dessus de) / *sûr* (certain).
> *du* (déterminant) / *dû* (participe passé de *devoir*).
> *il finit* (indicatif passé simple) / *qu'il finît* (subjonctif imparfait).

On le trouve :

– dans les verbes en *-AÎTRE* et *-OÎTRE*, dans le verbe *plaire* et ses composés, à la troisième personne du singulier de l'indicatif présent, et dans le verbe *croître*, à d'autres personnes.
> Exemple : *il naît* ; *il accroît* ; *il plaît* ; *je crûs*...

– aux première et deuxième personnes de l'indicatif passé simple, à la troisième personne du singulier du subjonctif imparfait de tous les verbes (sauf *haïr*, qui garde son tréma).
> Exemple : *nous chantâmes, vous chantâtes, qu'il chantât ; nous finîmes, vous finîtes, qu'il finît ; nous vînmes, vous vîntes, qu'il vînt.*

– dans les participes passés *crû, dû, mû, recrû* et *redû*, lorsqu'ils sont au masculin singulier (au féminin ou au pluriel, l'accent circonflexe disparaît).

Adverbes en -MENT

L'adverbe en *-MENT* est issu d'un adjectif qualificatif, parfois d'un participe passé.

• Si l'adjectif masculin se termine par *e* ou une autre voyelle, on ajoute simplement *-MENT*.
> Exemple : *tendre* > *tendrement* ; *joli* > *joliment* ; *résolu* > *résolument* ; *dû* > *dûment*.

Exceptions :

– *(beau)* **belle**ment ; *(fou)* **folle**ment ; *(mou)* **molle**ment ; *(gai)* **gaie**ment ; *(impuni)* **impuné**ment.

– Le e d'un certain nombre d'adjectifs qualificatifs devient é :
   Exemple : *aveugle > aveuglément* ; *(in)commode > (in)commodément* ; *conforme > conformément* ; *dense > densément*.

– Le u d'un certain nombre d'adjectifs qualificatifs devient û :
   Exemple : *assidu > assidûment* ; *congru > congrûment* ; *continu > continûment* ; *cru > crûment* ; *fichu > fichûment*.

• Si l'adjectif masculin se termine par une consonne, il faut d'abord le mettre au féminin, avant d'ajouter -MENT.
   Exemple : *lent > lente > lentement* ; *franc > franche > franchement*.

Exceptions :
– *gentil > gentiment*.

– Le e du féminin d'un certain nombre d'adjectifs qualificatifs devient é :
   Exemple : *commune > communément* ; *confuse > confusément* ; *diffuse > diffusément* ; *expresse > expressément*.

• Si l'adjectif se termine par -ANT ou -ENT, l'on supprime -NT et l'on ajoute -MMENT.
   Exemple : *méchant > mécha- + -MMENT > méchamment*.
   patient > patie- + -MMENT > patiemment.

Remarque : Certains adverbes sont issus d'adjectifs qualificatifs disparus aujourd'hui.
Ce sont : *brièvement, grièvement, journellement, notamment, nuitamment, précipitamment* et *traîtreusement*.

Apostrophe

• L'apostrophe indique que la voyelle finale d'un mot (*a*, *e* ou *i*) est supprimée, parce que le mot suivant commence par une voyelle ou un *h* muet.

• Elle marque l'**élision** de cette voyelle finale.
    Exemple : ~~la affaire~~ > *l'affaire* ; ~~le ennemi~~ > *l'ennemi* ; ~~si ils~~ > *s'ils*.

• Les mots qui s'élident sont :

— les déterminants ou pronoms *le, la, je, me, te, se* et *ce*

— les prépositions et conjonctions *de, jusque, lorsque, parce que, puisque, que, quoique* et *si* (lorsqu'il précède *il(s)*).

Attention : Devant un *h* aspiré, il n'y a pas d'élision et donc pas d'apostrophe.
    Exemple : *le héros* ; *la haine.* (Voir **Lettre h** aspiré, p. 22)

Cédille

• La cédille se place sous la lettre *c*, devant les voyelles *a*, *o* et *u*, pour noter le son *s*. Sans la cédille, le son prononcé est *k*.
    Exemple : *il avança ; un maçon ; reçu.*

• Les verbes en -*CER* prennent une cédille à certains temps et à certaines personnes.

Consonnes finales muettes

• En français, un certain nombre de consonnes finales sont muettes. Ainsi, pour orthographier correctement un mot, il est parfois utile de penser à ses dérivés, ou à sa forme féminine, s'il s'agit d'un adjectif.

• Les consonnes finales qui ne se prononcent pas sont :

— C   Exemple : *un banc (bancal) ; blanc (blanche, blancheur).*

— **CT** Exemple : *l'instinct (instinctif) ; le respect (respecter, respectueux).*

— **D** Exemple : *un bond (bondir) ; froid (froide, froideur, froidure).*

— **L** Exemple : *un outil (outillage) ; le persil (persillade).*

— **M** Exemple : *un nom (nommer, nominal, nominatif) ; un parfum (parfumerie, parfumer, parfumeur).*

— **N** Exemple : *brun (brune, brunir) ; chacun (chacune).*

— **P** Exemple : *un loup ; un coup.*

— **R** Exemple : *un fermier (fermière) ; léger (légère, légèreté).*

Notons que tous les verbes du 1er groupe et un certain nombre de noms communs et d'adjectifs qualificatifs (au masculin singulier) se terminent par -ER (Voir la formation du féminin et du pluriel, p. 49).

— **S** Exemple : *une souris ; sournois (sournoise).*
En outre, un grand nombre de mots (noms communs, adjectifs qualificatifs, déterminants) ont un pluriel en -S.
Les verbes, conjugués à certaines personnes (première et deuxième du singulier, première du pluriel, essentiellement), ont aussi une finale en -S.

— **T** Exemple : *un front (frontal, affronter) ; le coût (coûter, coûteux).*
De plus, les verbes des 2e et 3e groupes, conjugués à la troisième personne du singulier, ont très souvent une finale muette en -T.

— **X** Exemple : *un époux ; courageux.*
Notons aussi que certains noms communs et adjectifs qualificatifs (au masculin singulier), ainsi que certains verbes (pouvoir, valoir et vouloir, aux première et deuxième personnes du singulier de l'indicatif présent) ont une finale muette en -X.

— **Z** Exemple : *un nez.*
De plus, tous les verbes conjugués à la deuxième personne du pluriel de l'indicatif présent, du subjonctif présent et de l'impératif présent se terminent par -Z.

Consonnes redoublées

• C-
La plupart du temps, la consonne c est redoublée après a- et o-, à l'initiale d'un mot.
Exemple : *accord, accrocher, accueil...*
occasion, occulte, occuper.
Exceptions : *acabit, acacia, académie, acajou, acanthe, acariâtre, acolyte, acompte, acoquiner, acoustique, âcre, acrobate, acuité, ocre, oculaire, oculiste.*

• F-
Très généralement, la consonne f est redoublée après a-, e- et o-, après di- et su-, à l'initiale d'un mot.
Exemple : *affectation, affirmer, affubler...*
effacer, effeuiller, efficace...
offense, officiel, offrir...
différent, différer, difforme...
suffisant, suffoquer, suffrage...

Exceptions : *afin, africain* et *Afrique.*

• L-
La consonne l est redoublée après i-, à l'initiale d'un mot.
Exemple : *illégal, illuminer, illusion...*

• M-
On redouble la consonne m

— après i-, à l'initiale d'un mot.
Exemple : *immatriculation, immeuble, immobile...*
Exceptions : *image, imaginer, imiter.*

— après co-, à l'initiale d'un mot.
Exemple : *commander, commission, commun...*
Exceptions : *coma, comédie, comédien, comique, comète, comestible, comices.*

— dans les adverbes en -*amment* et -*emment*, issus d'adjectifs qualificatifs en -*ant* et -*ent*.
Exemple : *méchamment, intelligemment...*

• **N-**

La consonne *n* est redoublée

— après *co-*, à l'initiale d'un mot.

Exemple : *connaissance, connivence, connoter...*
Exceptions : *conifère, conique.*

— dans trois mots en -*anne* : *chouanne, Jeanne* et *paysanne.*

— dans les mots en -*enne*, à la finale et au féminin.
Exemple : *lycéenne, mathématicienne, mienne...*

— dans les mots en -*onne*, à la finale et au féminin.
Exemple : *bonne, colonne, lionne.*

— dans les verbes en -*onner*, dérivés de noms en -*on*.
Exemple : *(clairon) claironner, (poison) empoisonner, (raison) rai-
sonner...*
Exceptions : *(poumon) époumoner, (violon) violoner.*

— dans les adjectifs qualificatifs en -*onnel*, dérivés de noms en -*on*.
Exemple : *(convention) conventionnel, (passion) passionnel, (tra-
dition) traditionnel...*

• **P-**

On redouble la consonne *p* après *su-*, à l'initiale.
Exemple : *supplément, supplice, supporter...*
Exceptions : *suprême, suprématie* et les mots présentant *super-,
supin-* ou *supra-* à l'initiale.

• **R-**

La consonne *r* est redoublée après *i-*, à l'initiale d'un mot.
Exemple : *irradier, irréductible, irriguer...*
Exceptions : *irascible, ironique, iris, Iran, iranien.*

• **T-**

La consonne *t* est redoublée

— après *a-* à l'initiale d'un mot.
Exemple : *attaque, attendre, attitude...*
Exceptions : *atavisme, atelier, atermoyer, atome, atone, atour,
atout, atroce, atrophier.*

– dans les mots *chatte*, *pâlotte*, *sotte* et *vieillotte*.

– dans les mots en *-ette*, à la finale et au féminin.
Exemple : *cad**ette**, maigrel**ette***...
Exceptions : *(in)complète, concrète, désuète, (in)discrète, inquiète, préfète, replète, secrète.*

• S-
La consonne *s* est doublée entre deux voyelles, pour garder le son s.
Exemple : *cou**ss**in, mi**ss**ion, pre**ss**er*...

Attention : Devant la finale *-ion*, le son s peut être transcrit par les lettres *-ss-* (*mission*), *-t-* (*nation*), *-c-* (*suspicion*) ou même *-x-* (*réflexion*).

Aucune règle ne permet de savoir quand l'on choisit l'une plutôt que l'autre orthographe. Il faut donc consulter le dictionnaire.

Déterminant numéral

• *ZÉRO* est un nom commun.
Il varie donc en nombre.
Exemple : *cinq zéros.*

• *UN* n'est variable qu'en genre.
Exemple : *vingt et une roses.*

Remarque : Dans les déterminants indéfinis *quelques-uns, les uns... les autres*, un varie aussi en nombre.

• *VINGT* et *CENT* ne varient que s'ils sont multipliés et s'ils ne sont pas suivis d'un autre numéral.
Exemple : *quatre-vingt-trois ans ; quatre-vingts ans ; deux cent trois euros ; deux cents euros.*

• *MILLE* reste toujours invariable.
Exemple : *mille euros ; deux mille euros ; deux mille trois cents euros.*

• *MILLION*, *MILLIARD* et *MILLIER* peuvent se mettre au pluriel.
   Exemple : *deux millions d'hommes ; deux milliards d'hommes ;*
   des milliers d'hommes.

LES DÉTERMINANTS COMPOSÉS

Les déterminants numéraux simples qui constituent les formes composées sont :

— coordonnés par *et* quand il s'agit d'une addition d'une dizaine et de *un* jusqu'à *soixante*, et dans *soixante et un*.
   Exemple : *vingt et un, trente et un, quarante et un, cinquante et un, soixante et un.*

— juxtaposés, **avec un trait d'union**, quand l'un et l'autre sont inférieurs à *cent* (et s'il n'y a pas de *et*).
   Exemple : *quatre-vingt-treize ; mille deux cent vingt-huit.*

— juxtaposés **sans trait d'union**, quand l'un des deux est supérieur à *cent*.
   Exemple : *trois mille deux cent vingt.*

Lettre *e* muet

• On appelle *e* « muel » un *e* qui s'efface dans la langue courante.

• On le trouve très souvent à la fin des mots.
   Exemple : *une bougie ; une année ; une aventure.*

• Il peut aussi apparaître à l'intérieur des mots, notamment ceux qui sont dérivés des verbes en *-IER*, *-OUER*, *-UER* et *-YER*.
   Exemple : *un boulevard ; un balbutiement (< balbutier) ; un dénouement ; (< dénouer) ; un éternuement (< éternuer).*

Remarques :
• Le *e* muet s'élide devant une voyelle.
• Dans certains cas, le *e* dit « muet » est prononcé :
— soit pour éviter une suite de consonnes difficilement prononçable
   Exemple : *une retenue.*

— soit en poésie, lorsqu'il se trouve entre deux consonnes.
  Exemple : « D'une femme inconnue, et que j'aime, et qui
           m'aime... » (Verlaine)
Dans les exemple ci-dessus, les e « muets » soulignés sont prononcés.

Lettre *h*

La lettre *h* ne se prononce pas mais est importante, à la fois dans l'écriture et dans la prononciation.

• À l'initale d'un mot, le *h* peut être soit « muet » soit « aspiré ».

Le *h* **muet** ne se prononce pas et permet l'**élision** des mots qui le précèdent. À l'oral, la **liaison** peut se faire.
  Exemple : *l'horreur, l'herbe, les horreurs, les herbes.*

Le *h* **aspiré** ne se prononce pas non plus, mais ne permet ni élision ni liaison.
  Exemple : *le haricot, le héros, les haricots, les héros.*

Remarque : Dans le dictionnaire, le *h* aspiré est transcrit phonétiquement par une apostrophe (') ou un astérisque (*).

• À l'intérieur d'un mot, le *h* indique qu'il faut prononcer chacune des voyelles qu'il sépare.
  Exemple : *ahuri, trahir.*

Après la plupart des consonnes, le *h* ne se prononce pas.
  Exemple : a*dh*érer ; in*h*érent ; *th*éâtre...

Toutefois, avec la consonne c, h est très souvent prononcé [ʃ].
  Exemple : a*ch*eter ; *ch*aud ; un é*ch*afaudage...

Mais, dans certains mots d'origine grecque, la combinaison *ch* se prononce k.
  Exemple : *ch*lore ; or*ch*estre ; or*ch*idée...

Majuscule

• Quelle que soit la nature du mot, l'on doit mettre une majuscule :

– au premier mot d'une phrase
  Exemple : *La neige se mit à tomber à gros flocons. Les trottoirs en furent vite recouverts.*

– après des guillemets ou un tiret, dans le discours rapporté direct
  Exemple : *« Comme c'est joli ! – Oui, on dirait une couverture blanche. »*

– au premier mot de chaque vers d'un poème
  Exemple : *« Je fais souvent ce rêve étrange et pénétrant*
  D'une femme inconnue, et que j'aime, et qui m'aime... »
  (Verlaine)

• Quelle que soit sa place dans la phrase, le **nom** prend une majuscule quand il désigne une personne, une famille, une localité, un pays, un point cardinal, une institution, un monument historique, un ouvrage, une divinité, un titre honorifique, une période historique, une marque.
  Exemple : *Marie ; les Dupond ; la Normandie ; la Grèce ; le Nord ; le Sénat ; le Panthéon ; L'Odyssée ; Bacchus ; Monseigneur ; l'Antiquité ; un Perrier.*

Toutefois, lorsque le nom propre passe dans la catégorie des noms communs, pour désigner un objet ou un type humain, il apparaît sans majuscule et précédé d'un déterminant.
  Exemple : *une poubelle* (du nom du préfet Poubelle) ; *un harpagon* (du nom du personnage de Molière, Harpagon).

• L'**adjectif qualificatif** prend une majuscule quand :

– il précise le surnom d'un personnage
  Exemple : *Pépin le Bref.*

– il est dérivé d'un nom de localité, de pays, de ville..., qu'il désigne des personnes et est employé comme nom propre
  Exemple : *les Normands ; les Belges ; les Anglais.*

Toutefois, l'adjectif qualificatif ne prend pas de majuscule quand il est employé comme adjectif ou quand il désigne une langue.
    Exemple : *les paysages normands ; les chocolats belges ; l'anglais (la langue).*

Trait d'union

• Le trait d'union n'est pas un signe de ponctuation, à la différence du tiret (qui est normalement plus long).

• On le trouve toujours :

– après une **forme verbale** et son **pronom sujet** (dans les phrases interrogatives ou les incises)
    Exemple : *Vient-elle à la fête ? ; Est-ce toi ? ; « Attends-moi ! », cria-t-elle.*

> **Remarque :** S'ajoute un *t* de liaison lorsque le verbe se termine par une voyelle et que son pronom sujet commence aussi par une voyelle.

– après un **verbe à l'impératif** et son/ses **pronom(s) complément(s)**
    Exemple : *Cours-y vite ! ; Dis-le-moi.*

– dans les **déterminants numéraux** dont les termes sont **inférieurs à cent** (et s'il n'y a pas *et*)
    Exemple : *Quatre-vingt-treize ; mille deux cent vingt-huit.*

– devant les particules *ci* et *là* (des déterminants et pronoms démonstratifs composés)
    Exemple : *Prends cette robe-là ; celle-ci est moins lumineuse.*

– entre le **pronom personnel** et l'adjectif *même*
    Exemple : *Je le lui annoncerai moi-même.*

> **Remarque :** Lorsque *même* est précédé d'un nom, d'un adverbe ou d'un pronom d'un autre type, il n'y a pas de trait d'union.

– dans les noms ou adjectifs qualificatifs composés, dont l'un des éléments est **demi, semi, mi, nu, nouveau** ou **grand**

Exemple : *une demi-heure ; une semi-voyelle ; mi-ouvert ; nu-tête ; nouveau-né ; un grand-père.*

• Le trait d'union sert aussi à relier les parties d'un mot qu'on a coupé au bout d'une ligne, faute de place.

Tréma

Le tréma se met sur une voyelle, pour indiquer que l'on prononce la voyelle qui précède.
Il peut se placer sur un *i*, un *e* ou un *u*.
Exemple : *une coïncidence ; une note aiguë ; un capharnaüm.*

Remarques :
• Dans certains mots, c'est la lettre *h* qui indique que les deux voyelles doivent être prononcées.
• Le verbe *haïr* ne perd son tréma qu'aux première et deuxième personnes du singulier de l'indicatif présent et à la deuxième personne du singulier de l'impératif présent.

Chapitre 2

La ponctuation

Les points (. ? ! ...)

Le point marque la fin d'une phrase.
Le mot qui le suit commence donc par une majuscule.
(Voir Majuscule, p. 23)

• Le point **final** (.) s'utilise pour marquer la fin d'une phrase affirmative (qui donne une information) ou impérative (qui vise à faire agir le destinataire).

Exemple : *Gladys prépare soigneusement ses cours.*
Révise tes cours.

Remarque : Il sert aussi à marquer qu'un mot est abrégé.
Exemple : *À M. Dupont (où M. est mis pour Monsieur).*

• Le point **d'interrogation** (?) est utilisé pour marquer la fin d'une phrase interrogative directe (qui demande une information).

Exemple : *As-tu bien révisé tes cours ?*

• Le point **d'exclamation** (!) s'emploie pour marquer la fin d'une phrase exclamative (qui traduit un sentiment).

Exemple : *Aïe ! Je me suis pincé le doigt !*

• Les points **de suspension** (...) sont utilisés pour indiquer que la phrase est inachevée.
> Exemple : *J'ai acheté des oranges, des poires, des abricots, des bananes...*

On les emploie aussi pour traduire l'hésitation de l'énonciateur, ou pour montrer que l'on ne veut pas donner un nom en entier.
> Exemple : *Euh... Je ne sais que vous répondre... J'hésite...*
> *J'ai passé toute mon enfance dans le village de P...*

La virgule (,), le point-virgule (;), le deux-points (:)

Ces signes s'utilisent à l'intérieur d'une phrase.
Ils sont donc suivis d'une minuscule.

• La **virgule** établit une courte pause, à l'intérieur d'une phrase.
Elle sert à séparer des mots, groupes de mots ou propositions.
> Exemple : *J'ai acheté des oranges, des poires, des abricots et des bananes.*

On l'utilise aussi pour mettre certains mots en évidence.
> Exemple : *S'impatientant, le candidat perdit son sang-froid.*

• Le **point-virgule** sert à séparer deux propositions, dont la seconde est un développement (précision, explication...) de la première.
> Exemple : *Laure est arrivée avec une heure de retard ; elle avait raté son train.*

• Le **deux-points** indique que le terme le précédant va être développé.
> Exemple : *Vous achèterez les livres suivants* : Les Fourberies de Scapin, Les Misérables *et* La Vénus d'Ille.

Il sert aussi à introduire une citation. Dans ce cas, il est suivi de guillemets et d'une majuscule.
> Exemple : *L'enfant déclara alors : « J'ai perdu ma maman. »*

Les guillemets (« »)

Les **guillemets** sont utilisés lorsque l'on cite un texte dont on ne prend pas la responsabilité.

Exemple : *Le ministre a annoncé que « des budgets seront prévus pour résoudre ce problème ».*

On les trouve donc pour commencer et finir un discours rapporté direct.

Exemple : *« Attends-moi, s'écria Salomé.*
— Ne t'inquiète pas, je suis là, lui répondit Jules.
— Je suis petite. Je n'arrive pas à te suivre ! »

Remarque : Dans l'écriture manuscrite, l'on utilise les guillemets pour remplacer l'italique.

Le tiret (–), les parenthèses ( ), les crochets [ ]

• Le **tiret** est employé dans le discours rapporté direct, pour marquer un changement d'énonciateur.

Exemple : *« Attends-moi, s'écria Salomé.*
— Ne t'inquiète pas, je suis là, lui répondit Jules.
— Je suis petite. Je n'arrive pas à te suivre ! »

Il peut aussi isoler certains éléments dans la phrase et remplacer les parenthèses.

Exemple : *Hier soir, je me suis couchée à vingt et une heures – ce qui ne m'était pas arrivé depuis longtemps – et je me suis endormie tout de suite.*

• Les **parenthèses** indiquent que ce qui est dit est accessoire, dans la phrase.

Exemple : *Hier soir, je me suis couchée à vingt et une heures (ce qui ne m'était pas arrivé depuis longtemps) et je me suis endormie tout de suite.*

• Les **crochets** sont utilisés, comme les parenthèses, pour encadrer une information peu importante.

Ils ne sont employés que pour éviter la répétition des parenthèses, ou pour faire apparaître la transcription phonétique d'un mot.

Exemple : *Vous lirez le troisième chapitre du roman [partie V pages 53 à 68].*

- Chapitre 3 -

Le verbe

Participes

1) PARTICIPE PRÉSENT ET ADJECTIF VERBAL

• Le participe présent est une forme verbale. Il reste toujours invariable.

Exemple : *Elle raconta une histoire tragique, émouvant tout le monde.*

L'adjectif verbal, lui, s'accorde en genre et en nombre avec le mot auquel il se rapporte (selon les mêmes règles que l'adjectif qualificatif).

Exemple : *Elle raconta une histoire tragique et émouvante.*

• La forme en -ANT est un participe présent quand :

— elle est précédée de en, pour former le gérondif
Exemple : *C'est en forgeant qu'on devient forgeron.*

— elle est précédée du pronom personnel réfléchi se (s')
Exemple : *Se contentant de cette réponse, elle sortit de la banque.*

— elle est précédée de l'adverbe de négation ne (n')
Exemple : *Ne sachant que dire, elle se tut.*

– elle est suivie d'un complément d'objet
Exemple : *Connaissant sa leçon par cœur, Mélanie était confiante.*

– elle fait partie d'une proposition subordonnée participiale
Exemple : *La neige **tombant**, les promeneurs se mirent à l'abri.*

• La forme en -ANT est un adjectif verbal quand :

– elle est précédée d'un adverbe de quantité ou de temps
Exemple : *Cette élève était toujours **souriante**.*

– elle peut être remplacée par un adjectif qualificatif
Exemple : *Ces chiots sont **obéissants** / dociles.*

Remarque : Parfois, participes présents et adjectifs verbaux présentent des formes distinctes.

Infinitifs	Participes présents	Adjectifs verbaux
convaincre	convainquant	convaincant
communiquer	communiquant	communicant
provoquer	provoquant	provocant
suffoquer	suffoquant	suffocant
vaquer	vaquant	vacant
déléguer	déléguant	délégant
divaguer	divaguant	divagant
extravaguer	extravaguant	extravagant
intriguer	intriguant	intrigant
fatiguer	fatiguant	fatigant
naviguer	naviguant	navigant
zigzaguer	zigzaguant	zigzagant
adhérer	adhérant	adhérent
affluer	affluant	affluent
confluer	confluant	confluent
coïncider	coïncidant	coïncident
converger	convergeant	convergent
déférer	déférant	déférent
déterger	détergeant	détergent

Infinitifs	Participes présents	Adjectifs verbaux
différer	différant	différent
diverger	divergeant	divergent
émerger	émergeant	émergent
équivaloir	équivalant	équivalent
exceller	excellant	excellent
expédier	expédiant	expédient
influer	influant	influent
négliger	négligeant	négligent
précéder	précédant	précédent
résider	résidant	résident
somnoler	somnolant	somnolent
violer	violant	violent

• *Soi-disant* reste toujours invariable.

   Exemple : *Elle nous présenta ses **soi-disant** amis.*

   *Il nous a quittés, **soi-disant** pour aller voir sa sœur.*

• *Tapant* et *sonnant* sont souvent considérés comme des adjectifs ; ils varient donc.

   Exemple : *Je serai là à dix heures **tapantes** / **sonnantes**. Ne me fais pas attendre.*

2) Formation du participe passé

Valeurs et emplois

• Le participe passé exprime une action accomplie.

• Précédé de l'auxiliaire *être*, il sert à former les temps composés ou à construire la forme passive d'un verbe.
Précédé de l'auxiliaire *avoir*, il sert à former les temps composés.
Il s'accorde selon des règles bien spécifiques.
(Voir accords du participe passé, p. 35.)

• Employé seul, il fonctionne comme l'adjectif qualificatif et varie selon les mêmes règles.
(Voir accords du participe passé, p. 35.)

Règle générale

1ᵉʳ groupe	2ᵉ groupe	3ᵉ groupe	
chant-er	fin-ir	cour-ir	part-ir
(ayant) chant-é	(ayant) fin-i	(ayant) cour-u	(étant) part-i

- Tous les verbes du 1ᵉʳ groupe prennent -é.
- Tous les verbes du 2ᵉ groupe prennent -i.

Remarque : Le verbe *haïr* garde son tréma sur l'*-i* (*haï*).

- La plupart des verbes du 3ᵉ groupe, prennent -u.

avoir	apercevoir	battre	boire	choir
eu	aperçu	battu	bu	chu

conclure	connaître	coudre	courir	croire
conclu	connu	cousu	couru	cru

- Quelques verbes du 3ᵉ groupe prennent -i.

assaillir	bouillir	cueillir	dormir	faillir	fuir	mentir
assailli	bouilli	cueilli	dormi	failli	fui	menti

partir	rire	sentir	servir	suffire	suivre	tressaillir
parti	ri	senti	servi	suffi	suivi	tressailli

- D'autres, peu nombreux, prennent -û, -t, -ert, -is, -s ou même -é. Ainsi, il faut penser au féminin, pour connaître la dernière lettre du participe passé masculin singulier.

Particularités de certains verbes du 3ᵉ groupe

Les verbes prenant -û

croître	devoir	mouvoir	recroître	redevoir
crû	dû	mû	recrû	redû

Remarques :
- Lorsqu'ils se mettent au féminin ou au pluriel, l'accent circonflexe disparaît.
  Exemple : *des euros dus ; une somme due ; des sommes dues.*

- Les verbes accroître, décroître, émouvoir et promouvoir, au participe passé, ne prennent pas d'accent circonflexe : *accru, décru, ému* et *promu.*

Les verbes prenant -t

craindre	confire	cuire	dire	écrire	faire
craint	confit	cuit	dit	écrit	fait

joindre	maudire	mourir	peindre	traire
joint	maudit	mort	peint	trait

Remarque : Tous les verbes en *-INDRE* ont un participe passé en *-t.*

Les verbes prenant -ert

couvrir	offrir	ouvrir	souffrir
couvert	offert	ouvert	souffert

Les verbes prenant -is

acquérir	asseoir	mettre	prendre
acquis	assis	mis	pris

Remarque : Tous les verbes en *-QUÉRIR* ont un participe passé en *-is.*

Les verbes prenant -s

absoudre	clore	dissoudre
absous	clos	dissous

Remarque : Les verbes *absoudre* et *dissoudre* ont un participe passé en -s, même si, au féminin, l'on a *absoute* et *dissoute*.

Les verbes prenant -é

être	naître
été	né

3) ACCORDS DU PARTICIPE PASSÉ

EMPLOYÉ SEUL

Exemple 1. *Les magasins **décorés** attiraient l'attention.*
Exemple 2. ***Excepté** les librairies, tous les magasins étaient décorés.*
Exemple 3. *Les librairies **exceptées**, tous les magasins étaient décorés.*

Règle générale

Employé seul, le participe passé s'accorde comme un adjectif qualificatif, en genre et en nombre **avec le nom ou le pronom** auquel il se rapporte.

Dans l'exemple 1, *décorés* s'accorde avec *magasins* (masculin pluriel).

(Pour les cas particuliers, voir p. 59, accords de l'adjectif qualificatif.)

Cas particuliers

Attendu, étant donné, excepté, mis à part, ôté, passé, supposé, vu, non compris, y compris, ci-annexé, ci-inclus, ci-joint restent **invariables**, s'ils **précèdent** le mot qu'ils accompagnent.

Dans l'exemple 2, *excepté* précède *librairies* et reste donc invariable. Lorsqu'ils le suivent, ils s'accordent en genre et en nombre avec lui. Dans l'exemple 3, *exceptées* suit *librairies*, nom avec lequel il s'accorde (féminin pluriel).

EMPLOYÉ AVEC *ÊTRE*

Exemple 1. *Les fêtes de fin d'année étaient enfin **arrivées**.*
Exemple 2. *Les magasins avaient été **décorés** par les commerçants.*

Règle générale

Employé avec l'auxiliaire ÊTRE, le participe passé s'accorde en genre et en nombre **avec le sujet du verbe**, dans une phrase à la voix active ou à la voix passive.

Dans l'exemple 1, *arrivées* s'accorde en genre et en nombre avec *fêtes* (féminin pluriel).
Dans l'exemple 2, *décorés* s'accorde avec *magasins* (masculin pluriel).

(Pour les cas particuliers, voir p. 41, accords du verbe.)

EMPLOYÉ AVEC *AVOIR*

Exemple 1. *Les magasins, ils les ont* **admirés** *pendant des heures.*
Exemple 2. *Vous avez* **admiré** *les magasins qui étaient décorés.*
Exemple 3. *Vous avez* **chanté**.

Règle générale

Employé avec l'auxiliaire AVOIR, le participe passé s'accorde en genre et en nombre **avec le complément d'objet direct** (COD) du verbe, **si ce COD le précède**.
Lorsque le COD suit le verbe, ou s'il n'y a pas de COD, le participe passé reste invariable.

Dans l'exemple 1, *admirés* s'accorde en genre et en nombre avec *les*, placé devant et mis pour *magasins* (masculin pluriel).
Dans l'exemple 2, le participe passé *admiré* reste invariable car le COD du verbe, *magasins*, est après.
Dans l'exemple 3, *chanté* est invariable, car il n'y a pas de COD.

Le COD est le pronom relatif QUE (QU')

Exemple 4. *Il a reçu la somme qu'il avait* **espérée**.
Exemple 5. *Il a reçu la somme qu'il avait* **espéré** *qu'on lui donnerait.*

• Lorsque le COD renvoie au pronom relatif QUE, le participe passé s'accorde en genre et en nombre **avec l'antécédent de ce pronom**.
Dans l'exemple 4, *espérée* s'accorde avec *somme* (féminin singulier), l'antécédent de QUE.

• Toutefois, le participe passé reste invariable quand l'antécédent de QUE est COD d'un verbe placé après le participe.
C'est le cas dans l'exemple 5 ; *somme*, l'antécédent de QUE, est COD de *donnerait*.

Le COD est le pronom personnel EN

Exemple 6. *Il a acheté des chocolats et m'en a* **offert**.

Lorsque le COD du verbe est le pronom *EN*, le participe passé reste invariable.
Dans l'exemple 6, *offert* a pour COD *EN* et reste invariable.

Le COD du verbe est le pronom personnel LE (L'), qui renvoie à une proposition

Exemple 7. *Il viendra, du moins, il me l'a* **dit**.

• Lorsque le COD du verbe est le pronom *LE* (L'), qui remplace toute une proposition, le participe passé reste **invariable**.
En effet, cette proposition n'a ni genre ni nombre.
Dans l'exemple 7, le COD du verbe est *L'*, dont l'antécédent est la proposition *il viendra*. *Dit* reste donc invariable.

Le COD renvoie à un collectif ou à une fraction, suivis de leur complément

Exemple 8. *Mon père chassa la nuée d'oiseaux que les cerises avaient* **attirée / attirés**.

Exemple 9. *Il restait une moitié du fromage ; tu l'as* **emballée / emballé** ?

Exemple 10. *Il restait les trois quarts du fromage ; tu les as* **emballés** ?

• Lorsque le COD du verbe renvoie à un nom collectif ou une fraction suivis de leur complément, le participe passé peut s'accorder soit avec ce collectif / cette fraction, soit avec le nom qui les accompagne.

Dans l'exemple 8, *que* renvoie à *la nuée d'oiseaux* (nom collectif + complément).
Attirée / attirés peut s'accorder soit avec *nuée* (féminin singulier), soit avec *oiseaux* (masculin pluriel).
De la même façon, dans l'exemple 9, *emballée / emballé* peut s'accorder soit avec *moitié* (féminin singulier), soit avec *fromage* (masculin singulier).

• Toutefois, lorsque le nom de fraction est pluriel, le participe passé s'accorde avec lui (Exemple 10).

Le COD du verbe renvoie à un adverbe de quantité, suivi de son complément

Exemple 11. *Trop de gens que j'ai **connus** ont aujourd'hui disparu.*
Exemple 12. *Le peu d'efforts que tu as **faits** ont été payants.*
Exemple 13. *Le peu d'efforts que tu as **fait** n'a servi à rien.*

• Lorsque le COD du verbe renvoie à un adverbe de quantité suivi de son **complément**, c'est ce dernier qui dicte l'accord.

Dans l'exemple 11, le COD *que* renvoie à *trop de gens* (adverbe de quantité + complément).
Le participe passé *connus* s'accorde avec *gens* (masculin pluriel).

• Avec **le peu de**, l'accord se fait avec le complément, si l'idée de suffisance domine.
Dans l'exemple 12, les *efforts* ont suffi. *Faits* s'accorde donc avec ce mot.
Le participe s'accorde avec *le peu de* si l'idée d'insuffisance domine.
Dans l'exemple 13, les *efforts* ont été vains. *Fait* ne varie pas.

Le participe passé est suivi d'un infinitif

Exemple 14. *La troupe que j'ai **vue** jouer était internationale.*
Exemple 15. *La pièce que j'ai **vu** jouer était de Molière.*
Exemple 16. *Les enfants se sont jetés dans l'eau ; leur mère les a **laissé** faire.*

• Dans ce cas, le participe passé ne **s'accorde** que si le **COD du** verbe fait l'action de l'infinitif.
Sinon, le participe passé reste invariable.

Dans l'exemple 14 *vue* s'accorde avec le COD du verbe, *troupe* (féminin singulier), car c'est elle qui fait l'action de *jouer*.
Dans l'exemple 15, *vu* reste invariable, car le COD du verbe, *pièce*, ne fait pas l'action de *jouer*.

• Les participes passés des verbes *faire* et *laisser* suivis d'un infinitif restent toujours invariables.
C'est le cas dans l'exemple 16.

Le participe passé des verbes impersonnels ou employés impersonnellement
Exemple 17. *Les sommes qu'il a **fallu** verser étaient considérables.*
Exemple 18. *Les tempêtes qu'il y a **eu** ont tout dévasté.*

Le participe passé d'un verbe impersonnel ou d'un verbe employé impersonnellement reste **invariable**.
En effet, il ne faut pas confondre COD et sujet réel d'un verbe impersonnel.

Dans l'exemple 17, *les sommes* n'est pas le COD mais le sujet réel du verbe *a fallu* (le sujet apparent étant *il*).
Dans l'exemple 18, *les tempêtes* est le sujet réel de *a eu*, et pas son COD.

Le participe passé de certains verbes qui ont un sens intransitif
Exemple 19. *Les vingt minutes que j'ai **couru** m'ont fait du bien.*
Exemple 20. *Les dangers qu'ils ont **courus** ont fait d'eux des héros.*

• Le participe passé ne s'accorde que si le verbe est transitif et a donc un COD placé devant lui.
Si le verbe a un sens intransitif, le participe passé reste **invariable**.

Dans l'exemple 19, *les vingt minutes* n'est pas COD mais complément circonstanciel de temps de *courir*. Le participe passé reste donc invariable.
Dans l'exemple 20, en revanche, *les dangers* est COD du verbe *courir*.
Le participe passé s'accorde donc avec lui (masculin pluriel).

• Sont concernés par cette règle les verbes **de mesure, de prix, de temps**.
Ce sont : *coûter, courir, dormir, marcher, mesurer, peser, reposer, régner, vivre...*

4) PARTICIPE PASSÉ DES VERBES PRONOMINAUX

Exemple 1. *Elle s'est **coupée** au doigt.*   (réfléchi)
Exemple 2. *Elle s'est **coupé** le doigt.*   (réfléchi)
Exemple 3. *Ils se sont **battus** pendant la récréation.*   (réciproque)

Règle générale

Le participe passé d'un verbe pronominal réfléchi ou réciproque s'accorde en genre et en nombre **avec le COD** du verbe, **si ce COD le précède.**

Ainsi, si *se* est COD, le participe passé s'accorde avec lui.

S'il n'y a pas de COD (ni *se*, ni un autre mot), le participe passé reste invariable.

Les participes passés des verbes **transitifs indirects** (qui se construisent avec un COI) restent donc toujours **invariables.**

Dans l'exemple 1, le participe passé *coupée* s'accorde en genre et en nombre avec le COD placé devant, *se*, qui renvoie à *elle* (féminin singulier).

Dans l'exemple 2, *coupé* reste invariable, puisque le COD du verbe, *le doigt*, se trouve derrière lui. *S'* est, ici, complément d'objet second.

Dans l'exemple 3, *battus* s'accorde en genre et en nombre avec le COD placé devant, *se*, qui renvoie à *ils* (masculin pluriel).

Le participe passé des verbes essentiellement pronominaux et des verbes pronominaux à sens passif

Exemple 4. *Isabelle s'est* **évanouie.**   (essentiellement pronominal)

Exemple 5. *Quels droits elle s'est*   (essentiellement pronominal)
             arrogés !

Exemple 6. *Les combats se sont* **livrés**   (pronominal à sens passif)
             ici.

• On appelle « verbe essentiellement pronominal » un verbe qui est toujours précédé de *se* ou qui a un tout autre sens lorsqu'il apparaît sans *se*.

Son participe passé s'accorde en genre et en nombre **avec le sujet** du verbe.

Dans l'exemple 4, *évanouie* s'accorde avec *Isabelle* (féminin singulier).

Attention : Bien qu'étant un verbe essentiellement pronominal, le participe passé de *s'arroger* s'accorde en genre et en nombre avec le COD du verbe (Exemple 5).

• Lorsque le verbe pronominal a un sens passif, son sujet subit l'action.

Le participe passé, lui aussi, s'accorde en genre et en nombre **avec le sujet** du verbe.
Dans l'exemple 6, *livrés* s'accorde avec *combats* (masculin pluriel).

Le participe passé des verbes pronominaux, suivi d'un infinitif
Exemple 7. *La vedette s'est vue tomber en arrière.*
Exemple 8. *La vedette s'est alors vu prendre en photo.*
Exemple 9. *La souris s'est laissée tomber sur le sol.*

• Dans ce cas, le participe passé ne **s'accorde** que si le COD du verbe fait l'action de l'infinitif.
Sinon, le participe passé reste invariable.

Dans l'exemple 7, *vue* s'accorde avec le COD du verbe, *s'*, mis pour *vedette* (féminin singulier), car c'est elle qui fait l'action de *tomber*.
Dans l'exemple 8, *vu* reste invariable, car le COD du verbe, *s'*, mis pour *vedette* ne fait pas l'action de *prendre*.

• Le participe passé du verbe pronominal *se laisser* suivi d'un infinitif s'accorde si le COD du verbe fait l'action de l'infinitif (Exemple 9).
Le participe passé du verbe pronominal *se faire* suivi d'un infinitif reste invariable.

Accords du verbe

1) LE VERBE A UN SEUL SUJET

Exemple 1. *Je voudrais que tu te laves les mains.*
Exemple 2. *Asseyez-vous et soyez sages !*

Règle générale
Le verbe s'accorde en nombre et en personne avec son sujet.

Dans l'exemple 1, *voudrais* s'accorde avec *je* (1re personne du singulier), *te laves*, avec *tu* (2e personne du singulier).
Lorsque le verbe est au mode impératif (Exemple 2), il s'accorde en fonction du destinataire de l'énoncé (2e personne du pluriel).

Le sujet du verbe est le pronom relatif QUI

Exemple 3. *Tu es épuisée. C'est moi qui* **descendrai** *les valises.*

Exemple 4. *Vous qui n'***avez** *jamais* **eu** *de chance, saisissez-la !*

Exemple 5. *Tu es la seule personne qui m'***aime** *vraiment.*

Le verbe qui a pour sujet *QUI* s'accorde en nombre et en personne avec l'antécédent du pronom.

Dans l'exemple 3, *descendrai* s'accorde avec *moi* (1re personne du singulier), antécédent de *QUI*.

Dans l'exemple 4, *avez eu* s'accorde avec l'antécédent de *QUI*, *vous* (2e personne du pluriel).

Quand cet antécédent est attribut du pronom personnel, c'est lui aussi qui règle l'accord.

Dans l'exemple 5, *aime* s'accorde avec *la seule personne* (3e personne du singulier).

> Remarque : Si *QUI* a pour antécédents plusieurs noms ou plusieurs pronoms, p. 44.

Le sujet du verbe ÊTRE est le pronom démonstratif CE

Exemple 6. *C'***est** *ton frère qui a écrit !*

Exemple 7. *Ce* **sont** *tes parents qui ont écrit !*

Exemple 8. *Ouvrez ! C'***est** *nous !*

• Le verbe *être* se met au singulier si le nom (ou le pronom) attribut est singulier.

Dans l'exemple 6, *est* s'accorde avec *ton frère* (3e personne du singulier).

Le verbe *être* se met au pluriel si le nom (ou le pronom) attribut est pluriel.

Dans l'exemple 7, *sont* s'accorde avec *tes parents* (3e personne du pluriel).

• Lorsque l'attribut est de la première ou de la deuxième personnes (du singulier ou du pluriel), l'on garde *est* (Exemple 8).

3. Le verbe : accords du verbe

Le sujet du verbe est un nom collectif ou une fraction suivis de leur complément

Exemple 9. *Une nuée d'oiseaux s'abattit / s'abattirent sur les cerisiers.*
Exemple 10. *La moitié des élèves était partie / étaient partis.*
Exemple 11. *Les trois quarts du fromage avaient disparu !*

Si le sujet du verbe est un nom collectif ou une fraction suivis de leur complément, le verbe s'accorde avec **celui des deux mots qui semble le plus important** (celui qui évoque l'ensemble – le collectif – ou celui qui désigne les éléments de l'ensemble – le complément) (Exemples 9 et 10).

Toutefois, lorsque le nom de fraction est au pluriel, le verbe se met au pluriel (Exemple 11).

Le sujet du verbe est un adverbe de quantité, suivi ou non de son complément

Exemple 12. *Beaucoup de courage sera indispensable pour surmonter cette épreuve.*
Exemple 13. *Beaucoup de gens que Mamie a connus ont disparu aujourd'hui.*
Exemple 14. *Beaucoup ont disparu aujourd'hui.*
Exemple 15. *Le peu d'efforts que tu as faits ont été payants.*
Exemple 16. *Le peu d'efforts que tu as fait n'a servi à rien.*
Exemple 17. *Moins de deux élèves n'ont pas la moyenne.*
Exemple 18. *Plus d'un élève avait bien révisé.*

• Lorsque l'adverbe de quantité est un **déterminant indéfini** suivi de son complément, le verbe s'accorde avec ce complément.
Dans l'exemple 12, *sera* s'accorde avec *courage* (3ᵉ personne du singulier).
Dans l'exemple 13, *ont disparu* s'accorde avec *gens* (3ᵉ personne du pluriel).

• Quand l'adverbe de quantité est un **pronom indéfini**, le verbe se met au pluriel.
C'est le cas dans l'exemple 14.

• Avec *le peu de*, le verbe se met au pluriel si l'idée de suffisance domine (Exemple 15), au singulier si c'est l'idée d'insuffisance qui domine (Exemple 16).

Avec *moins de deux*, le verbe se met au pluriel (Exemple 17).
Avec *plus d'un*, le verbe se met au singulier (Exemple 18).

2) Le verbe a plusieurs sujets

Règle générale
Exemple 1. *Catherine et Gilles **partent** en vacances.*
   (3ᵉ personne du singulier + 3ᵉ personne du singulier = 3ᵉ personne
   du pluriel)
Exemple 2. *Toi et moi **partons** en vacances.*
   (2ᵉ personne du singulier + 1ʳᵉ personne du singulier = 1ʳᵉ personne du pluriel)
Exemple 3. *Lui et moi **partons** en vacances.*
   (3ᵉ personne du singulier + 1ʳᵉ personne du singulier = 1ʳᵉ personne du pluriel)
Exemple 4. *Toi et lui **partez** en vacances.*
   (*2ᵉ personne du singulier + 3ᵉ personne du singulier = 2ᵉ personne
   du pluriel*)

• *Le verbe qui a plusieurs sujets (noms ou pronoms) se met généralement* au pluriel.

• Si ces sujets sont de même personne, le verbe se met à cette
personne (Exemple 1).
Si ces sujets sont de **personnes différentes**, le verbe s'accorde en
priorité avec la **première** personne, puis avec la **deuxième** (Exemples
2, 3 et 4).

Les sujets sont juxtaposés
Exemple 5. *Le chant des oiseaux, la couleur du ciel **annonçaient** le
          printemps.*
Exemple 6. *Une plainte, un gémissement **se fit** alors entendre.*
Exemple 7. *Un regard, un sourire, un geste **faisait** plaisir à ce mal-
          heureux.*
Exemple 8. *Nappes, vaisselle, sièges, tout **gisait** sur le sol.*

• Généralement, le verbe ayant plusieurs sujets juxtaposés se met au
pluriel (Exemple 5).

• Toutefois, le verbe s'accorde avec le sujet le plus proche lorsque

ces sujets sont des synonymes (Exemple 6), ou quand il s'agit d'une gradation (Exemple 7).
Si ces sujets sont repris par un pronom, le verbe s'accorde avec ce pronom. Dans l'exemple 8, *gisait* s'accorde avec *tout*.

• Si ces sujets sont de personnes différentes, le verbe se met au pluriel et à la personne prioritaire (voir **la règle générale**).

Les sujets sont coordonnés par ET

Exemple 9. *Mon frère et son amie **ont obtenu** de brillants résultats.*
Exemple 10. *Partir et rester me **paraît** également difficile.*
Exemple 11. *J'ai invité Pierre et Antoine ; l'un et l'autre **sont venus**.*

• Le verbe ayant plusieurs sujets coordonnés par ET se met au **pluriel** (Exemple 9).

• Si ces sujets sont de personnes différentes, le verbe se met au pluriel et à la personne prioritaire (voir **la règle générale**).

• Lorsque le verbe a pour sujets des termes neutres (pronoms neutres, infinitifs, propositions) coordonnés, il se met généralement au singulier (Exemple 10).

• Quand le verbe a pour sujet la locution pronominale *l'un(e) et l'autre*, il se met au pluriel (Exemple 11).

Les sujets sont coordonnés par NI ou OU

Exemple 12. *Papa ou toi **irez** au marché.*
Exemple 13. *Ni Papa ni toi n'**irez** au marché.*
Exemple 14. *Papa ou toi **prendra** le volant.*
Exemple 15. *Ni Papa ni toi ne **prendra** le volant.*

• Si l'un et l'autre sujets peuvent faire l'action du verbe, ce dernier se met au **pluriel** (Exemple 12 et 13).

• Si un seul des sujets peut faire l'action du verbe, ce dernier se met au **singulier** (Exemple 14 et 15).

• Si ces sujets sont de personnes différentes, le verbe se met à la personne prioritaire (voir **la règle générale**).

• Quand le verbe a pour sujets les locutions *l'un(e) ou l'autre* ou *ni l'un(e) ni l'autre*, il s'accorde selon la même règle.

Les sujets sont subordonnés par COMME, AINSI QUE, DE MÊME QUE...

Exemple 16. *Le néerlandais comme l'allemand* **sont** *des langues germaniques.*

Exemple 17. *Ton teint, ainsi que le mien,* **est** *d'une pâleur extrême.*

• Le verbe se met au **pluriel** quand la locution correspond à ET (Exemple 16).

• Il se met au **singulier** quand elle garde sa valeur de **comparaison** (Exemple 17).

• Si ces sujets sont de personnes différentes, le verbe se met à la personne prioritaire (voir la règle générale).

- Chapitre 4 -

Le nom et l'adjectif qualificatif

Formation du féminin et du pluriel

1) FORMATION DU FÉMININ

Règle générale

On obtient le féminin d'un nom ou d'un adjectif qualificatif en ajoutant un *-E* à la forme masculine.

    Exemple : *un ami > une amie ; petit > petite.*

Sont concernés par cette règle les noms et adjectifs qualificatifs se terminant :

• par une voyelle autre que *-E*
  Exemple : *un élu > une élue ; bleu > bleue.*

  Exceptions :

    — Les mots en *-EAU* ont un féminin en *-ELLE*.
    Exemple : *un agneau > une agnelle ; beau > belle.*
    Sauf : *un taureau ; un veau* (voir p. 53.)

    — Les adjectifs qualificatifs en *-GU* ont un féminin en *-GUË*.
    Exemple : *aigu > aiguë ; ambigu > ambiguë.*

    — Les mots en *-OU* (autres que *hindou > hindoue, flou > floue* et *andalou > andalouse*) ont un féminin en *-OLLE*.
    Exemple : *un fou > une folle ; mou > molle.*

– Les participes passés (employés ou non comme adjectifs) en -*û* ont un féminin en -*UE*.
Exemple : *dû > due*.

– Un certain nombre de mots ont des féminins irréguliers.
Ce sont : *coi (coite), dieu (déesse), esquimau (esquimaude), favori (favorite), hébreu (hébraïque), rigolo (rigolote)*.

• par -*AIN*
Exemple : *un châtelain > une châtelaine ; vain > vaine*.
Exceptions : *un copain > une copine ; un poulain ; un parrain* (voir **53**)

• par -*AIS*
Exemple : *un Hollandais > une Hollandaise ; niais > niaise*.
Exceptions : *épais > épaisse ; frais > fraîche*.

• par -*AL*
Exemple : *un maréchal > une maréchale ; fatal > fatale*.

• par -*AN*
Exemple : *un Gitan > une Gitane ; persan > persane*.
Exceptions : *Jean > Jeanne ; (un) paysan > (une) paysanne ; (un) chouan > (une) chouanne*.

• par -*AND*
Exemple : *un marchand > une marchande ; grand > grande*.

• par -*ANT*
Exemple : *un commerçant > une commerçante ; méchant > méchante*.

• par -*ARD*
Exemple : *un communard > une communarde ; bavard > bavarde*.
Exception : *un canard* (voir **53**)

• par -*AT*
Exemple : *un avocat > une avocate ; délicat > délicate*.
Exceptions : *un chat > une chatte ; un verrat* (voir **53**)

• par -*AUD*
Exemple : *un nigaud > une nigaude ; chaud > chaude*.

• par -ER

Exemple : *un fermier* > *une fermière ; léger* > *légère.*

Attention : L'on remarque, pour ces mots, l'adjonction d'un accent grave sur le -E de l'avant-dernière syllabe.

Exceptions : *un speaker* > *une speakerine ; un bélier ; un lévrier ; un sanglier* (voir p. 53).

• par -EUR

Ne sont concernés que onze mots. Ce sont :

un prieur > *une prieure*	*meilleur* > *meilleure*
antérieur > *antérieure*	*mineur* > *mineure*
extérieur > *extérieure*	*postérieur* > *postérieure*
inférieur > *inférieure*	*supérieur* > *supérieure*
intérieur > *intérieure*	*ultérieur* > *ultérieure*
majeur > *majeure*	

Les autres mots en -EUR changent de suffixe (voir p. 52).
Pour les mots en -SEUR et -SSEUR, voir p. 53.
Pour *un monsieur*, voir p. 53.

• par -IN

Exemple : *un cousin* > *une cousine ; mutin* > *mutine.*

Exceptions : *bénin* > *bénigne , malin* > *maligne.*

• par -IS

Exemple : *un marquis* > *une marquise ; gris* > *grise.*

Exception : *métis* > *métisse.*

• par -IT

Exemple : *cuit* > *cuite.*

• par -OIS

Exemple : *un bourgeois* > *une bourgeoise ; narquois* > *narquoise.*

• par -OND

Exemple : *un blond* > *une blonde ; rubicond* > *rubiconde.*

• par -OT

Exemple : *un bigot* > *une bigote ; idiot* > *idiote.*

Exceptions : *(un) sot > (une) sotte ; pâlot > pâlotte ; vieillot > vieillotte.*

• par *-RS*
Exemple : *tors > torse.*

Exceptions : *tiers > tierce ; un jars* (voir p. 53).

Les noms et adjectifs qualificatifs se terminant par -E (épicènes)
Le plus souvent, ils ne changent pas de forme, au féminin.
Exemple : *un élève > une élève ; magnifique > magnifique.*

Remarque : Seul le déterminant permet, dans ce cas, de connaître le genre du nom.

Toutefois, un certain nombre de mots se terminant par *-E* ont un féminin en *-ESSE* (voir p. 52).
D'autres ont un féminin radicalement différent (voir p. 53).

Les noms et adjectifs qualificatifs qui redoublent la consonne finale
L'adjonction d'un *-E* entraîne un redoublement de la consonne finale pour :

Les mots en -EL, -EIL, -IL et -UL
Exemple : *un colonel > une colonelle ; réel > réelle ; pareil > pareille ; gentil > gentille ; nul > nulle.*

Remarque : Les mots en *-AL* ne redoublent pas la consonne finale. (Voir p. 48)

Les mots en -EN et -ON
Exemple : *un lycéen > une lycéenne ; italien > italienne ; un lion > une lionne ; bon > bonne.*

Remarque : Les noms en *-AIN*, *-AN* et *-IN* ne doublent pas le *-N* final, sauf *Jean > Jeanne, chouan > chouanne* et *paysan > paysanne*. (Voir la règle générale)

Les mots en -ET
Exemple : *un cadet* > *une cadette* ; *fluet* > *fluette*.

Exceptions : Les mots en -ET suivants ont un féminin en -ÈTE :

un préfet > *une préfète*	*discret* > *discrète*
complet > *complète*	*indiscret* > *indiscrète*
incomplet > *incomplète*	*inquiet* > *inquiète*
concret > *concrète*	*replet* > *replète*
désuet > *désuète*	*secret* > *secrète*

Les mots en -AS et -OS
Exemple : *las* > *lasse* ; *gros* > *grosse*.

Exceptions : *ras* > *rase* ; *dispos* > *dispose* ; *héros* > *héroïne*.

Les noms et adjectifs qualificatifs qui changent de consonne finale
L'adjonction d'un -E entraîne une modification de la consonne finale pour :

Les mots se terminant par -C, qui devient -QU
Exemple : *un Turc* > *une Turque* ; *public* > *publique*.

Exceptions : *un archiduc* > *une archiduchesse* ; *un duc* > *une duchesse* ; *un Grec* > *une Grecque* ; *blanc* > *blanche* ; *franc* > *franche* ; *sec* > *sèche*.

Les mots se terminant par -F, qui devient -V
Exemple : *un veuf* > *une veuve* ; *neuf* > *neuve*.

Les adjectifs se terminant par -G, qui devient -GU
Exemple : *long* > *longue*.

Les noms se terminant par -P, qui devient -V
Exemple : *un loup* > *une louve*.

Les mots se terminant par -X, qui devient -S
Exemple : *un époux* > *une épouse* ; *jaloux* > *jalouse*.

Exceptions : *roux* > *rousse* ; *doux* > *douce* ; *faux* > *fausse* ; *vieux* > *vieille*.

Les noms et adjectifs qualificatifs dont le féminin s'obtient par adjonction ou modification d'un suffixe

Les noms qui se terminent par -E (ou -É) et qui ne suivent pas la règle générale prennent très généralement le suffixe -ESSE
> Exemple : *un âne > une ânesse ; un comte > une comtesse ; un maître > une maîtresse.*

Attention :

• On remarquera que l'adjonction du suffixe -ESSE entraîne parfois une modification orthographique, en l'occurrence, l'apparition d'un accent aigu, dans *poétesse* ou *prophétesse.*

• Lorsqu'ils sont adjectifs qualificatifs, la plupart de ces mots suivent la règle générale (les formes féminine et masculine sont identiques).
> Exemple : *pauvre > pauvre ; mulâtre > mulâtre...*

La plupart des mots en -EUR changent de suffixe :
-EUR devient -EUSE
> Exemple : *un voleur > une voleuse ; trompeur > trompeuse.*

Exceptions :

– Les onze mots en -EUR qui suivent la règle générale.
  (Voir la règle générale, p. 47.)

– Certains mots en -EUR, dont le suffixe devient -ERESSE.
  Exemple : *un enchanteur > une enchanteresse ; un pécheur > une pécheresse.*

– Les noms *ambassadeur* et *empereur*, qui ont pour féminin *ambassadrice* et *impératrice.*

Les mots en -TEUR prennent le suffixe -TRICE
> Exemple : *un organisateur > une organisatrice*
> *un agriculteur > une agricultrice*
> *un inspecteur > une inspectrice*
> *émetteur > émettrice*
> *un expéditeur > une expéditrice*
> *un instituteur > une institutrice.*

Exception : *un docteur > une doctoresse.*

Les noms en -SEUR et -SSEUR issus du latin n'ont pas de féminin
Exemple : *un censeur, un défenseur, un successeur...*

Spécificités de certains éléments constitutifs des noms ou adjectifs qualificatifs composés

GRAND ne varie qu'en nombre, sauf dans une grande-duchesse
Exemple : *une grand-mère ; une grand-messe.*

DEMI, MI, SEMI et NU, suivis d'un nom ou d'un adjectif qualificatif (auxquels ils sont rattachés par un trait d'union) restent invariables
Exemple : *une demi-lune ; une voyelle demi-ouverte ; une porte mi-close ; une semi-voyelle ; une arme semi-automatique ; une fille nu-tête.*

NOUVEAU, lorsqu'il fait partie d'un nom commun, varie, sauf dans un(e) nouveau-né(e)
Exemple : *un nouveau-venu > une nouvelle-venue ; un nouveau-né > une nouveau-née.*

Quand il fait partie d'un adjectif et qu'il est devant un participe passé, *nouveau* équivaut à un adverbe et reste invariable.
Exemple : *un garçon nouveau-venu > une fille nouveau-venue ; un garçon nouveau-né > une fille nouveau-née.*
(Voir aussi **3** – Cas où l'adjectif qualificatif est invariable, p. 64.)

Les noms et adjectifs qualificatifs n'ayant pas de féminin grammatical

Certains mots ne peuvent être mis au féminin.

• C'est le cas, pour les adjectifs, de : *aquilin, benêt, bot, grégeois, pers, saur, vélin* et, pour les noms, de : *peintre, vedette, moustique, souris...*

• Pour les noms, l'opposition des genres est parfois marquée par des mots radicalement différents.
Exemple : *un bélier > une brebis ; un lièvre > une hase ; un frère > une sœur ; un oncle> une tante.*

2) FORMATION DU PLURIEL

Règle générale
On obtient le pluriel d'un nom ou d'un adjectif qualificatif en ajoutant un -s à la forme du singulier.
   Exemple : *un ami > des amis ; petit > petits.*

Les noms et les adjectifs qualificatifs qui se terminent par -S, -X ou -Z au singulier
Ils gardent la même forme, au pluriel.
   Exemple : *une souris > des souris ; las > las ; un prix > des prix ; soucieux > soucieux ; un nez > des nez.*

Les noms et les adjectifs qualificatifs qui prennent -X, au pluriel

Sept noms en -OU prennent -X, au pluriel
Ce sont : *bijou, caillou, chou, genou, hibou, joujou, pou.*
Les autres noms et les adjectifs qualificatifs en -OU prennent -S.

La plupart des noms et adjectifs qualificatifs en -AU, -EAU, -EU, -ŒU

un tuyau > des tuyaux	*un vœu > des vœux*
un manteau > des manteaux	*beau > beaux*
un cheveu > des cheveux	*hébreu > hébreux*

Exceptions : Les mots suivants prennent -S :

un landau > des landaus	*un pneu > des pneus*
un sarrau > des sarraus	*un lieu > des lieus* (poisson)
(un) bleu > (des) bleus	*feu > feus* (décédé)

Remarques :
• Le pluriel de *aïeul* est *aïeuls*, au sens de « grands-pères » et *aïeux*, au sens de « ancêtres ».
• Le pluriel de *ail* est *ails* ou *aulx*.
• Le pluriel de *ciel* est *ciels* (multiplicité) ou *cieux* (collectif ou sens religieux).
• Le pluriel de *œil* est généralement *yeux*, sauf dans les mots composés comme *œils-de-bœuf, œils-de-perdrix, œils-de-chat...*

Les noms et les adjectifs qualificatifs qui prennent -AUX, au pluriel

Les noms et adjectifs qualificatifs en -AL prennent -AUX
Exemple : *un cheval > des chevaux ; médiéval > médiévaux.*

Exceptions :

un bal > des bals	banal > banals
un cal > des cals	bancal > bancals
un carnaval > des carnavals	cérémonial > cérémonials
un chacal > des chacals	fatal > fatals
un festival > des festivals	natal > natals
un récital > des récitals	naval > navals
un régal > des régals	

Onze noms en -AIL prennent -AUX

Ce sont :

un aspirail > des aspiraux	un soupirail > des soupiraux
un bail > des baux	un travail > des travaux
un corail > des coraux	un vantail > des vantaux
un émail > des émaux	un ventail > des ventaux
un termail > des fermaux	un vitrail > des vitraux
un gemmail > des gemmaux	

Les autres noms et les adjectifs qualificatifs en *-AIL* prennent un *-S*.

Les noms et les adjectifs qualificatifs composés

Si les deux éléments sont soudés, les règles des noms ou adjectifs simples sont appliquées
Exemple : *un bonjour > des bonjours ; un portemanteau > des portemanteaux.*

Remarque : On dira et on écrira toutefois *des messieurs, des mesdames, des mesdemoiselles, des gentilshommes* et *des bonshommes*.

Si les deux éléments sont rattachés par un trait d'union, ils ne prennent la marque du pluriel que s'il s'agit de noms ou d'adjectifs qualificatifs (et si le sens s'y prête)

Exemple : *un chef-lieu > des chefs-lieux* (nom + nom) ; *un sourd-muet > des sourds-muets* (adjectif + adjectif).

Exemple : *aigre-doux > aigres-doux* (adjectif + adjectif).

Si l'un des éléments est un verbe conjugué, un verbe à l'infinitif, une préposition, un adverbe, un préfixe..., cet élément ne varie pas.

Exemple : *un couvre-lit > des couvre-lits.* (verbe conjugué + nom)
un laissez-passer > des laissez-passer.
(verbe conjugué + infinitif)
un à-côté > des à-côtés. (préposition + nom)
un haut-parleur > des haut-parleurs. (adverbe + nom)

Exemple : *ultraviolet > ultraviolets.* (préfixe + adjectif)
anglo-saxon > anglo-saxons. (préfixe + adjectif)
nouveau-né > nouveau-nés. (adverbe + adjectif)
avant-dernier > avant-derniers. (préposition + adjectif)

Toutefois, si le second élément est complément du nom du premier, il reste invariable.

Exemple : *un timbre-poste > des timbres-poste* (« de la poste ») ; *un arc-en-ciel > des arcs-en-ciel.*

Spécificités de certains éléments constitutifs des noms et adjectifs composés

• GARDE se met au pluriel si le nom désigne une personne ; si le nom désigne un objet, GARDE reste invariable.

Exemple : *un garde-fou > des garde-fous* (objet) ; *un garde-malade > des gardes-malades* (personne).

• GRAND ne varie qu'en nombre sauf dans *des grandes-duchesses*.

Exemple : *un grand-père > des grands-pères ; une grand-route > des grands-routes.*

• DEMI, MI, SEMI et NU, suivis d'un nom ou d'un adjectif qualificatif (auxquels ils sont rattachés par un trait d'union), restent invariables.

Exemple : *une demi-lune > des demi-lunes ; un œil demi-ouvert > des yeux demi-ouverts.*
une porte mi-close > des portes mi-closes.
une semi-voyelle > des semi-voyelles ; une arme semi-automatique > des armes semi-automatiques.
un homme nu-pieds > des hommes nu-pieds.

• *NOUVEAU*, lorsqu'il fait partie d'un nom commun, varie, sauf dans des *nouveau-né(e)s*.

Exemple : *un nouveau-venu > des nouveaux-venus ; un nouveau-né > des nouveau-nés.*

Quand il fait partie d'un adjectif qualificatif et qu'il est devant un participe passé, *nouveau* équivaut à un adverbe et reste invariable.

Exemple : *un garçon nouveau-venu > des garçons nouveau-venus ; une fille nouveau-née > des filles nouveau-nées.*

(Voir **Cas où l'adjectif qualificatif est invariable**, p. 64.
Pour l'accord des adjectifs de couleur, voir p. 65.)

Les noms et adjectifs qualificatifs d'origine étrangère
La tendance est d'intégrer les noms d'origine étrangère dans la langue française et donc d'y ajouter -*s*, pour obtenir le pluriel.

Exemple : *un scénario > des scénarios ; un sandwich > des sandwichs.*

Toutefois, certains mots peuvent garder la marque du pluriel de lu langue d'origine.

Exemple : *un maximum > des maxima.*

Les locutions d'origine étrangère sont invariables.

Exemple : *un nota-bene > des nota-bene ; un post-scriptum > des post-scriptum.*

Les adjectifs qualificatifs d'origine étrangère sont, eux aussi, généralement invariables.

Exemple : *une fille snob > des filles snob ; un air pop > des airs pop.*

Les noms et adjectifs qualificatifs occasionnels
Les mots employés comme noms ou comme adjectifs restent invariables.

Exemple : *Vos huit sont mal écrits.*   (déterminant numéral nominalisé)

Refaites correctement ces f. (lettre nominalisée)

Exemple : *Ce sont des gens bien.*   (adverbe adjectivé)

Voici des meubles Renaissance.

(nom propre adjectivé)

Il a vu de super spectacles. (préfixe adjectivé)

(Pour le pluriel des adjectifs de couleur occasionnels, voir p. 65.)

Les noms propres

Les noms propres ne varient pas, au pluriel, lorsqu'il s'agit de noms :

— de personnes
Exemple : *Il y avait trois Emmanuelle dans ma classe.*

— de familles
Exemple : *Les Dupont n'ont pas encore emménagé.*

— d'auteurs
Exemple : *As-tu lu les deux derniers Nothomb ?*

— de marques
Exemple : *Je voudrais trois Perrier.*

— d'ouvrages
Exemple : *Ma grand-mère possède deux Odyssée.*

— de revues
Exemple : *Un tas de Géo reposait sur le canapé.*

Toutefois, certains noms propres peuvent se mettre au pluriel, lorsqu'il s'agit de noms :

— de familles illustres
Exemple : *les Bourbons...*

— d'habitants de pays, de régions, de villes...
Exemple : *les Belges, les Wallons, les Bruxellois...*

— de lieux toujours au pluriel
Exemple : *les Flandres, les Ardennes...*

— de personnages types, si on les écrit avec une minuscule
Exemple : *les harpagons, les gavroches...*

Accords de l'adjectif qualificatif

1) L'ADJECTIF QUALIFICATIF SE RAPPORTE À UN SEUL NOM OU PRONOM

Règle générale
Exemple 1. Elle acheta des fleurs *fraîches*.
Exemple 2. Elle est *gentille*.
Exemple 3. Elle avait l'air *gentille*.
Exemple 4. Soyez *gentilles*.
Exemple 5. Qu'elle reste était *inconcevable*. Mais partir semblait aussi *difficile*.

L'adjectif qualificatif s'accorde en genre et en nombre avec le nom ou le pronom auquel il se rapporte.

Dans l'exemple 1, *fraîches* s'accorde avec *fleurs* (féminin pluriel).
Dans l'exemple 2, *gentille* s'accorde avec *elle* (féminin singulier).

Avec *avoir l'air*, l'adjectif qualificatif s'accorde souvent avec le sujet du verbe.
C'est le cas dans l'exemple 3 : *gentille* s'accorde en genre et en nombre avec *elle* (féminin singulier).

Remarque : L'adjectif qualificatif peut s'accorder avec *air*, si le sujet du verbe est un nom animé. (*Marie avait l'air épanoui.*)

Dans certains cas, c'est la situation d'énonciation qui nous aidera à faire l'accord.
Dans l'exemple 4, l'on suppose que le destinataire est un ensemble féminin.

Remarque : Quand l'adjectif qualificatif se rapporte à une proposition ou à un verbe à l'infinitif, il reste invariable (Exemple 5).

L'adjectif qualificatif se rapporte à un pronom dont le genre et/ou le nombre est indéterminé
Exemple   6. *Vous êtes gentilles*.
Exemple   7. *On n'est jamais sûr de rien*.

Exemple 8. *Éric et moi, on est bien* **contents** *que vous veniez.*
Exemple 9. *Rien n'était* **prêt.**
Exemple 10. *Ce fut* **merveilleux.**
Exemple 11. *Ce sont mes parents qui sont* **contents** !

Si le pronom est NOUS ou VOUS, c'est le contexte qui nous dira s'il faut mettre l'adjectif qualificatif au masculin ou au féminin.
Dans l'exemple 6, l'on suppose que *vous* évoque un ensemble féminin.

Si l'adjectif qualificatif se rapporte au pronom ON, deux cas sont possibles :

– soit ON est pronom indéfini et l'adjectif qualificatif reste au masculin singulier (Exemple 7).

– soit ON est pronom personnel et équivaut à *nous* ; le verbe reste au singulier, mais l'adjectif qualificatif, lui, se met au pluriel (masculin ou féminin, selon le contexte) (Exemple 8).

Si l'adjectif qualificatif se rapporte à un pronom indéfini comme QUELQUE CHOSE, RIEN, PERSONNE…, il reste au masculin singulier (Exemple 9).

S'il s'agit du pronom démonstratif neutre CE (c'), l'adjectif qualificatif reste aussi au masculin singulier (Exemple 10).

Si l'adjectif qualificatif se rapporte au pronom relatif QUI, c'est l'antécédent de ce dernier qui réglera l'accord.
Dans l'exemple 11, l'adjectif qualificatif *contents* s'accorde avec *parents* (masculin pluriel), antécédent de QUI.

L'adjectif qualificatif se rapporte à un nom collectif ou une fraction suivis de leur complément
Exemple 12. *Une nuée d'oiseaux* **blancs** *s'abattit sur l'eau.*
Exemple 13. *La moitié du fromage était* **verte / vert** !
Exemple 14. *Les trois quarts du fromage étaient* **verts** !

Lorsque l'adjectif qualificatif se rapporte à un nom collectif suivi de son complément, il s'accorde avec ce dernier.
Dans l'exemple 12, *blancs* s'accorde avec *oiseaux* (masculin pluriel).
En effet, si l'adjectif qualificatif se rapporte au nom collectif, il se

place, par souci de clarté, entre ce dernier et son complément (*Une nuée blanche d'oiseaux...*).

Quand l'adjectif qualificatif se rapporte à un nom de fraction suivi de son complément, il peut s'accorder avec l'un ou l'autre des éléments (Exemple 13).
Toutefois, si le nom de fraction est pluriel, l'adjectif qualificatif s'accorde avec lui (Exemple 14).

L'adjectif qualificatif se rapporte à un adverbe de quantité suivi ou non de son complément
Exemple 15. *Beaucoup de gens sont* **égoïstes**.
Exemple 16. *Beaucoup sont* **égoïstes**.

Que l'adverbe de quantité soit employé comme déterminant ou comme pronom indéfini, l'adjectif qualificatif se met au pluriel (masculin ou féminin, selon le contexte).

2) L'ADJECTIF QUALIFICATIF SE RAPPORTE À PLUSIEURS NOMS OU PRONOMS

Règle générale
Exemple 1. *La petite fille avait un cartable, un plumier, un agenda* **neufs**.
Exemple 2. *La petite fille avait un cartable et une trousse* **neufs**.

• L'adjectif qualificatif se rapportant à plusieurs noms ou pronoms se met généralement au pluriel.

• Si ces noms ou pronoms sont de même genre, l'adjectif qualificatif prend ce genre.
Dans l'exemple 1, *neufs* se rapporte à *cartable*, *plumier* et *agenda* (tous trois masculins) et se met donc au masculin pluriel.

Si ces noms ou pronoms sont de genres différents, l'adjectif qualificatif se met au masculin pluriel.
Dans l'exemple 2, *neufs* se rapporte à *cartable* (masculin singulier) et *trousse* (féminin singulier) et se met au masculin pluriel.

Les noms ou pronoms sont juxtaposés

Exemple 3. *La petite fille avait un cartable, un plumier, un agenda* **neuf**.

Exemple 4. *Une plainte, un gémissement* **terrible** *se fit alors entendre.*

Exemple 5. *Un regard, un sourire, un geste* **amical** *faisait plaisir à ce malheureux.*

Exemple 6. *Nappes, serviettes, assiettes, tout était* **violet**.

• L'adjectif qualificatif se rapportant à plusieurs noms ou pronoms juxtaposés se met généralement au **pluriel** (Exemple 1).

Remarque : Si ces noms ou pronoms sont de genres différents, l'adjectif qualificatif se met au masculin pluriel (voir **la règle générale**).

• Toutefois, si l'adjectif qualificatif ne se rapporte qu'à un seul des noms ou pronoms, il prend le genre et le nombre de ce dernier. Dans l'exemple 3, *neuf* ne se rapporte qu'à *agenda* (masculin singulier).

• L'adjectif qualificatif s'accorde avec le nom ou le pronom le plus proche, lorsque les noms ou pronoms sont synonymes (Exemple 4), ou quand ils forment une gradation (Exemple 5).
Si les noms ou les pronoms coordonnés sont repris par un pronom, l'adjectif qualificatif s'accorde avec ce pronom.
Dans l'exemple 6, *violet* s'accorde avec *tout*.

Les noms ou pronoms sont coordonnés par ET

Exemple 7. *Marie et Marthe sont* **contentes**.

Exemple 8. *Stéphane et Marthe sont* **contents**.

Exemple 9. *Conjuguez ce verbe aux* **première** *et* **deuxième** *personnes du singulier de l'indicatif présent.*

• L'adjectif qualificatif se rapportant à plusieurs noms ou pronoms coordonnés par *ET* se met au **pluriel**.

• Si ces noms ou pronoms sont de même genre, l'adjectif qualificatif prend ce genre (Exemple 7).
Si ces noms ou pronoms sont de genres différents, l'adjectif qualificatif se met au masculin pluriel. C'est le cas dans l'exemple 8.

Attention : Si plusieurs adjectifs qualificatifs se rapportent à un même nom ou pronom, ils prennent le genre de ce nom ou pronom mais restent au singulier.

Dans l'exemple 9, *première et deuxième personnes* équivaut en fait à *première personne* et *deuxième personne*.

Les noms ou pronoms sont coordonnés par NI ou OU
Exemple 10. *Ils admiraient cette statue ou cette peinture **anciennes**.*
Exemple 11. *Ils n'admiraient ni cette statue ni cette peinture **anciennes**.*
Exemple 12. *Ils admiraient cette statue ou cette peinture **ancienne**.*
Exemple 13. *Ils n'admiraient ni cette statue ni cette peinture **ancienne**.*

• Lorsque les noms ou pronoms sont coordonnés par NI ou OU, l'adjectif qualificatif se met au pluriel si les deux noms ou pronoms sont concernés.
C'est le cas dans les exemples 10 et 11, où il y a accord avec *statue* et avec *peinture*.

Remarque : Si ces noms ou pronoms sont de genres différents, l'adjectif qualificatif se met au masculin pluriel (voir la règle générale).

Si l'adjectif qualificatif ne se rapporte qu'au dernier nom ou pronom, il s'accorde avec lui.
Dans les exemples 12 et 13, l'on considère que seule la *peinture* est ancienne.

Les noms ou pronoms sont subordonnés par COMME, AINSI QUE, DE MÊME QUE...
Exemple 14. *Le néerlandais comme l'allemand sont **difficiles** à apprendre.*
Exemple 15. *Ton teint, ainsi que le mien, est **pâle**.*

• L'adjectif qualificatif se met au pluriel quand la locution conjonctive correspond à ET (Exemple 14).

Remarque : Si ces noms ou pronoms sont de genres différents, l'adjectif qualificatif se met au masculin pluriel (voir la règle générale).

• Il se met au singulier lorsque la locution garde pleinement sa valeur de comparaison (Exemple 15).

3) Cas où l'adjectif qualificatif est invariable

• *BIEN* et *MAL* employés comme adverbes sont invariables.
  Exemple : *une femme bien ; des films pas mal.*

• *BAS, BON, CHER, DROIT, FAUX, FORT* et *HAUT*... sont adverbes et invariables quand ils accompagnent un verbe : *chanter / parler... bas ; sentir bon ; coûter / valoir / payer... cher ; marcher / rester / se tenir... droit ; chanter faux ; parler / crier... fort, se faire fort de... ; chanter / parler / monter haut.*

• *COURT* est invariable dans les expressions *couper (ses cheveux) court, demeurer / rester court.*

• *DEMI, SEMI, MI* et *NU* sont invariables lorsqu'ils précèdent un nom commun ou un adjectif qualificatif (auxquels ils sont rattachés par un trait d'union).
  Exemple : *une demi-heure ; nu-tête.*

Quand ils suivent le nom commun ou l'adjectif, ils varient.
  Exemple : *une heure et demie ; tête nue.*

• *FEU* (décédé) ne varie que s'il est précédé d'un déterminant et suivi d'un nom commun.
  Exemple : *La feue Madame Dupont,* mais *Feu Madame Dupont.*

• *FIN* placé devant un adjectif qualificatif et *PLEIN* devant un groupe nominal sont invariables.
  Exemple : *Ils sont fin prêts ; J'en ai plein mes valises.*

• *NOUVEAU* reste invariable devant le participe.
  Exemple : *des bébés nouveau-nés.*

Remarque : Lorsque *NOUVEAU* fait partie d'un nom commun, il varie, sauf dans *une nouveau-née, des nouveau-nés.*
Exemple : *des nouveaux-mariés.*

• *POSSIBLE* avec « *le plus* » et « *le moins* » reste invariable.
  Exemple : *Cueillez le plus de fleurs possible ; Faites le moins de fautes possible.*

- *SAUF* (excepté) reste invariable.
  Exemple : *J'ai tout pris, sauf la grosse valise.*

Remarque : Lorsqu'il signifie « indemne », *sauf* varie.

Accords de l'adjectif qualificatif de couleur

1) L'adjectif de couleur simple

Il suit la règle générale d'accord de l'adjectif qualificatif et s'accorde donc en genre et en nombre avec le mot auquel il se rapporte.
  Exemple : *des rubans bleus ; des ficelles bleues.*

Attention : On écrira *des rubans bleus et verts* s'il y a des rubans bleus et des rubans verts, et *des rubans bleu et vert* si chaque ruban est bleu et vert.

2) L'adjectif de couleur composé

L'adjectif de couleur composé, avec ou sans trait d'union, reste invariable lorsqu'une couleur est définie par deux mots.
  Exemple : *des yeux bleu-vert ; des rubans bleu foncé.*

3) L'adjectif de couleur invariable

Les adjectifs qualificatifs de couleur restent invariables quand il s'agit de noms employés adjectivement.
Exemple : *des pulls marron.*   (nom commun adjectivé)
          des crayons orange.   (nom commun adjectivé)

Attention : *écarlate, mauve, pourpre* et *rose* varient.

Remarque : L'adjectif *kaki*, d'origine étrangère, est invariable.

- Chapitre 5 -

Les homophones

A – À – AH !

Exemple 1. *Mon frère a bientôt vingt ans.*
Exemple 2. *J'adore aller à la piscine.*

• A est la troisième personne du singulier de l'indicatif présent du verbe **avoir**.
On peut donc le remplacer par « *avait* ».
Dans l'exemple 1, l'on pourrait dire : *Mon frère avait bientôt vingt ans.*
(As = 2ᵉ personne du singulier de l'indicatif présent)

• À est une **préposition**.
C'est un mot **invariable** qui sert à construire des compléments.
On ne peut pas le remplacer par « *avait* ».
Dans l'exemple 2 : *J'adore aller avait la piscine.*

• AH ! est une **interjection**.
C'est un mot **invariable**, qui traduit un sentiment vif, et notamment le rire.
Il est très souvent suivi d'un point d'exclamation.

ÇA – ÇÀ – SA

Exemple 1. *Ça n'a aucune importance ; ça finira bien par s'arranger.*
Exemple 2. *Il y avait, çà et là, des tas de feuilles mortes.*
Exemple 3. *Mélanie ressemble beaucoup à sa mère et à sa grand-mère.*

• **ÇA** est un **pronom démonstratif** neutre, la contraction de *cela*.
Il remplace un élément présent dans le discours ou dans la situation d'énonciation.
On peut le remplacer par « *cela* ».
Dans l'exemple 1, l'on pourrait dire : <u>Cela</u> *n'a aucune importance ;* <u>cela</u> *finira bien par s'arranger.*
On notera que, quand il est sujet, ça est **suivi d'un verbe au singulier.**

• **ÇÀ** est un **adverbe de lieu.**
Aujourd'hui, on ne l'utilise plus que dans l'expression *çà et là.*
On peut le remplacer par « *ici* ».
Dans l'exemple 2, l'on pourrait dire : *Il y avait, ici et là, des tas de feuilles mortes.*

• **SA** est un **déterminant possessif** féminin singulier de la troisième personne du singulier.
Il précède donc toujours un nom commun féminin singulier et correspond à « *la sienne* ».
Dans l'exemple 3, sa accompagne tantôt *mère*, tantôt *grand-mère*.

Remarque : Devant un nom commun féminin commençant par une voyelle ou un *h* muet, on utilise *son* et pas *sa*.
   Exemple : sa ~~amie~~ > *son* amie ; sa ~~habitude~~ > *son* habitude.

CE – CE QUI/QUE – CEUX QUI/QUE – SE

Exemple 1. **Ce** *roman est vraiment exceptionnel.*
Exemple 2. **Ce** *qui me chagrine, c'est que tu ne viennes pas.*
Exemple 3. *Je te demande ce que tu veux que je fasse.*

Exemple 4. *Est-ce toi qui viens de m'appeler ?*
Exemple 5. *Ceux qui mangent à la cantine peuvent sortir.*
Exemple 6. *Il se leva, se rasa et se vêtit de son plus beau costume.*

• **CE** employé seul (sans *qui/que*) est un **déterminant démonstratif** masculin singulier.
Il évoque un élément présent dans le discours ou dans la situation d'énonciation.
Il précède donc toujours un nom commun masculin singulier commençant par une consonne.
Dans l'exemple 1, *ce* accompagne le nom commun *roman*.

Remarque : Devant un nom masculin singulier commençant par une voyelle ou un *h* muet, on utilise *cet.*
  Exemple : ~~ce arbre~~ > *cet* arbre ; ~~ce habit~~ > *cet* habit.

Suivi de *qui* ou *que*, *ce* est un **pronom démonstratif neutre.**

• Il est l'antécédent de la proposition subordonnée relative introduite par le pronom relatif *qui* ou *que* (Exemple 2).
• Il peut, par ailleurs, faire partie de la locution **ce qui / que** et introduire une proposition subordonnée interrogative indirecte (Exemple 3).
• Il apparaît aussi dans la locution interrogative *est-ce ?* (Exemple 4).

• **CEUX** toujours suivi de *qui* ou *que* est un **pronom démonstratif masculin pluriel.**
Il est l'antécédent de *qui* ou *que* et désigne un groupe de personnes ou d'objets.
Il est toujours le **sujet d'un verbe au pluriel**, et peut être remplacé par « celles ».
Dans l'exemple 5, l'on pourrait dire : <u>Celles</u> *qui mangent à la cantine peuvent sortir.*

• **SE** est la **forme réfléchie du pronom personnel** de la troisième personne (du singulier ou du pluriel).
On le trouve donc toujours devant un verbe (qui est alors dit « pronominal »).
Il peut être remplacé par « me » ou « te ».
Dans l'exemple 6, *se* précède *leva, rasa* et *vêtit* et l'on pourrait dire : *Je <u>me</u> levai, <u>me</u> rasai et <u>me</u> vêtis...*

CELA – CEUX-LÀ

Exemple 1. *Sortir par ce temps ?* **Cela** *ne m'enchante guère.*
Exemple 2. *Ces commerçants ont déjà décoré leurs vitrines.* **Ceux-là** *semblent avoir pris du retard.*

• **CELA** est un **pronom démonstratif neutre.**
Il remplace un élément présent dans le discours ou dans la situation d'énonciation.
On peut le remplacer par « ça ».
On pourrait dire, dans l'exemple 1 : *Sortir par ce temps ?* Ça *ne m'enchante guère.*
On notera que, quand il est sujet, *cela* est toujours **suivi d'un verbe au singulier.**

• **CEUX-LÀ** est un **pronom démonstratif masculin pluriel.**
Il remplace un élément présent dans le discours ou dans la situation d'énonciation.
Il peut être remplacé par « *celles-là* ».
Dans l'exemple 2, l'on pourrait dire : *Celles-là semblent avoir pris du retard.*
Quand il est sujet, *ceux-là* est toujours **suivi d'un verbe au pluriel.**

CES – SES – C'EST – S'EST – SAIT

Exemple 1. **Ces** *personnes sont vraiment très aimables.*
Exemple 2. *Joseph prit* **ses** *affaires et sortit en claquant la porte.*
Exemple 3. *N'oublie pas que, demain,* **c'est** *la fête des Mères.*
Exemple 4. *Il* **s'est** *levé,* **s'est** *rasé et* **s'est** *vêtu de son plus beau costume.*
Exemple 5. *Il est malade, sa copine le* **sait**... *Alors pourquoi le cacher ?!*

• **CES** est un **déterminant démonstratif** pluriel.
Il évoque un élément présent dans le discours ou dans la situation d'énonciation.
Il précède toujours un nom commun, masculin ou féminin, au pluriel.

Dans l'exemple 1, *ces* précède le nom commun *personnes*.

• **SES** est un **déterminant possessif** féminin ou masculin pluriel de la troisième personne du singulier.
Il précède donc toujours un nom commun, masculin ou féminin, au pluriel et correspond à « *les siens* » ou « *les siennes* ».
Dans l'exemple 2, *ses* accompagne le nom commun *affaires*.

• **C'EST** est la combinaison de *ce* (*c'*), **pronom démonstratif** neutre, et de la troisième personne du singulier de l'indicatif présent du **verbe être** (*est*).
Il s'agit du présentatif.
C'est peut être remplacé par « *c'était* ».
Dans l'exemple 3, l'on pourrait dire : ... *c'était* la fête des Mères.

Remarques :
• Quand l'élément qu'il remplace est au pluriel, *c'est* devient *ce sont*.
• Dans l'expression *c'est-à-dire*, il faut mettre deux traits d'union.

• **S'EST** est la combinaison de *se* (*s'*), **forme réfléchie du pronom personnel** de la troisième personne du singulier et du **verbe être** à la troisième personne du singulier de l'indicatif présent (*est*).
Il fait donc partie d'un verbe pronominal conjugué à l'indicatif passé composé (ou à l'indicatif présent de la voix passive) et est toujours suivi d'un participe passé.

S'est peut être remplacé par « *me suis* » ou « *t'es* ».
Dans l'exemple 4, l'on pourrait dire : Je *me suis* levé, *me suis* rasé et *me suis* vêtu...

• **SAIT** est le **verbe *savoir*** conjugué à la troisième personne du singulier de l'indicatif présent.
Il peut être remplacé par « *savait* ».
Dans l'exemple 5, l'on pourrait dire :... *sa* copine le *savait*...
(Sais = 1ʳᵉ personne du singulier et 2ᵉ personne du singulier de l'indicatif présent)

DANS – D'EN

Exemple 1. *Dans deux secondes, vous sautez tous dans l'eau.*
Exemple 2. *Il alla dans la forêt, afin d'en rapporter du muguet.*
Exemple 3. *Il ramassa aussi des champignons afin d'en faire une poêlée.*

• DANS est une **préposition**.
C'est un mot **invariable**.
Dans précède un groupe nominal et introduit un complément circonstanciel de **temps** ou de **lieu** (Exemples 1 et 2).

• D'EN est la combinaison de la **préposition** de (d') et du **pronom personnel** *en*.
D'en remplace un groupe nominal prépositionnel, afin d'éviter la répétition.

Dans l'exemple 2, l'on aurait pu dire : *Il alla dans la forêt, afin de rapporter du muguet de la forêt.*
Dans l'exemple 3, l'on aurait pu dire : *Il ramassa aussi des champignons afin de faire une poêlée de champignons.*

DEMI(ES) – DEMI – DEMIE

Exemple 1. *Je vous attends dans une demi-heure.*
Exemple 2. *Il n'y avait que des bouteilles demi-pleines.*
Exemple 3. *Je vous attends à trois heures et demie.*

• DEMI est un **adjectif qualificatif** quand il accompagne un nom commun ou un adjectif qualificatif.
Lorsqu'il précède ce nom ou cet adjectif qualificatif – dont il est séparé par un trait d'union – il reste **invariable**.
C'est le cas dans les exemples 1 et 2.

Quand il suit le nom, auquel il est rattaché par *et*, *demi* s'accorde **en genre** avec ce nom.
Dans l'exemple 3, *demi* s'accorde en genre avec *heures* (et demie).

• DEMI est un **nom commun** masculin.
Il désigne alors un verre de bière ou un joueur de rugby.
Il varie en nombre.

• DEMIE est un **nom commun** féminin.
Il signifie « la demi-heure ». Il varie en nombre.

ET – EST – EH ! – HÉ !

Exemple 1. *Tu iras chez le fleuriste et tu achèteras un sapin de Noël.*
Exemple 2. *Le fleuriste est tout au bout de la rue.*

• ET est une **conjonction de coordination.**
Il permet de relier deux éléments qui ont la même fonction dans la phrase.
Il s'agit donc d'un mot **invariable.**
Il peut exprimer la réunion ou l'intersection de deux ensembles, une succession dans le temps, une conséquence ou bien une opposition.
On peut le remplacer par « *et puis* ».
Dans l'exemple 1, l'on pourrait dire : *Tu iras chez le fleuriste et puis tu achèteras un sapin de Noël.*

• EST est le **verbe être** conjugué à la troisième personne du singulier de l'indicatif présent.
On peut donc le remplacer par « *était* ».
On pourrait dire, dans l'exemple 2 : *Le fleuriste était tout au bout de la rue.*
(**Es** = 2ᵉ personne du singulier de l'indicatif présent)

• EH ! et HÉ ! sont des **interjections.**
Ce sont des mots **invariables** qui n'ont aucune fonction dans la phrase.
Ils sont très souvent suivis d'un point d'exclamation.

Remarque : On prendra garde à ne pas confondre ces mots avec l'une des formes du verbe *avoir* (*ai, aie, aies, ait, aient*).

LA – L'A – LÀ

Exemple 1. *De sa chambre, il voyait* **la** *mer.*
Exemple 2. *La mer ? Il* **la** *voyait de sa chambre.*
Exemple 3. *Lucas attend le facteur. Il* **l'a** *vu arriver sur son vélo.*
Exemple 4. *Regarde,* **là,** *le Père Noël !*
Exemple 5. *Ces décorations sont un peu ordinaires. Celles-***là** *sont plus jolies.*
Exemple 6. *Achète plutôt ces boules-***là.**

• **LA** est un **article défini** féminin singulier.
Il précède un nom commun féminin singulier.
Dans l'exemple 1, *la* accompagne *mer*.

Remarque : Devant un nom commun féminin singulier commençant par une voyelle ou un *h* muet, il y a élision : *la* devient *l'*.
 Exemple : ~~la école~~ > *l'école* ; ~~la histoire~~ > *l'histoire*.

La est aussi un **pronom personnel** féminin de la troisième personne du singulier.

Il se trouve devant un verbe et remplace un nom commun féminin singulier.
Dans l'exemple 2, *la* se trouve devant *voyait* et représente *la mer*.

• **L'A** est la combinaison du **pronom personnel** de la troisième personne du singulier *le / la (l')* et du **verbe avoir** à la troisième personne du singulier *(a)*.
L'a peut être remplacé par « *l'avait* ».
Dans l'exemple 3, on pourrait dire : *Il* <u>*l'avait*</u> *vu arriver sur son vélo.*
(*L'as* = *l'* + 2e personne du singulier de l'indicatif présent)

• **LÀ** est un **adverbe de lieu** ou **de temps**.
Il est **invariable** et peut être remplacé par « *ici* » ou « *alors* ».
Dans l'exemple 4, on pourrait dire : *Regarde,* <u>*ici,*</u> *le Père Noël !*

Remarque : On retrouve *là* dans les expressions *ici et là* et *çà et là*.

Là peut aussi être une **particule** qui fait partie d'un pronom ou d'un adjectif **démonstratifs composés**.

Dans ce cas, *là* est précédé d'un trait d'union.
Nous pouvons le remplacer par « -ci ».
Dans l'exemple 5, on pourrait dire :... *Celles-<u>ci</u> sont plus jolies.*
Dans l'exemple 6, on pourrait dire : *Achète plutôt ces boules-<u>ci</u>.*

LES — L'EST — L'AI

Exemple 1. *De sa chambre, il voyait les bateaux.*
Exemple 2. *Les bateaux ? Il les voyait de sa chambre.*
Exemple 3. *Nerveux ? Il l'est toujours avant un match.*
Exemple 4. *J'attends le facteur. Je l'ai vu arriver sur son vélo.*

• **LES** est un **article défini**, masculin ou féminin, pluriel.
Il précède un nom commun, féminin ou masculin, pluriel.
Dans l'exemple 1, *les* accompagne *bateaux*.

Les est aussi un **pronom personnel**, féminin ou masculin, de la troisième personne du pluriel.
Il se trouve devant un verbe et remplace un nom commun pluriel.
Dans l'exemple 2, *les* se trouve devant *voyait* et représente *les bateaux*.

• **L'EST** est la combinaison du **pronom personnel** de la troisième personne du singulier *le / la* (*l'*) et du **verbe être** à la troisième personne du singulier de l'indicatif présent (*est*).
L'est peut être remplacé par « *l'était* ».
Dans l'exemple 3, on pourrait dire : *Nerveux ? Il l'<u>était</u> toujours avant un match.*
(**L'es** = *l'* + 2^e personne du singulier de l'indicatif présent)

• **L'AI** est la combinaison du **pronom personnel** de la troisième personne du singulier *le / la* (*l'*) et du **verbe avoir** à la première personne du singulier (*ai*).

L'ai peut être remplacé par « *l'avais* ».
Dans l'exemple 4, l'on pourrait dire : *Je l'<u>avais</u> vu arriver sur son vélo.*
(**L'aie, l'aies, l'ait, l'aient** = *l'* + subjonctif présent)

LEUR(S)

Exemple 1. *Le médecin remercia ses patients et **leur** dit de ne pas s'inquiéter.*
Exemple 2. *Mes voisins promènent **leur** chien tous les soirs.*
Exemple 3. *Mes voisins promènent **leurs** chiens tous les soirs.*
Exemple 4. *Mes cousins sortent le **leur** tous les matins.*
Exemple 5. *Mes cousins sortent les **leurs** tous les matins.*

• LEUR est le **pronom personnel** de la troisième personne du pluriel. Il remplace donc un élément de la phrase et occupe la fonction de complément d'objet indirect (ou second) du verbe qu'il précède.

Dans l'exemple 1, *leur* remplace *ses patients* et précède le verbe *dit*, dont il est complément d'objet second.
Dans ce cas, *leur* reste toujours **invariable**.

• LEUR, LEURS sont des **déterminants possessifs** féminins ou masculins de la troisième personne du pluriel.

— Quand il précède un nom commun au singulier, *leur* reste au singulier.
Dans l'exemple 2, le groupe nominal *leur chien* évoque un seul élément.

— Quand il précède un nom commun au pluriel, *leur* se met au pluriel.
Dans l'exemple 3, le groupe nominal *leurs chiens* désigne plusieurs éléments.

• LE LEUR, LA LEUR, LES LEURS sont des **pronoms possessifs** de la troisième personne du singulier (*le leur, la leur*) et du pluriel (*les leurs*).

— On écrira donc *le leur*, quand le pronom remplace un nom masculin singulier.
Dans l'exemple 4, *le leur* remplace *leur chien*.
On écrira *la leur* quand le pronom remplace un nom féminin singulier.

— De la même façon, on écrira *les leurs* quand le pronom remplace un nom, masculin ou féminin, pluriel.
Dans l'exemple 5, *les leurs* remplace *leurs chiens*.

MA — M'A

Exemple 1. *J'ai offert des fleurs à ma grand-mère.*
Exemple 2. *Elle m'a remerciée chaleureusement.*

• **MA** est un **déterminant possessif** féminin singulier de la première personne du singulier.
Il précède un nom commun féminin singulier et correspond à « *la mienne* ».

Dans l'exemple 1, *ma* précède le nom commun *grand-mère*.

Remarque : Il faudra utiliser *mon* plutôt que *ma* devant un nom commun féminin commençant par une voyelle ou un *h* muet.
    Exemple : ~~ma amie~~ > *mon amie ;* ~~ma histoire~~ > *mon histoire.*

• **M'A** est la combinaison du **pronom personnel** de la première personne du singulier *me* (*m'*) **et** du **verbe** *avoir* conjugué à la troisième personne du singulier de l'indicatif présent (*a*).
M'a peut être remplacé par « *m'avait* ».

Dans l'exemple 2, l'on pourrait dire : *Elle m'avait remerciée...*
(**M'as** = *m'* + 2ᵉ personne du singulier de l'indicatif présent)

MAIS — MES — M'EST — MET

Exemple 1. *L'enfant se mit à courir, mais il rata le bus.*
Exemple 2. *Mathieu est un de mes collègues.*
Exemple 3. *Ce roman m'est très précieux.*
Exemple 4. *Le bambin met précieusement ses chaussons sous le sapin.*

• **MAIS** est une **conjonction de coordination**.
Il s'agit donc d'un mot **invariable**.
Il sert à corriger l'énoncé qui précède et, parfois, à relier deux propositions indépendantes.
Il peut être remplacé par « *et pourtant* ».

Dans l'exemple 1, on pourrait dire : *L'enfant se mit à courir, et pourtant il rata le bus.*

• MES est un **déterminant possessif** féminin ou masculin pluriel de la première personne du singulier.
Il précède toujours un nom commun, masculin ou singulier, pluriel, et correspond à « *les miens* » ou « *les miennes* ».

Dans l'exemple 2, *mes* accompagne le nom commun *collègues.*

• M'EST est la combinaison du **pronom personnel** de la première personne *me* (*m'*) et du **verbe être** conjugué à la troisième personne du singulier de l'indicatif présent (*est*).
M'est peut donc être remplacé par « *m'était* ».

Dans l'exemple 3, on pourrait dire : *Ce roman m'était très précieux.*
(M'es = m' + 2^e personne du singulier de l'indicatif présent
M'aies, m'ait, m'aient = m' + subjonctif présent)

• MET est le **verbe** *mettre* conjugué à la troisième personne de l'indicatif présent.
Met peut être remplacé par « *mettait* ».

Dans l'exemple 4, on pourrait dire : *Le bambin mettait précieusement...*
(Mets = 1re personne du singulier et 2e personne du singulier de l'indicatif présent et 2e personne du singulier de l'impératif présent)

MÊME(S)

Exemple 1. *Cet homme racontait sans cesse les **mêmes** histoires.*
Exemple 2. *Ses filles elles-**mêmes** ne pouvaient l'arrêter.*
Exemple 3. *Il ne voulait **même** pas entendre nos remarques.*
Exemple 4. *Chaque fois qu'on le voyait, le vieil homme était le **même**.*

• MÊME est un **adjectif qualificatif**.
Il accompagne un nom commun ou un pronom, avec lequel il s'accorde.

Dans l'exemple 1, *mêmes* accompagne le nom commun *histoires* ; dans l'exemple 2, *mêmes* accompagne le pronom personnel *elles*. Il se met donc au pluriel dans les deux cas.

Remarque : Quand il accompagne un pronom personnel, *même(s)* lui est rattaché par un trait d'union.

• **Même** est un **adverbe**.
Il accompagne alors un adjectif qualificatif, un verbe, un autre adverbe ou une proposition et reste donc **invariable**.
Il pourrait être supprimé (Exemple 3).

• **LE / LA / LES MÊME(S)** est un **pronom indéfini**.
Il exprime alors une analogie et prend le genre et le nombre du mot qu'il remplace.

Dans l'exemple 4, *le même* remplace *le vieil homme* (masculin singulier).
On utilisera *la même* quand le pronom remplacera un mot féminin singulier, *les mêmes* quand il évoquera un mot masculin ou féminin pluriel.

MON – M'ONT

Exemple 1. *Mon père et mon frère sont partis à la montagne.*
Exemple 2. *Ils m'ont envoyé une carte postale.*

• **MON** est un **déterminant possessif** masculin singulier de la première personne du singulier.
Il équivaut à « *le mien* » (parfois « *la mienne* ») et précède donc un nom commun singulier, généralement masculin.
Dans l'exemple 1, *mon* accompagne les noms *père* et *frère*.

Remarque : Le déterminant possessif *mon* précède un **nom commun féminin** lorsque ce dernier commence par une voyelle ou un *h* muet.
Exemple : ~~ma amie~~ > *mon* amie, ~~ma histoire~~ > *mon* histoire

• **M'ONT** est la combinaison du **pronom personnel** de la première personne *me* (*m'*) et du **verbe** *avoir* conjugué à la troisième personne du pluriel de l'indicatif présent (*ont*).
M'ont peut être remplacé par « *m'avaient* ».
Dans l'exemple 2, on pourrait dire : *Ils <u>m'avaient</u> envoyé une carte postale.*

NI − N'Y − NIE

Exemple 1. *Après la gymnastique, Anne-Marie n'a* **ni** *douleurs* **ni** *courbatures.*

Exemple 2. *Les cours de gymnastique ? Elle* **n'y** *vient pas régulièrement.*

Exemple 3. *Elle ne le* **nie** *pas, d'ailleurs.*

• **NI** est une **conjonction de coordination**.
C'est un mot **invariable**.
Ni est la négation de *et* et *ou*.
Il est donc toujours précédé de l'adverbe de négation *ne* (*n'*).
Il est répété devant chaque mot qu'il coordonne (Exemple 1).

• **N'Y** est la combinaison de l'**adverbe de négation** *ne* (*n'*) et du **pronom personnel** *y*.
N'y est suivi, dans la phrase, des adverbes *pas*, *point*, *guère*, *plus*, *jamais*, des déterminants indéfinis *aucun* et *nul* ou des pronoms indéfinis *personne*, *rien*, *aucun* (Exemple 2).

• **NIE** est le **verbe** *nier* conjugué aux première ou troisième personnes du singulier de l'indicatif présent et du subjonctif présent, ou à la deuxième personne du singulier de l'impératif présent.
Nie peut être remplacé par une autre forme du verbe *nier*.

Dans l'exemple 3, on pourrait dire : *Elle ne le <u>niait</u> pas, d'ailleurs.*
(**Nies** = 2ᵉ personne du singulier de l'indicatif ou du subjonctif présents)

ON – ON N' – ONT

Exemple 1. *On arrivera chez vous vers minuit.*
Exemple 2. *On n'arrivera pas chez vous avant minuit.*
Exemple 3. *Les invités ont déjà commencé à manger.*

• **ON** est un **pronom personnel** ou **indéfini**.
Il est toujours sujet d'un verbe conjugué à la troisième personne du singulier.
Dans l'exemple 1, on pourrait dire : *Il arrivera chez vous vers minuit.*

• **ON N'** est la combinaison du **pronom personnel** ou **indéfini** *on* et de l'**adverbe de négation** *ne* (*n'*).
Il est donc toujours suivi dans la phrase des adverbes *pas*, *point*, *guère*, *plus*, *jamais*, des déterminants indéfinis *aucun* et *nul* ou des pronoms indéfinis *personne*, *rien*, *aucun*.

On écrira *on n'* quand on pourra le remplacer par « *il n'* ».
Dans l'exemple 2, *on n'* est suivi de *pas* et l'on pourrait dire : *Il n'arrivera pas chez vous...*

• **ONT** est le **verbe** *avoir* conjugué à la troisième personne du pluriel de l'indicatif présent.
Ont peut être remplacé par « *avaient* ».
Dans l'exemple 3, on pourrait dire : *Les invités avaient déjà commencé à manger.*

OU – OÙ

Exemple 1. *Préfères-tu Le Seigneur des anneaux ou Harry Potter ?*
Exemple 2. *C'est la salle de cinéma où je suis allée hier.*
Exemple 3. *Je te demande où tu es allée voir ces films.*

• **OU** est une **conjonction de coordination**.
C'est un mot **invariable** qui exprime un choix et peut être remplacé par « *ou bien* ».
Dans l'exemple 1, on pourrait dire : *Préfères-tu Le Seigneur des anneaux ou bien Harry Potter ?*

• Où est un **pronom relatif** ou un **mot interrogatif** qui indique le lieu ou le temps.
Où ne peut être remplacé par « *ou bien* » (Exemples 2 et 3).

PEU – PEUT

Exemple 1. *Il a acheté une voiture **peu** rapide.*
Exemple 2. *Cette enfant parle **peu**.*
Exemple 3. *Tu as fait **peu** d'efforts.*
Exemple 4. *Le **peu** d'efforts que tu as faits ont été payants.*
Exemple 5. *Reprendras-tu un **peu** de potage ?*
Exemple 6. *Mario ne **peut** pas assister à la représentation.*

• **PEU** est un **adverbe de quantité**.
C'est l'inverse de « *très* », ou « *beaucoup* ».
Il est toujours **invariable** et accompagne un adjectif qualificatif ou un verbe.
Dans l'exemple 1, *peu* précède l'adjectif qualificatif *rapide*.
Dans l'exemple 2, il accompagne le verbe *parle*.

Peu peut être employé comme **déterminant indéfini**.
Il accompagne alors un nom commun.
Il est suivi de *de* et peut être ou non précédé de *le* ou de *un* (Exemples 3, 4 et 5).

• **PEUT** est le **verbe** *pouvoir* à la troisième personne du singulier de l'indicatif présent.
Il a donc un sujet de la troisième personne et peut être remplacé par « *pouvait* ».
Dans l'exemple 6, on pourrait dire : *Mario ne <u>pouvait</u> pas assister à la représentation.*
(**Peux** = 1re personne du singulier et 2e personne du singulier de l'indicatif présent)

PRÈS – PRÊT(S)

Exemple 1. *Il habite tout **près**.*
Exemple 2. *Il habite **près** de chez moi.*
Exemple 3. *Elle était **près** de s'évanouir.*
Exemple 4. *Les élèves sont fin **prêts**.*

• **PRÈS** employé seul (sans la préposition *de*) est un **adverbe de lieu**.
Il signifie alors « *à petite distance* » (Exemple 1).

Avec la préposition *de*, il forme une **locution prépositive**.
On peut le remplacer par « *non loin de* » (Exemple 2) ou « *sur le point de* » (Exemple 3).

Près (de) est donc toujours **invariable**.

• **PRÊT(S)** est un **adjectif qualificatif**.
Il peut être ou non suivi de la préposition *à*.
Il signifie « *qui est préparé* ».
Il s'accorde en genre et en nombre avec le mot qu'il accompagne.

Dans l'exemple 4, *prêts* s'accorde avec *élèves* (masculin pluriel).

Remarque : *Fin* reste invariable, quand il accompagne *prêt*.

QUAND – QUANT – QU'EN

Exemple 1. *Ses parents s'en iront **quand** elle sera couchée.*
Exemple 2. ***Quand** s'en iront-ils ?*
Exemple 3. *Elle se demande **quand** ils s'en iront.*
Exemple 4. ***Quant** à Lilas, elle restera ici pour préparer ses examens.*
Exemple 5. *Je la trouve courageuse. **Qu'en** penses-tu ?*
Exemple 6. *D'habitude, elle ne part **qu'en** été.*

• **QUAND** est une **conjonction de subordination**.
C'est un mot **invariable** qui sert à introduire une proposition subordonnée conjonctive et à la rattacher à la proposition principale.

Quand est alors synonyme de « *lorsque* ».
Dans l'exemple 1, l'on pourrait dire : *Ses parents s'en iront <u>lorsqu</u>'elle sera couchée.*

Quand peut être un **adverbe interrogatif**.
Dans ce cas, il introduit une phrase interrogative (Exemple 2) ou une proposition subordonnée interrogative indirecte, qu'il relie à une proposition principale (Exemple 3).
Quand peut alors être remplacé par « *à quel moment* ».
Dans l'exemple 2 : <u>*À quel moment*</u> *s'en iront-ils ?*
Dans l'exemple 3 : *Elle se demande <u>à quel moment</u> ils s'en iront.*

Ainsi, *quand* indique toujours le **temps**.

• **QUANT** est toujours suivi de *à* (*au, aux*), avec lequel il forme une **locution prépositive**.
Il peut être remplacé par les expressions « *pour ce qui est de..., en ce qui concerne...* ».
Dans l'exemple 4, l'on pourrait dire : <u>*En ce qui concerne*</u>, <u>*pour ce qui est de*</u> *Lilas, elle restera ici pour préparer ses examens.*

• **QU'EN** est la combinaison du **pronom interrogatif** *que* (*qu'*) et du **pronom personnel** *en*.
Qu'en peut être remplacé par « *qu'est-ce que... de cela* ».
Dans l'exemple 5, on pourrait dire : <u>*Qu'est-ce que*</u> *tu penses <u>de cela</u> ?*

C'est la combinaison de l'**adverbe** *que* (*qu'*) et de la **préposition** *en*.

Qu'en est alors précédé de *ne* et marque la restriction.
Il peut être remplacé par « *uniquement en* ».
Dans l'exemple 6, *qu'en* est précédé de l'adverbe de négation *ne* et on pourrait dire : *D'habitude, elle part <u>uniquement</u> en été.*

QUEL(LE)(S) – QU'ELLE(S)

Exemple 1. ***Quels*** *résultats as-tu obtenus ?* ***Quelle*** *belle réussite !*
Exemple 2. ***Quelle*** *est ta moyenne ?*
Exemple 3. *Son grand-père demande **qu'elle** lui parle de ses études.*

Exemple 4. *Le trimestre **qu'elles** viennent de passer est très encourageant.*

• **QUEL(LE)(S)** est un **déterminant interrogatif** ou **exclamatif**.
Qu'il se trouve dans une phrase interrogative ou dans une phrase exclamative, il accompagne donc toujours un nom commun, dont il prend le genre et le nombre.
Ainsi, dans l'exemple 1, *quels* prend le genre et le nombre de *résultats* (masculin pluriel) et *quelle*, le genre et le nombre de *réussite* (féminin singulier).

Quel est un **pronom interrogatif**.
Il s'emploie alors comme attribut et prend le genre et le nombre du mot auquel il fait référence.
Dans l'exemple 2, *quelle* prend le genre et le nombre de *moyenne* (féminin singulier).
Il peut être remplacé par « *quel(s)* ».

• **QU'ELLE(S)** est la combinaison de la **conjonction de subordination** *que* (*qu'*) et du **pronom personnel** de la troisième personne du singulier (*elle*) ou du pluriel (*elles*) (Exemple 3).
C'est la combinaison du **pronom relatif** *que* et du **pronom personnel** de la troisième personne du singulier (*elle*) ou du pluriel (*elles*) (Exemple 4).

On écrira *elle* lorsque le verbe sera conjugué à la troisième personne du singulier et *elles* quand il sera conjugué à la troisième personne du pluriel (Exemple 4).

Dans les deux cas, *qu'elle(s)* peut toujours être remplacé par « *qu'il(s)* ».
Dans l'exemple 3, *qu'elle* peut être remplacé par *qu'il* (le verbe, *parle*, est au singulier) : *Son grand-père lui demande <u>qu'il</u> lui parle de ses études.*
Dans l'exemple 4, *qu'elles* peut être remplacé par <u>*qu'ils*</u> (le verbe, *viennent*, est au pluriel) : *Le trimestre <u>qu'ils</u> viennent de passer est très encourageant.*

QUELQUE(S) – QUEL(LE)(S) QUE

Exemple 1. *Cette histoire tragique s'est passée il y a **quelque** deux cents ans.*

Exemple 2. ***Quelque** tragique qu'elle paraisse, cette histoire me passionne.*

Exemple 3. *Je l'ai lue dans **quelque** revue spécialisée.*

Exemple 4. *J'ai obtenu **quelques** informations à ce sujet.*

Exemple 5. ***Quelques** frissons qu'elle provoque, elle est émouvante.*

Exemple 6. ***Quelles que** soient les informations que j'ai obtenues, cela reste assez mystérieux.*

• QUELQUE est un **adverbe**.

– Suivi d'un déterminant numéral, il signifie « *environ* » et reste **invariable**.

Dans l'exemple 1, on pourrait dire : *Cette tragique histoire s'est passée il y a <u>environ</u> deux cents ans.*

– Suivi d'un adjectif et de *que*, il est synonyme de « *si / aussi... que* » et reste **invariable**.

Dans l'exemple 2, on pourrait dire : *<u>Si</u> / <u>Aussi</u> tragique qu'elle soit, cette histoire me passionne.*

On notera, dans ce cas, que *quelque... que* est suivi d'un verbe au mode subjonctif (*paraisse*).

• QUELQUE(S) est un **déterminant indéfini**.

– Devant un nom commun singulier, il est synonyme de « *un(e) certain(e)* » et reste au singulier.

Dans l'exemple 2, *quelque* est au singulier, comme *revue*.

Remarque : Dans l'expression *il y a quelque temps*, *quelque* reste au singulier, puisque l'on pourrait dire : *il y a <u>un certain</u> temps*.

– Devant un nom commun pluriel, il signifie « *plusieurs* » et se met au pluriel.

Dans l'exemple 3, *quelques* est au pluriel, comme *informations*.

– Suivi d'un nom commun et de *que*, il est alors synonyme de « *autant de* » et s'accorde aussi avec ce nom.

Dans l'exemple 4, *quelques* est au pluriel, comme *frissons*.

On notera, dans ce cas, que *quelque(s)... que* est suivi d'un verbe au mode subjonctif (*provoque*).

• QUEL(LE)(S) QUE est aussi un **déterminant indéfini**.

Il est toujours **suivi du verbe être** au mode subjonctif et accompagne un nom commun, dont il prend le genre et le nombre.

Dans l'exemple 4, *quelles que* s'accorde en genre et en nombre avec le nom commun *informations* (féminin pluriel).

De la même façon, on écrit *quel que* lorsque ce nom est masculin singulier, *quels que*, quand il est masculin pluriel et *quelle que* s'il est féminin singulier.

QUOIQUE – QUOI QUE

Exemple 1. *Quoiqu' il fasse très froid, tout le monde fait ses courses de Noël.*

Exemple 2. *Quoi que vous fassiez, vous ne réussirez pas à le dérider !*

• QUOIQUE est une **conjonction de subordination**.

Quoique peut être remplacé par « *bien que* ».

Dans l'exemple 1, on pourrait dire : Bien qu'il fasse très froid, tout le monde fait ses courses de Noël.

• QUOI QUE est une **locution conjonctive**.

Quoi que signifie « quelle que soit la chose que ».

Dans l'exemple 2, on pourrait dire : Quelle que soit la chose que vous fassiez, vous ne réussirez pas à le dérider !

On remarquera que *quoique*, comme *quoi que*, sont suivis d'un verbe conjugué au mode subjonctif.

SANS – S'EN – C'EN – SENT – CENT

Exemple 1. *L'arbitre est monté sur le terrain **sans** son sifflet.*
Exemple 2. *Il n'a pas l'air de **s'en** préoccuper.*
Exemple 3. *Cette habitude qu'il a de tout oublier. **C'en** devient
inquiétant.*
Exemple 4. *Le public **sent** que le match va mal se passer.*

• SANS est une **préposition**.
Elle sert donc à relier des éléments de la phrase et à construire des
compléments.
Sans évoque l'absence, le manque (Exemple 1).

Attention :
• L'expression *sans faute* signifie « à coup sûr ».
Lorsque l'on veut dire « sans faire d'erreur », l'on écrit *sans fautes*.
• L'on écrit *sens dessus dessous*.
Il s'agit en effet du nom commun *sens* et pas de la préposition *sans*.
Cette expression signifie « dans une position telle que ce qui devrait
être dessus est dessous et inversement ».

• S'EN est la combinaison du **pronom personnel réfléchi** de la
troisième personne *se* (s') et d'un autre **pronom personnel**, *en*.

S' fait donc partie d'un verbe pronominal et *en* remplace un élément
du contexte.
S'en peut être remplacé par « se... de cela ».

Dans l'exemple 2, on pourrait dire : *Il n'a pas l'air de <u>se</u> préoccuper
<u>de cela</u>*.

• C'EN est la combinaison du **pronom démonstratif** neutre *ce* (c')
et du **pronom personnel** *en*.
On peut remplacer *c'en* par « cela en ».
Dans l'exemple 3, on pourrait dire : *<u>Cela en</u> devient inquiétant.*

• SENT est le **verbe *sentir*** conjugué à la troisième personne du
singulier de l'indicatif présent.
On peut le remplacer par « sentait ».
Dans l'exemple 4, on pourrait dire : *Le public <u>sentait</u>...*

(Sens = 1re personne du singulier et 2e personne du singulier de l'indicatif présent et 2e personne du singulier de l'impératif présent)

• CENT est un **déterminant numéral.**
Il précède un nom commun, masculin ou féminin, pluriel.
Il équivaut au chiffre 100.
(Voir Déterminant numéral, p. 20.)

SI — S'Y — -CI — SCIE

Exemple 1. *Je sortirai si je ne suis pas trop fatiguée.*
Exemple 2. *Pierre m'a demandé si je serais présente.*
Exemple 3. *Je suis si lasse, en ce moment.*
Exemple 4. *— N'es-tu pas trop fatiguée ? — Si.*
Exemple 5. *Il viendra me chercher, il s'y engage.*
Exemple 6. *Cette fois-ci, je ne peux plus refuser.*
Exemple 7. *Le menuisier scie une planche.*

• SI est une **conjonction de subordination.**
Si établit un rapport d'hypothèse et introduit une proposition subordonnée conjonctive, qu'il relie à la proposition principale.

Si peut être remplacé par « *à la condition que* », suivi d'un verbe au mode subjonctif.
Dans l'exemple 1, on pourrait dire : *Je sortirai* <u>*à la condition*</u> *que je ne sois pas trop fatiguée.*

Si est un **mot interrogatif.**
Dans ce cas, *si* introduit une proposition subordonnée interrogative indirecte et la rattache à la proposition principale.
Dans l'exemple 2, *si* relie *je serais présente* (la proposition subordonnée interrogative indirecte) à *Pierre m'a demandé* (la proposition principale).

Si est un **adverbe.**
Il accompagne alors un adjectif qualificatif ou un autre adverbe.
On peut le remplacer par « *tellement* ».
Dans l'exemple 3, on pourrait dire : *Je suis* <u>*tellement*</u> *lasse en ce moment.*

Si est une **interjection**.
Si est alors une réponse qui nie une question négative (Exemple 4).

• **S'Y** est la combinaison du **pronom personnel réfléchi** de la troisième personne *se* (s') et du **pronom personnel** *y*.
S' fait partie d'un verbe pronominal et *y* remplace un élément du contexte.
S'y peut être remplacé par « *se... à / dans cela* ».
Dans l'exemple 5, on pourrait dire : *Il s'engage à cela.*

• **CI** est une **particule** qui fait partie du déterminant ou du pronom **démonstratifs composés**.
Dans ce cas, *ci* est précédé d'un trait d'union.
Nous pouvons le remplacer par « *-là* ».
Dans l'exemple 6, on pourrait dire : *Cette fois-là...*

• **SCIE** est le **verbe** *scier* conjugué aux première ou troisième personnes du singulier de l'indicatif présent et du subjonctif présent, ou à la deuxième personne du singulier de l'impératif présent.
On peut donc le remplacer par une autre forme du verbe *scier* (Exemple 7).
(**Scies** = 2ᵉ personne du singulier de l'indicatif ou du subjonctif présents.
Scient = 3ᵉ personne du pluriel de l'indicatif et du subjonctif présents)

SON – SONT

Exemple 1. *Son ami est parti sans laisser d'adresse.*
Exemple 2. *Ils se sont quittés fâchés.*

• **SON** est un **déterminant possessif masculin singulier** de la troisième personne du singulier.
Il équivaut à « *le sien* » (parfois à « *la sienne* ») et précède un nom commun singulier, généralement masculin.
Dans l'exemple 1, *son* accompagne le nom commun *ami*.

Remarque : L'on trouve *son* devant un **nom commun féminin**, lorsque ce dernier commence par une voyelle ou un *h* muet.
Exemple : ~~sa amie~~ > *son* amie ; ~~sa horreur~~ > *son* horreur.

• **SONT** est le **verbe être** conjugué à la troisième personne du pluriel de l'indicatif présent.
Il peut être remplacé par « *étaient* » .
Dans l'exemple 2, on pourrait dire : *Ils <u>étaient</u> partis fâchés.*

TA – T'A

Exemple 1. *As-tu appelé **ta** mère pour son anniversaire ?*
Exemple 2. *Elle, elle ne **t'a** pourtant pas oublié !*

• **TA** est un **déterminant possessif** féminin singulier de la deuxième personne du singulier.
Il correspond à « *la tienne* ».
On le trouve toujours devant un nom commun féminin singulier.
Dans l'exemple 1, *ta* accompagne le nom commun *mère*.

Remarque : Devant un nom commun féminin singulier commençant par une voyelle ou un *h* muet, il faut utiliser *ton*.
  Exemple : ~~ta amie~~ > *ton* amie ; ~~ta histoire~~ > *ton* histoire.

• **T'A** est la combinaison du **pronom personnel** de la deuxième personne du singulier *te* (*t'*) et du **verbe avoir** à la troisième personne du singulier de l'indicatif présent (*a*).
T'a peut être remplacé par « *t'avait* ».
Dans l'exemple 2, l'on pourrait dire : *Elle, elle ne <u>t'avait</u> pourtant pas oublié !*

TANT – T'EN – TEND

Exemple 1. *Il l'aime **tant** !*
Exemple 2. *Cet enfant cria **tant** qu'il pouvait.*
Exemple 3. *Il s'agit d'une affaire personnelle. Ne **t'en** occupe donc pas.*
Exemple 4. *L'enfant **tend** la main à son père.*

5. Les homophones : tel(le)(s) –tel(le)(s) que –el(le)(s) quel(le)(s)

• TANT est un **adverbe de quantité**.
On écrira donc *tant* quand on pourra le remplacer par « *tellement* » ou « *autant* ».
Tant peut être employé seul, ou suivi de *de* ou de *que*.
Dans l'exemple 1, on pourrait dire : *Il l'aime <u>tellement</u> !*
Dans l'exemple 2, on pourrait dire : *Cet enfant cria <u>autant</u> qu'il pouvait.*
Attention : On le retrouve dans *tant pis, tant mieux, tant et plus*.

• T'EN est la combinaison du **pronom personnel** de la deuxième personne du singulier *te* (*t'*) et du **pronom personnel** en.
On écrira *t'en* lorqu'on pourra le remplacer par « *te / t'... de cela* ».
Dans l'exemple 3, on pourrait dire :... *Ne <u>t'</u>occupe pas <u>de cela</u>*.

• TEND est le **verbe** *tendre* conjugué à la troisième personne du singulier de l'indicatif présent.
On peut donc le remplacer par « *tendait* ».
Dans l'exemple 4, on pourrait dire : *L'enfant <u>tendait</u> la main à son père.*
(Tends = 1re personne du singulier et 2e personne du singulier de l'indicatif présent et 2e personne du singulier de l'impératif présent)

TEL(LE)(S) — TEL(LE)(S) QUE — TEL(LE)(S) QUEL(LE)(S)

Exemple 1. *Elle avait vu cette photo dans **telle** revue à scandale.*
Exemple 2. *De **telles** phrases sont à méditer.*
Exemple 3. *Elle criait **tel** un animal effrayé.*
Exemple 4. *Il y eut des rafales **telles** que des centaines d'arbres furent déracinés.*
Exemple 5. *Marie eut des douleurs **telles** qu'elle ne pouvait plus dormir.*
Exemple 6. *Amis, venez **tels** quels.*
Exemple 7. ***Tel** est pris qui croyait prendre.*

• TEL(LE)(S) est un **déterminant indéfini**.
On le trouve devant un nom commun, dont il prend le genre et le nombre.

Il exprime l'indétermination et est synonyme de « *un(e) certain(e)* » ou de « *certain(e)s* ».
Dans l'exemple 1, *telle* prend le genre et le nombre de *revue* (féminin singulier).

Tel est un **adjectif qualificatif.**

– Il signifie « *pareil* ».
Il accompagne alors un nom commun et s'accorde avec lui.
Dans l'exemple 2, *telles* s'accorde en genre et en nombre avec *phrases* (féminin pluriel).

– Lorsqu'il est synonyme de « *comme* », il peut s'accorder avec le mot qui le suit (Exemple 3).

Tel fait partie d'une **locution conjonctive,** lorsqu'il est suivi de **que** (*qu'*) et d'une proposition subordonnée conjonctive (complément circonstanciel de conséquence).
Il est alors synonyme de « *si grand que* », « *de telle sorte que* ».

Dans l'exemple 4, *telles* s'accorde avec *rafales* (féminin pluriel).
Dans l'exemple 5, *telles* s'accorde avec *douleurs* (féminin pluriel) ; *elle* est le sujet de *pouvait*.
Ainsi, on écrira *tel(les) qu'elle(s)*, si une proposition subordonnée suit et si l'on peut le remplacer par *tel(les) qu'il(s)*.

Tel fait partie d'une **locution adjective,** avec *quel(les).*
Cette locution signifie « *sans modification* » et n'est suivie d'aucune proposition subordonnée.
Dans ce cas, *tel* s'accorde, comme *quel*, en genre et en nombre avec le nom qu'il accompagne.

Dans l'exemple 6, *tels* et *quels* s'accordent avec *amis* (masculin pluriel).
Ainsi, on écrira *tel(les) quel(les)* s'il n'y a pas de proposition subordonnée qui suit.

Tel est un **pronom indéfini.**
Il reste très souvent au masculin singulier, puisqu'il est nominal (l'on ne sait donc pas exactement ce qu'il remplace).
C'est le cas dans l'exemple 7.

TES – T'AI – T'EST – TAIT

Exemple 1. *N'oublie pas d'envoyer **tes** vœux à Mamie.*
Exemple 2. *Je **t'ai** rappelé d'écrire à Mamie !*
Exemple 3. *Elle **t'est** pourtant chère !*
Exemple 4. *Il se **tait**, de peur de commettre une erreur.*

• **TES** est un **déterminant possessif** féminin ou masculin pluriel de la deuxième personne du singulier.
Il correspond à « *les tiens* » ou « *les tiennes* ».
Il précède donc toujours un nom commun, masculin ou féminin, pluriel.
Dans l'exemple 1, *tes* accompagne le nom commun *vœux*.

• **T'AI** est la combinaison du **pronom personnel** de la deuxième personne du singulier *te* (*t'*) **et** du **verbe *avoir*** conjugué à la première personne du singulier de l'indicatif présent (*ai*).
T'ai peut être remplacé par « *t'avais* ».
Dans l'exemple 2, on pourrait dire : *Je t'avais rappelé d'écrire à Mamie !*
(T'aie, t'ait, t'aient = t' + subjonctif présent)

• **T'EST** est la combinaison du **pronom personnel** de la deuxième personne du singulier *te* (*t'*) et du **verbe *être*** conjugué à la troisième personne du singulier de l'indicatif présent (*est*).
T'est peut être remplacé par « *t'était* ».
Dans l'exemple 3, on pourrait dire : *Elle t'était pourtant chère !*
(T'es = t' + 2ᵉ personne du singulier de l'indicatif présent)

• **TAIT** est le **verbe *(se) taire*** conjugué à la troisième personne du singulier de l'indicatif présent.
Il peut être remplacé par « *(se) taisait* ».
Dans l'exemple 4, on pourrait dire : *Il se taisait, de peur de commettre une erreur.*
(Tais= 1ʳᵉ personne du singulier et 2ᵉ personne du singulier de l'indicatif présent ou 2ᵉ personne du singulier de l'impératif présent.)

TOUT — TOUS

Exemple 1. *Le ciel était **tout** sombre, les nuages **tout** noirs.*
Exemple 2. *La jeune fille était **tout** émue.*
Exemple 3. ***Tout** bruit la faisait sursauter.*
Exemple 4. *Pour elle, ces bruits avaient **tous** une signification.*

• **TOUT** est un **adverbe de quantité**.

– Il accompagne un adjectif qualificatif, un verbe, un autre adverbe ou toute une proposition et signifie « *entièrement* ».
Il reste généralement **invariable**.
C'est le cas dans les exemples 1 et 2.

Remarque : Dans les expressions à *tout à l'heure* et (à) *tout de suite*, *tout* reste invariable.

– Toutefois, devant un adjectif qualificatif (ou un participe) féminin et commençant par une consonne ou un *h* aspiré, *tout* prend le genre et le nombre du mot qu'accompagne cet adjectif.

• **TOUT** est un **déterminant indéfini**.
Il précède un nom commun, dont il prend le genre et le nombre.
Il signifie alors soit « *chaque* », soit « *la totalité de* ».
Dans l'exemple 3, *tout* précède *bruit* (masculin singulier).

Remarques :
• *Tout* et le nom qu'il accompagne sont au singulier dans les expressions suivantes :
tout compte fait, à tout hasard, à toute heure, à tout moment, à tout prix, à tout propos, de toute façon, de toute manière, de tout temps, en tout cas, en toute chose, en tout genre, en tout lieu, en toute occasion, en tout point...
• Ils se mettent au pluriel dans :
à tous égards, à toutes jambes, de tous côtés, en toutes lettres...

• **TOUT** est un **pronom indéfini**.
Il signifie alors « *dans leur totalité* ».

Il remplace un élément du contexte, dont il prend le genre et le nombre.
Dans l'exemple 4, *tous* désigne *ces bruits* (masculin pluriel).

• TOUT est aussi un **nom commun** masculin.
Il signifie « une collection, un ensemble ».
Dans ce cas seulement, nous pouvons trouver *touts*, lorsque le nom est au pluriel.

VINT – VAINC – VAIN – VINGT

Exemple 1. *Quand vint l'été, ils durent se rendre à l'évidence.*
Exemple 2. *Le courage ne vainc pas toujours la malchance.*
Exemple 3. *Tous leurs efforts ont été vains.*
Exemple 4. *Ils ont demandé de l'aide, en vain.*

• VINT est le **verbe** *venir* à la troisième personne du singulier de l'indicatif passé simple.
Il peut être remplacé par « venait ».
Dans l'exemple 1, on pourrait dire : *Quand venait l'été...*
(Vins = 1re personne du singulier et 2e personne du singulier de l'indicatif passé simple
Vînt — 3e personne du singulier du subjonctif imparfait)

• VAINC est le **verbe** *vaincre* conjugué à la troisième personne du singulier de l'indicatif présent.
Il peut être remplacé par « vainquait ».
Dans l'exemple 2, on pourrait dire : *Le courage ne vainquait pas toujours la malchance.*
(Vaincs = 1re et 2e personnes du singulier de l'indicatif présent et 2e personne du singulier de l'impératif présent)

• VAIN est un **adjectif qualificatif**.
Il signifie « *inutile, inefficace* ».
Il s'accorde en genre et en nombre avec le mot qu'il accompagne.

Dans l'exemple 3, *vains* s'accorde en genre et en nombre avec *efforts* (masculin pluriel).
Il fait partie d'une **locution prépositive**, avec *en*.

Il est synonyme de « *inutilement, vainement* » et reste invariable (Exemple 4).

• VINGT est un **déterminant numéral**.
Il équivaut au chiffre 20.
Il accompagne un nom commun féminin ou masculin pluriel.
(Voir Déterminant numéral, p. 20.)

VOIR — VOIRE

Exemple 1. *Le patron demanda à **voir** les chiffres de la semaine.*
Exemple 2. *Il annonça que les résultats étaient satisfaisants, **voire** brillants.*

• VOIR est un **verbe à l'infinitif**.
Il se conjugue donc et peut être remplacé par « *regarder* », « *observer* ».

• VOIRE est un **adverbe**.
Il est **invariable**.
On peut le supprimer.
Il renforce une idée et équivaut souvent à « *même* ».
Dans l'exemple 2, on pourrait dire : *Il annonça que les résultats étaient satisfaisants, même brillants.*

DEUXIÈME PARTIE

Grammaire française

par Nathalie Baccus

- Chapitre 1 -

Les natures

Adjectif

1) CARACTÉRISTIQUES ESSENTIELLES

L'adjectif est un mot qui s'ajoute à un nom, auquel il apporte une
précision.

 Exemple : *une robe blanche*

Il n'est pas obligatoire dans le groupe nominal.

 Exemple : *une robe*

Cette caractéristique le distingue des déterminants qui, eux, sont obli-
gatoires dans le groupe nominal (voir **Déterminant**, p. 109).

 Exemple : ~~*robe blanche*~~

Il est variable en genre et en nombre.

2) RÈGLES D'ACCORD

Règle générale

L'adjectif s'accorde en genre et en nombre avec le nom dont il
dépend.

 Exemple : *une robe blanche – des pantalons blancs*

La marque du féminin est la voyelle finale -e muet

Exemple : *petit* / ***petite*** – *bleu* / ***bleue***

– Les adjectifs épicènes (se terminant par la voyelle -e) ont la même forme au masculin et au féminin.

Exemple : *une robe* / *un pantalon **magnifique*** – *une robe* / *un pantalon **sale***

– Pour les adjectifs se terminant par -l, -en, -on, -s ou -et, le passage au féminin entraîne le doublement de la consonne finale.

Exemple : *réel* / ***réelle*** – *ancien* / ***ancienne*** – *bon* / ***bonne*** – *gras* / ***grasse*** – *net* / ***nette***

Remarque : Les adjectifs COMPLET, INCOMPLET, CONCRET, DISCRET, INDISCRET, INQUIET et SECRET ont un féminin en -ète.

– Pour les adjectifs se terminant par la consonne -r, on observe l'adjonction d'un accent grave.

Exemple : *léger* / ***légère*** – *fier* / ***fière***

– On observe aussi parfois un changement de la consonne finale du masculin.

Exemple : *mou* / ***molle*** – *voleur* / ***voleuse*** – *protecteur* / ***protectrice*** – *neuf* / ***neuve***

La marque du pluriel est la lettre -s

Exemple : *petit* / ***petits*** – *bleu* / ***bleus***

– Les adjectifs en -s ou -x ne varient pas.

Exemple : *soucieux* / ***soucieux*** – *las* / ***las***

– Les adjectifs BEAU, NOUVEAU, JUMEAU et HÉBREU ont un pluriel en -x.

Exemple : *beau* / ***beaux*** ; *hébreu* / ***hébreux***

– Les adjectifs en -al ont un pluriel en -aux, sauf BANAL, BANCAL, CÉRÉMONIAL, FATAL, NATAL et NAVAL.

Exemple : *des bâtiments **médiévaux*** – *des meubles **bancals***

Accords particuliers

– Quand l'adjectif dépend de plusieurs noms coordonnés, il se met au pluriel.

• Si ces noms sont de même genre, l'adjectif prend ce genre.

Exemple : *une robe et une jupe **blanches*** (Fém. Sing. + Fém. Sing. = Fém. Plur.)

• Si ces noms sont de genres différents, l'adjectif se met au masculin pluriel.

Exemple : *une robe et un pantalon* **blancs** (Fém. Sing. + Masc. Sing. = Masc. Plur.)
− Quand le nom est déterminé par un nom collectif suivi de son complément (UN GROUPE DE, UNE TROUPE DE...), l'adjectif peut s'accorder avec le collectif ou avec son complément, selon le sens.
Exemple : *une troupe de soldats* **italienne / italiens**
− Avec la locution AVOIR L'AIR, l'accord se fait généralement avec le sujet.
Exemple : *Cette fillette a l'air* **fatiguée**. − *Cette pomme a l'air* **appétissante**.
Toutefois, l'accord avec *air* est possible, si le sujet est un nom animé.
Exemple : *Cette fillette a l'air* **fatigué**. − ~~*Cette pomme a l'air bon*~~.

Les adjectifs invariables
− Les adjectifs de couleur ne s'accordent pas quand :
• une couleur est définie par deux mots
Exemple : *des yeux* **bleu-vert** − *des robes* **bleu pâle** − *des lèvres* **rouge cerise**
• ce sont des noms employés adjectivement (sauf ÉCARLATE, MAUVE, POURPRE et ROSE)
Exemple : *des robes* **cerise, citron** − *des robes* **mauves, roses**
− Dans les adjectifs composés, quand le premier adjectif est employé adverbialement, il ne varie pas.
Exemple : *une femme* **court** *vêtue*
− DEMI et NU antéposés sont invariables.
Exemple : *une* **demi**-*heure* (mais *une heure et* **demie**)
Exemple : **nu**-*tête* (mais *tête* **nue**)

3) FONCTIONS DE L'ADJECTIF

Dans le groupe nominal, l'adjectif peut être épithète. Il se trouve à côté du nom (antéposé ou postposé), sans que rien ne l'en sépare.
Exemple : *Je me suis acheté une robe* **blanche**.

Il peut aussi être épithète détachée. Il est alors séparé du nom par une pause importante, traduite à l'écrit par des virgules. Dans ce cas, il est mobile dans la phrase.

Exemple : *Admiratifs, les élèves restèrent bouche bée.*
Les élèves, admiratifs, restèrent bouche bée.

Enfin, dans le groupe verbal, il peut exercer la fonction d'attribut (du sujet ou du complément d'objet).
Exemple : *Ces enfants sont charmants.*
Exemple : *Je les trouve charmants.*

4) PARTICIPES

Employé sans auxiliaire et à l'intérieur d'un groupe nominal, le participe passé fonctionne comme un adjectif : il s'accorde selon les mêmes règles et peut exercer les mêmes fonctions.
Exemple : *Les magasins décorés attiraient l'attention.* (épithète)
Exemple : *Effrayée, la jument partit au galop.* (épithète détachée)
Exemple : *Elle semblait fatiguée.* (attribut du sujet)
Exemple : *Je la trouve fatiguée.* (attribut du complément d'objet)
Employé comme adjectif, le participe présent s'accorde alors aussi selon les mêmes règles et exerce les mêmes fonctions.

5) REMARQUE

Exemple : *le premier homme – un mien ami – l'autre livre*
Il faudra prendre garde à ne pas considérer ces adjectifs comme des déterminants numéraux, possessifs ou indéfinis.

Adverbe

1) CARACTÉRISTIQUES ESSENTIELLES

L'adverbe – comme l'adjectif par rapport au nom – apporte une précision sur un adjectif, un verbe, un autre adverbe, une préposition ou toute une proposition.
Exemple : *Il est très aimable. – Lisez attentivement ce texte. – La voiture roule extrêmement vite. – Elle est assise tout près de lui. – Manifestement, ils n'ont rien vu.*

Comme le mot auquel il se réfère n'a ni genre ni nombre propres, l'adverbe est invariable. Cette caractéristique le distingue de l'adjectif.

Enfin, il n'est pas obligatoire dans la phrase, ce qui le distingue de la préposition.

    Exemple : *J'étais assise* **devant**. (adverbe)

    Exemple : *J'étais assise* près de *lui*. (locution prépositive)

2) VALEURS ET EMPLOIS

Il existe des adverbes de *manière***, qui sont adossés à un adjectif ou à un verbe.**

    Exemple : *C'est un produit* **médicalement** *fiable.*

    Exemple : *La voiture roule* **vite**.

Certains adverbes expriment le *degré***. Ils accompagnent un adjectif, un autre adverbe ou un verbe.**

– Ils peuvent indiquer un degré de comparaison dans la construction du comparatif (supériorité, égalité, infériorité) ou celle du superlatif (le plus haut degré, le plus bas degré).

    Exemple : *Il est* **plus / aussi / moins** *gentil que sa sœur.*

              Il court **plus / aussi / moins** *vite que sa sœur.*

              Il travaille **mieux / autant / moins** *que sa sœur.*

    Exemple : *Il est* **le plus / le moins** *gentil.*

              C'est lui qui court **le plus / le moins** *vite.*

              C'est lui qui travaille **le plus / le moins**.

– Ils peuvent aussi indiquer un degré d'intensité (haut, moyen, ou bas degré).

    Exemple : *Il est* **très / assez / peu** *gentil.*

    Exemple : *Il court* **très / assez / peu** *vite.*

    Exemple : *Il travaille* **beaucoup / assez / peu**.

Remarque : L'expression du degré nul équivaut à la négation.

    Exemple : *Il n'est* **pas / point / guère / plus / jamais**... *gentil.*

    Exemple : *Il ne court* **pas / point / guère / plus / jamais**... *vite.*

    Exemple : *Il ne travaille* **pas / point / guère / plus / jamais**...

(Voir **Négation**, p. 185.)

Les adverbes qui expriment la *restriction* portent exclusivement sur le verbe.
Exemple : *Elle aime **surtout** / **particulièrement** ce tableau.*

Les adverbes de *lieu* complètent nécessairement les verbes dits « locatifs » (de situation) ou sont adjoints à la proposition.
Exemple : *Elle habite **ici**.*
Exemple : ***Là-haut**, on voyait des nuages gris.*

Les adverbes de *temps* complètent une proposition.
Exemple : ***Hier**, je suis allée à la bibliothèque.*

Les adverbes de *mesure* complètent nécessairement des verbes de temps, de poids, de prix.
Exemple : *Ce film dure **longtemps**.*
Exemple : *Ce canapé pèse **lourd**.*
Exemple : *Ce chapeau coûte **cher**.*

Il existe enfin des adverbes de *discours.*
– Certains d'entre eux précisent l'attitude de l'énonciateur par rapport à l'énoncé.
Exemple : *Il a **sûrement** été retardé.*
Exemple : ***Heureusement**, il ne lui est rien arrivé.*
– D'autres permettent d'articuler, d'organiser le discours de façon chronologique ou logique.
Exemple : ***D'abord** / **ensuite** / **enfin**, j'aborderai le problème de la pollution.*
Exemple : ***En revanche** / **cependant** / **ainsi** / **par conséquent** / **donc**, c'est un problème insoluble.*

Les adverbes OUI, SI et NON peuvent être considérés comme des interjections ; ils peuvent constituer, à eux seuls, une phrase.
(Voir Interjection, p. 121.)

Les adverbes OÙ, QUAND, POURQUOI, COMBIEN et COMMENT peuvent en outre être utilisés comme mots interrogatifs.
Exemple : ***Combien** coûte ce livre ?*
Exemple : ***Pourquoi** n'est-elle pas venue ?*

3) FONCTIONS DE L'ADVERBE

L'adverbe peut exercer les fonctions de complément :
– circonstanciel facultatif de la phrase ou du verbe
   Exemple : *L'euro a fait son apparition **avant-hier**.*
   Exemple : *Je vais **souvent** en Bretagne.*
– circonstanciel essentiel du verbe locatif ou de mesure
   Exemple : *Je vais **là-bas** trois fois par an.*
   Exemple : *Ce film dure **longtemps**.*
– de l'adjectif
   Exemple : *Ce banquier est **très** aimable.*
– du nom
   Exemple : *Ma grand-mère parlait toujours des fêtes **d'autrefois**.*
– du pronom
   Exemple : *Aujourd'hui, le pain est frais ; celui **d'hier** ne l'était pas.*

Conjonction de coordination

1) CARACTÉRISTIQUES ESSENTIELLES

La conjonction est, comme son nom l'indique, un outil de liaison. Elle est un mot invariable. On distingue les conjonctions de coordination et les conjonctions de subordination.

La conjonction de coordination relie deux éléments (mots, groupes de mots ou propositions) qui ont la même fonction dans la phrase. Les deux éléments coordonnés sont donc d'égale importance et autonomes l'un par rapport à l'autre. L'un ou l'autre des éléments peut être supprimé.
   Exemple : *J'aime les desserts au chocolat **et** ceux aux fruits.*
   Exemple : *Il s'abrita **car** de gros flocons commençaient à tomber.*

La conjonction de coordination n'exerce aucune fonction dans la phrase.

Les conjonctions de coordination sont au nombre de six : MAIS, OU, ET, OR, NI, CAR.
En effet, de par son fonctionnement particulier, DONC doit être classé dans la catégorie des adverbes de discours (articulation logique).
(Voir **Adverbe**, p. 102.)

2) Valeurs et emplois

MAIS est utilisé pour corriger l'énoncé de la proposition précédente.
   Exemple : *Tout l'accusait mais son alibi était solide.*

OU exprime une alternative. Il peut être exclusif ou inclusif.
Quand plusieurs sujets sont reliés par OU, le verbe se met :
– au singulier si OU est exclusif
   Exemple : *Papa ou Michel prendra le volant.* (l'un à la fois)
– au pluriel si OU est inclusif
   Exemple : *Papa ou Michel iront au marché.* (les deux peuvent y
      aller simultanément)
(Voir **Verbe**, p. 148.)

ET peut exprimer :
– une réunion de deux ensembles
   Exemple : *Elle a acheté des collants verts et rouges.* (des collants
      verts et des collants rouges)
– une intersection de deux ensembles
   Exemple : *Elle a acheté des collants vert et rouge.* (des collants de
      deux couleurs)
– une succession dans le temps
   Exemple : *Je termine cet article et j'arrive.*
– une conséquence
   Exemple : *Il pleut et l'on se met à l'abri.*
– une opposition
   Exemple : *J'ai peu dormi et ne suis pas fatigué.*

OR introduit un argument, une objection par rapport à l'énoncé de la proposition précédente.
   Exemple : *Tout l'accusait or il fut libéré.*

On trouve surtout OR dans les syllogismes.
> Exemple : *Tous les hommes sont mortels. / Or Socrate est un homme. / Donc Socrate est mortel.*

NI est la négation de ET et OU.
Il s'emploie obligatoirement avec l'adverbe de négation NE (N').
(Voir **Négation**, p. 185.)
Il peut être répété ou n'apparaître qu'une seule fois.
> Exemple : *Je n'ai ni cigare ni cigarette à vous offrir.*

> Exemple : *Cet homme ne boit ni ne fume.*

Comme pour OU, quand plusieurs sujets sont reliés par NI, le verbe se met au singulier si NI est exclusif ou au pluriel si NI est inclusif.
> Exemple : *Ni Papa ni Michel ne prendra le volant.*

> Exemple : *Ni Papa ni Michel n'iront au marché.*

(Voir **Verbe**, p. 148.)

CAR apporte une justification à l'énoncé de la proposition précédente.
> Exemple : *Il fut libéré car son alibi était solide.*

Conjonction de subordination

1) CARACTÉRISTIQUES ESSENTIELLES

La conjonction est, comme son nom l'indique, un outil de liaison.
Elle est un mot invariable. On distingue les conjonctions de coordination et les conjonctions de subordination.

La conjonction de subordination relie deux propositions dont l'une, la subordonnée, est dépendante de l'autre, la principale.
La proposition subordonnée exerce alors une fonction dans la phrase.
> Exemple : *Je me demande si Marie viendra.*
>> (Dans cette phrase, la proposition subordonnée introduite par *si* est complément d'objet direct du verbe *demande*.)

La conjonction de subordination est placée en tête de la proposition enchâssée et n'y exerce aucune fonction.

Cette caractéristique la distingue des pronoms relatifs qui, eux, exercent une fonction dans la proposition subordonnée.

QUAND, COMME, SI, QUE et toutes les locutions contenant QUE sont des conjonctions de subordination.

Les locutions proviennent de la composition de mots divers avec la conjonction QUE : ALORS QUE, DEPUIS QUE, AVANT QUE, QUOIQUE, PARCE QUE, DE PEUR QUE, À CONDITION QUE, EN ATTENDANT QUE, À SUPPOSER QUE…

2) Valeurs et emplois

QUAND exprime un rapport de temps.

Exemple : *Je me lèverai quand il fera jour.*

QUAND peut aussi être adverbe interrogatif.

COMME exprime un rapport de comparaison, de cause ou de temps.

Exemple : *Il cria, comme il l'avait déjà fait.*

Exemple : *Comme il fait beau, je ne prends pas mon parapluie.*

Exemple : *Comme j'allais partir, le téléphone sonna.*

SI exprime un rapport d'hypothèse, de comparaison hypothétique (avec COMME) ou d'opposition.

Exemple : *Je sortirai si le temps le permet.*

Exemple : *Il cria comme si un drame était arrivé.*

Exemple : *S'il n'a pas réussi, du moins a-t-il fait beaucoup d'efforts.*

SI peut aussi être adverbe interrogatif ou interjection.

QUE peut être utilisé très largement.

QUE peut aussi être pronom relatif ou interrogatif.

Les locutions ont, elles, généralement, un sens unique.

Déterminant

Le déterminant est un mot qui précède obligatoirement le nom dans la phrase, quand celui-ci est sujet ou complément d'objet du verbe.
Exemple : *Le chien traverse la rue.*
~~Chien traverse rue.~~

Le déterminant permet d'inscrire le nom dans une situation d'énonciation précise, de l'identifier, de le concrétiser. Sans lui, le nom reste virtuel.
Exemple : *cet enfant* (celui que je vois, dont je parle, celui-là précisément)
Enfant (reste une abstraction)
Remarques :
1) Dans l'exemple ci-dessous, un déterminant pourrait être rétabli.
Exemple : *Hommes et femmes prirent le chemin de l'église.*
2) Dans une apostrophe, l'être dont il est question est déjà identifié. Il apparaît donc sans déterminant.
Exemple : *Amis, soyez les bienvenus !*
3) Le nom propre apparaît, lui aussi, sans déterminant, puisqu'il se définit de lui-même.
Exemple : *Paris, Picasso, Gandhi...* (ils sont uniques, se définissent d'eux-mêmes)
(Voir Nom, p. 123.)

Le déterminant varie en genre et en nombre, genre et nombre qu'il reçoit du nom qu'il accompagne.

Il est la marque spécifique du nom. Grâce à lui, n'importe quel mot ou élément peut être transformé en nom.
Exemple : *Avec des si, on mettrait Paris en bouteille.*
Exemple : *Vos i sont très mal écrits.*

Parmi les déterminants, on distingue :
– les articles
– les déterminants démonstratifs
– les déterminants indéfinis

— les déterminants interrogatifs / exclamatifs
— les déterminants numéraux
— les déterminants possessifs
— les déterminants relatifs.

Déterminant : article

1) CARACTÉRISTIQUES ESSENTIELLES

On distingue les articles :
— définis
— indéfinis
— partitifs.

2) VALEURS ET EMPLOIS

L'article défini s'emploie devant un nom qui évoque un être ou une chose connus ou dont il a déjà été question.
Exemple : *Le chat est un mammifère.*
Il peut être utilisé pour déterminer des objets comptables ou non comptables.
Exemple : *les chats – la soupe – l'intelligence*

L'article indéfini s'emploie devant un nom qui représente un être ou une chose non encore identifiés ou dont il n'a pas encore été question.
Exemple : *Un chat noir traversait la rue.*
Il désigne des objets comptables.
Exemple : *un veau – des chats*

L'article partitif détermine des objets non comptables.
Exemple : *du riz – de l'intelligence*

Remarque : Un nom peut passer d'une catégorie à une autre (de non comptable à comptable, ou l'inverse). C'est le choix de l'article qui indique ce changement.

Exemple : *Sur l'étal, **des** riz divers étaient présentés ; il y en avait de toutes sortes.* (passage du non-comptable au comptable)

Exemple : *Elle choisit de prendre **du** veau Orloff.* (passage du comptable au non-comptable)

3) TABLEAU DES ARTICLES

	NOM SINGULIER		NOM PLURIEL	
	masc.	fém.	masc.	fém.
définis				
formes simples	le	la	les	
	l' (initiale vocalique)			
formes contractées	au	/	aux	
	du	/	des	
indéfinis	un	une	des	
partitifs	du	de la	/	
		de l'		

Remarques :

1) Il ne faut pas confondre DES, forme contractée de l'article défini, et DES, article indéfini.

DES est article défini quand il est la contraction de DE + LES.

Exemple : *Le chien **des** voisins est féroce. – J'adore les fraises **des** bois.*

Il est article indéfini dans les autres cas.

Exemple : *Je mange **des** fraises.*

2) De la même façon, il faut distinguer DU, forme contractée de l'article défini et DU, article partitif.

DU est article défini quand il est la contraction de DE + LE.

Exemple : *Le chien **du** voisin est féroce. – J'adore le parfum **du** curry.*

Il est partitif dans les autres cas.

Exemple : *Il y avait **du** vin sur la nappe.*

3) DE LA et DE L' devant un nom non comptable sont des articles partitifs.

    Exemple : *Maman faisait souvent **de la** soupe.*

    Exemple : *Je voudrais **de l'**eau.*

Dans les autres cas, il s'agit de la combinaison de la préposition DE avec l'article défini LA ou L'.

    Exemple : *Le chien de **la** voisine est féroce.*

    Exemple : *Je déteste l'odeur de **l'**ail.*

4) DE est préféré à DES, dans la langue soutenue, lorsque le nom commun est précédé d'un adjectif épithète.

    Exemple : *Elle a **de** longs cheveux blonds.*

Déterminant démonstratif

1) Caractéristiques essentielles

Le déterminant démonstratif accompagne un nom qui évoque un être ou une chose présents dans la situation d'énonciation ou dans le contexte.

    Exemple : ***Ces** fleurs sont superbes ! / **Ces** fleurs-**là** sont superbes !*

2) Valeurs et emplois

Le déterminant démonstratif peut référer à un être ou une chose :
– présents dans la situation d'énonciation.
Il a alors une valeur déictique.

    Exemple : *Ouvre **cette** fenêtre ; on étouffe ici.*

(Voir Énonciation, p. 184.)
– présents dans la ou les phrases du discours.

Il a une valeur anaphorique quand il reprend un élément déjà évoqué dans le texte.

    Exemple : *J'ai lu un roman de Hugo Claus. **Cet** ouvrage est vraiment sensationnel.*

Il a une valeur cataphorique quand il présente un élément qui sera identifié dans la suite du texte.

Exemple : *Cet* ouvrage *est vraiment sensationnel.* Il *s'agit du* roman Le Chagrin des Belges, *de Hugo Claus.*

3) Tableau des déterminants démonstratifs

	NOM SINGULIER		NOM PLURIEL	
	masc.	fém.	masc.	fém.
formes simples	ce cet (initiale vocalique)	cette	ces	
formes renforcées	ce... -ci/là cet... -ci/là	cette... -ci/là	ces... -ci/là	

Remarques :

1) Toutes les formes simples peuvent être doublées par une forme renforcée.

Exemple : *ce livre, ce livre-ci, ce livre-là ; cette fleur, cette fleur-ci, cette fleur-là ; ces fleurs, ces fleurs-ci, ces fleurs-là*

2) À l'origine l'adverbe -CI (ICI) indiquait la proximité, tandis que -LÀ marquait l'éloignement. En français moderne, toutefois, la forme avec -LÀ est utilisée, même dans le cas où l'objet désigné est proche.

Exemple : *Prête-moi ce stylo-là.*

Déterminant indéfini

1) Caractéristiques essentielles

Le déterminant indéfini peut indiquer une quantité ou une identité imprécises, voire un refus d'identification.

2) Valeurs et emplois

Les déterminants indéfinis qui expriment une *quantité nulle* sont AUCUN, NUL et PAS UN.

Exemple : *Aucune amie n'est venue me voir.*

Exemple : *Nulle* amie n'est venue me voir.

Exemple : *Pas une* amie n'est venue me voir.

Ces trois déterminants ne varient qu'en genre, sauf si le nom qu'ils accompagnent n'apparaît qu'au pluriel.

Exemple : *Il n'eut droit à **aucunes** funérailles officielles.*

Les déterminants qui expriment une *unicité* sont :

— CHAQUE et TOUT

Exemple : *Tu lisais **chaque** jour de la semaine.*

Exemple : ***Tout** élève doit avoir son matériel.*

Ces déterminants sont distributifs ; ils montrent que l'on considère les éléments d'un ensemble pris un à un. Dans cet usage, ils ne varient donc pas en nombre.

— CERTAIN, N'IMPORTE QUEL (N'IMPORTE LEQUEL...), QUELQUE et TEL

Exemple : *Il a lu cette information dans **certain** journal / **certaine** revue.*

Exemple : *Il a lu cette information dans **n'importe quel** journal / **n'importe quelle** revue.*

Exemple : *Si cela était vrai, **quelque** journal / **quelque** revue en aurait parlé.*

Exemple : *Il a lu cela dans **tel** journal / **telle** revue.*

Ces quatre déterminants marquent une volonté de ne pas préciser l'identité de l'objet désigné. Ils ne varient, eux aussi, qu'en genre.

Les déterminants indéfinis qui expriment une pluralité sont :

— CERTAINS

Exemple : ***Certains** arbres restent toujours verts.*

Ce déterminant varie en genre et évoque une pluralité restreinte.

— DIVERS, DIFFÉRENTS

Exemple : ***Divers** journaux / **diverses** revues relataient cet événement.*

Exemple : ***Différents** journaux / **différentes** revues relataient cet événement.*

Ces deux déterminants sont toujours employés au pluriel et varient en genre. Ils ne précisent pas l'identité des objets désignés.

— MAINT

Exemple : *Il a envoyé **maint** courrier.*

Exemple : ***Maintes** personnes ont répondu à son appel.*

Ce déterminant varie en genre et en nombre.
— PLUS D'UN
    Exemple : *Plus d'une personne est venue.*
PLUS D'UN ne varie qu'en genre.
— PLUSIEURS et QUELQUES
    Exemple : *J'ai reçu **plusieurs** lettres.*
    Exemple : *J'ai invité **quelques** amis.*
Ces deux déterminants évoquent une quantité restreinte et une iden-
tité indéterminée.
— Les formes composées : ASSEZ DE, BEAUCOUP DE, TROP DE..., UNE FOULE
DE, UNE MASSE DE, UN TAS DE...
    Exemple : *Il n'y avait pas **assez de** spectateurs pour remplir la
            salle.*
    Exemple : ***Une foule de** spectateurs attendaient devant le théâtre.*
Ces déterminants indéfinis, à base adverbiale ou nominale, évoquent
une quantité indéterminée.

QUEL... QUE (+ être) et TOUT expriment la *totalité*.
    Exemple : ***Quels que** soient ses défauts, il est quand même bien
            sympathique.*
    Exemple : *Je ne veux pas de **toute** cette soupe !*
Dans ce cas, QUEL... QUE et TOUT désignent la totalité d'un ensemble
ou d'une propriété et varient en genre et en nombre. Ils sont alors
très souvent accompagnés d'un autre déterminant (dans les exemples, SES ou CETTE).

3) REMARQUE

Certains déterminants indéfinis peuvent, selon le contexte, avoir d'autres natures.

AUCUN, NUL et PAS UN, de même que PLUSIEURS et CERTAINS sont aussi
des pronoms indéfinis.
    Exemple : *Aucun / Nul / Pas un n'est venu.*
    Exemple : *Des romans anglais ? J'en ai lu **plusieurs** / **certains**.*

CERTAIN, DIVERS, DIFFÉRENT, NUL et TEL peuvent, quant à eux, être adjectifs.

Exemple : *Il est toujours **certain** d'avoir raison.*

Exemple : *Ils avaient des avis fort **divers** / **différents** sur la question.*

Exemple : *Ce match s'est soldé par un score **nul**.*

Exemple : *Elle éprouvait une tristesse **telle** qu'elle en était paralysée.*

QUELQUE est parfois adverbe et invariable ; il signifie alors « environ ».

Exemple : *Il y a **quelque** trois cents ans de cela.*

TOUT peut, quant à lui, être aussi :

– adjectif

Exemple : *Pour **tout** vêtement, elle avait une robe déchirée.*

– pronom indéfini

Exemple : *Elle devait prendre un train, mais **tous** étaient bondés.*

– nom

Exemple : *Ces quatre chapitres forment un **tout**.*

– adverbe

Exemple : *Elle était **tout** émue.*

Remarque : TOUT adverbe varie en genre et en nombre devant un mot féminin commençant par une consonne ou un h aspiré.

Exemple : *Elle était **toute** rouge. – Elles étaient **toutes** honteuses.*

Déterminant interrogatif / exclamatif

1) Caractéristiques essentielles

Ces déterminants sont utilisés dans des phrases interrogatives (pour les déterminants interrogatifs) ou dans des phrases exclamatives (pour les déterminants exclamatifs).

Exemple : ***Quel** roman de Victor Hugo avez-vous lu ?*

Exemple : ***Combien de** romans de Victor Hugo avez-vous lus ?* (déterminants interrogatifs)

Exemple : *Quels superbes romans j'ai lus !*
Exemple : *Combien de romans de Victor Hugo j'ai lus !* (déterminants exclamatifs)

QUEL, QUELLE, QUELS et QUELLES peuvent se combiner avec les articles définis, pour former les déterminants relatifs.
(Voir **Déterminant relatif**, p. 120.)

2) TABLEAU DES DÉTERMINANTS INTERROGATIFS / EXCLAMATIFS

NOM SINGULIER		NOM PLURIEL	
masc.	fém.	masc.	fém.
quel	quelle	quels	quelles
	combien de		

Remarque : QUEL, QUELLE, QUELS et QUELLES portent sur l'identité, tandis que COMBIEN DE porte sur la quantité.

Déterminant numéral

1) CARACTÉRISTIQUES ESSENTIELLES

Le déterminant numéral indique la quantité précise des objets désignés par le nom.
Il précède toujours le nom, sauf lorsqu'il indique le rang.
   Exemple : *Les **trois** plantes vertes que j'ai achetées sont superbes.*
Remarque : Les numéraux traditionnellement appelés « ordinaux » ne sont pas des déterminants. Ce sont soit des adjectifs (qualificatifs) soit des noms.
   Exemple : *J'ai acheté le premier roman de Victor Hugo.* (*premier* est adjectif)
   Exemple : *J'ai mangé le quart de ce gâteau.* (*quart* est nom commun)

Les déterminants numéraux sont la suite infinie des nombres entiers.
– Il existe des formes simples : un(e), deux, trois, quatre, cinq, six, sept, huit, neuf, dix, onze, douze, treize, quatorze, quinze, seize, vingt, trente, quarante, cinquante, soixante, cent, mil(le).
Elles restent invariables, sauf UN, qui varie en genre uniquement.

Exemple : *J'ai **sept** paires de chaussures. – **Une** paire est rouge.*
– Les formes composées restent invariables, mais VINGT et CENT s'accordent au pluriel quand ils sont multipliés et terminent le déterminant numéral.

Exemple : *Cet immeuble avait bientôt **quatre-vingts** / **deux cents** ans.*

Exemple : *Cet immeuble avait bientôt **quatre-vingt-deux** / **deux cent deux** ans.*

• Les numéraux simples qui constituent les formes composées sont coordonnés par ET quand il s'agit d'une addition de UN et d'une dizaine, jusqu'à SOIXANTE (et dans *soixante et onze*).

Exemple : *vingt et un ; trente et un ; quarante et un ; cinquante et un...*

• Ils sont juxtaposés, avec un trait d'union, quand l'un et l'autre sont inférieurs à CENT, sauf s'ils sont joints par ET.

Exemple : *Il a **vingt-deux** / **quatre-vingts** / **quatre-vingt-dix-neuf** ans.*

• Ils sont juxtaposés sans trait d'union quand l'un des deux au moins est supérieur à CENT.

Exemple : *Elle a payé **cent quatre** / **deux cent cinq** / **mille trois cents** / **six mille deux cent quinze** euros.*

2) Valeurs et emplois

Lorsqu'il indique le rang (devant un nom de dynastie, d'heure, de chapitre, de page...), le déterminant numéral est postposé.

Exemple : *Lisez la scène **cinq** de l'acte **quatre**, page **quarante-deux**.*

Les déterminants numéraux peuvent, par ailleurs, être employés comme pronoms et comme noms.

Exemple : *J'ai invité trois copines. **Deux** sont venues.* (deux = pronom numéral)

Exemple : *Vos **trois** ressemblent à des **huit** !* (trois et huit = noms communs)

Déterminant possessif

1) CARACTÉRISTIQUES ESSENTIELLES

Le déterminant possessif précise la relation qui existe entre une personne et un objet ou une autre personne.
Exemple : *mon livre – ta cousine – son chien*
Il s'agit d'un rapport de possession mais aussi, et plus généralement, d'un lien entre les deux éléments. Certains grammairiens préfèrent d'ailleurs le nommer « déterminant personnel ».

Ce déterminant varie donc en genre, en nombre, et en personne.
Il s'accorde en genre et en nombre avec le nom qu'il accompagne.

Les déterminants possessifs de la première personne (du singulier et du pluriel) renvoient au locuteur ou à un groupe de personnes dont le locuteur fait partie.
Exemple : *Mon livre est sur la table.*
Exemple : *Marthe et moi avons acheté nos livres chez le même libraire.*

Les déterminants possessifs de la deuxième personne (singulier et pluriel) renvoient à l'interlocuteur ou à un groupe de personnes dont l'interlocuteur fait partie.
Exemple : *Ton livre est sur la table.*
Exemple : *Marthe et toi avez acheté vos livres chez le même libraire.*

Les déterminants possessifs de la troisième personne (singulier et pluriel) renvoient à une ou des personnes extérieures à la situation d'énonciation (celles dont on parle).
Exemple : *Son livre est sur la table.*
Exemple : *Marthe et lui ont acheté leurs livres chez le même libraire.*

2) Valeurs et emplois

– Le déterminant possessif est remplacé par un article défini lorsque le rapport de possession est suffisamment marqué par le contexte.
Exemple : *J'ai mal **aux** dents. – Elle perd **la** tête.*
– Le déterminant possessif de la troisième personne du pluriel est :
• LEURS quand on considère qu'il y a plusieurs objets
Exemple : *Ils promènent **leurs** chiens.*
• LEUR quand on considère qu'il n'y a qu'un seul objet
Exemple : *Ils promènent **leur** chien.*

3) Tableau des déterminants possessifs

PERSONNE	NOM SINGULIER		NOM PLURIEL	
	masc.	fém.	masc.	fém.
1re personne du singulier	mon	ma/mon	mes	
2e personne du singulier	ton	ta/ton	tes	
3e personne du singulier	son	sa/son	ses	
1re personne du pluriel	notre		nos	
2e personne du pluriel	votre		vos	
3e personne du pluriel	leur		leurs	

Remarque : Les déterminants possessifs MON, TON, SON s'utilisent devant un nom féminin commençant par une voyelle et devant un h non aspiré.
Exemple : *mon amie – son horreur*

Déterminant relatif

1) Caractéristiques essentielles

Le déterminant relatif précède un nom et indique que ce nom est mis en relation avec la proposition qui suit.

Exemple : *Ils ont empaqueté des livres, **lesquels** livres ont été per-dus dans le déménagement.*
Exemple : *J'ai lu quelques revues, **lesquelles** revues étaient inin-téressantes.*

2) VALEURS ET EMPLOIS

Le déterminant relatif n'appartient qu'à la langue écrite.

3) TABLEAU DES DÉTERMINANTS RELATIFS

NOM SINGULIER		NOM PLURIEL	
masc.	fém.	masc.	fém.
lequel	laquelle	lesquels	lesquelles
auquel	à laquelle	auxquels	auxquelles
duquel	de laquelle	desquels	desquelles

Ces déterminants relatifs sont donc issus de la combinaison de l'ar-ticle défini (dans certains cas contracté) avec le déterminant interro-gatif / exclamatif QUEL.

Interjection

1) CARACTÉRISTIQUES ESSENTIELLES

L'interjection est une marque de la présence de l'énonciateur dans l'énoncé. Elle apparaît donc le plus souvent dans une phrase exclamative.
Elle peut constituer à elle seule une phrase (d'où son nom de « mot-phrase ») ou être accompagnée d'autres mots.
Elle n'a ni fonction ni place précise dans la phrase.
L'interjection reste toujours invariable.

2) Morphologie

– L'interjection peut, dans certains cas, être une onomatopée (mot créé par référence à un bruit) et ne provenir d'aucune autre catégorie grammaticale.
   Exemple : *Broum ! Atchoum ! Beurk ! Pouet-pouet !*
– Elle peut aussi être empruntée à d'autres classes (noms, pronoms, adjectifs, verbes).
   Exemple : *Flûte ! Qui ?! Mince ! Allez !*
– L'interjection peut enfin apparaître sous une forme simple ou composée.
   Exemple : *Chut !*
   Exemple : *Tant pis. – À la bonne heure. – Au revoir.*
– OUI, SI et NON, qui sont des adverbes d'énonciation, peuvent être considérés comme des interjections.
• OUI approuve une affirmation vraie.
   Exemple : « *As-tu déjà mangé ? – Oui.* » (J'ai déjà mangé.)
• SI nie une phrase négative.
   Exemple : « *N'as-tu pas encore mangé ? – Si.* » (J'ai déjà mangé.)
• NON nie une phrase affirmative ou confirme une phrase négative.
   Exemple : « *As-tu déjà mangé ? – Non.* » (Je n'ai pas encore mangé.)
   Exemple : « *N'as-tu pas encore mangé ? – Non.* » (Je n'ai pas encore mangé.)

3) Valeurs et emplois

L'interjection peut exprimer la satisfaction, l'enthousiasme, l'étonnement, le dégoût, l'agacement...
Certaines interjections ont un sens précis et spécialisé.
   Exemple : *Beurk !* (dégoût)
   Exemple : *Aïe !* (douleur)
D'autres ont un sens qui varie selon le contexte.
   Exemple : *Ah ! Je suis contente de te voir.* (satisfaction)
   Exemple : *Ah ! Tu m'as fait peur !* (surprise)
   Exemple : *Ah ! Cela devait être horrible à voir !* (dégoût)

Nom

1) CARACTÉRISTIQUES ESSENTIELLES

Le nom assume des fonctions essentielles dans la phrase (sujet, complément, attribut et apposition).
Il est porteur d'un genre.
Il est accompagné d'un déterminant – sauf pour le nom propre –, qui lui apporte la marque du nombre.

2) NOM COMMUN

Le nom commun a une définition, un ensemble de propriétés qui peuvent s'appliquer à divers objets ou individus.
   Exemple : *arbre : grand végétal ligneux dont la tige ne porte de branches qu'à partir d'une certaine hauteur au-dessus du sol.*
Ce nom peut s'appliquer à divers objets : bouleau, chêne, saule, pommier...
Le déterminant permet d'identifier alors l'objet ou l'individu auquel il est fait référence.

3) NOM PROPRE

Le nom propre n'a pas de définition. L'objet ou l'individu évoqué est immédiatement identifié, puisqu'il est unique.
   Exemple : *Paris, Picasso, Gandhi...*
C'est la raison pour laquelle le nom propre apparaît généralement sans déterminant. Toutefois, on remarque que certains noms propres sont précédés de l'article défini. C'est le cas, notamment, des noms :
– de lieux géographiques
   Exemple : *l'Asie, la France, le Périgord...*
– d'habitants d'un continent, d'un pays, d'une région
   Exemple : *les Asiatiques, les Français, les Périgourdins...*
– d'astres
   Exemple : *la Terre, la Lune, le Soleil...*

– d'époques, d'événements historiques...
   Exemple : *la Préhistoire, la Révolution...*
– de monuments, d'œuvres d'art
   Exemple : *le Panthéon, la Joconde...*
Tous les noms propres portent la majuscule, ce qui les distingue des noms communs.
Notons, cependant, que le nom propre peut passer dans la catégorie des noms communs. Il apparaît alors sans majuscule, et accompagné d'un déterminant.
   Exemple : *une poubelle* (du nom du préfet Poubelle)
   Exemple : *un pierrot* (du nom de Pierrot, personnage de la pantomime)
   Exemple : *un harpagon* (du nom du personnage de Molière, Harpagon)

4) GENRE

Le genre est une propriété du nom commun.
Il existe, en français, deux genres : le masculin et le féminin.

Répartition masculin – féminin
Pour les êtres inanimés, la répartition du genre est arbitraire.

Pour les êtres animés, l'opposition des genres est parfois fondée sur l'opposition des sexes.
   Exemple : *un garçon / une fille – un chat / une chatte*
Cette règle n'est cependant pas constante.
– Certains noms peuvent, en effet, faire référence à un être masculin ou féminin.
   Exemple : *un écrivain – le principal – le maire*
Remarque : l'Académie recommande toutefois l'utilisation de ces noms au féminin : une écrivaine...
– D'autres noms, quant à eux, ne proposent pas la distinction masculin / féminin.
   Exemple : *un moustique – une vedette*

Enfin, remarquons que l'opposition du genre permet, souvent, de distinguer les homonymes.
   Exemple : *un poêle / une poêle – un page / une page*

Distinction masculin – féminin

Pour les êtres inanimés, seul le déterminant marque la distinction masculin – féminin.

Exemple : *un lavabo / une baignoire*

Pour les êtres animés, le nom lui-même peut être porteur de l'un des deux genres, le genre masculin étant alors la forme non marquée, par rapport au féminin.

– Le féminin est très souvent obtenu en ajoutant un -e muet au nom masculin.

Exemple : *un ami / une amie*

Cette adjonction s'accompagne très souvent d'une modification phonétique et / ou orthographique.

Exemple : *un commerçant / une commerçante* ([kmɛrsã] / [sãt])

Exemple : *un fermier / une fermière* ([fɛrmje] / [jɛr])

– Les noms féminins peuvent aussi être obtenus par adjonction d'un suffixe, avec ou sans modification orthographique du nom masculin. Les suffixes les plus fréquents sont -ESSE et -INE.

Exemple : *un maître / une maîtresse*

Exemple : *un héros / une héroïne*

– Certains noms masculins présentent un suffixe qui possède lui-même un féminin. C'est le cas de -eur/-EUSE et de -teur/-TRICE.

Exemple : *un voleur / une voleuse*

Exemple : *un conducteur / une conductrice*

– Enfin, l'opposition des genres est parfois marquée par des mots radicalement différents.

Exemple : *un père / une mère*

Exemple : *un étalon / une jument*

5) NOMBRE

À la différence du genre, le nombre n'est pas une propriété du nom. Il existe deux nombres : le singulier et le pluriel.

Le nombre correspond à un choix opéré en fonction du sens que l'on souhaite donner à l'énoncé.

Répartition singulier – pluriel

Le singulier désigne un seul être ou une seule chose, un seul ensemble.
  Exemple : *un chat* – *la souris*
Le pluriel désigne plus d'un être ou plus d'une chose, plus d'un ensemble.
  Exemple : *des chats* – *les souris*
Si un nom non comptable est affecté du pluriel, il passe dans la catégorie des noms comptables.
  Exemple : *des riz*
(Voir **Déterminant** : article, p. 110.)
Certains noms ont un seul nombre.
  Exemple : *l'odorat, le sud*... ne s'emploient qu'au singulier.
  Exemple : *les fiançailles, les obsèques*... ne s'emploient qu'au
       pluriel.
Remarque : Certains noms ont des significations différentes, selon qu'ils sont employés au singulier ou au pluriel.
  Exemple : *la vacance d'un poste / les vacances de Noël*

Distinction singulier – pluriel

Le nombre singulier est la forme non marquée, par rapport au pluriel.

– Le pluriel est très souvent obtenu par l'adjonction d'un -s à la forme du singulier.
  Exemple : *un ami / des amis*

– Les noms terminés par -s, -x et -z ne changent pas, au pluriel.
  Exemple : *une souris / des souris – une voix / des voix – un nez
       / des nez*

– Les noms en -eau, -au et -eu ont un pluriel en -x.
  Exemple : *un manteau / des manteaux – un tuyau / des tuyaux
       – un cheveu / des cheveux*
Les noms LANDAU, SARRAU, BLEU, PNEU, ÉMEU et LIEU (le poisson) font exception à cette règle et prennent -s au pluriel.

– Des noms en -ou ont, eux aussi, un pluriel en -x.
C'est le cas de CHOU, BIJOU, JOUJOU, GENOU, HIBOU, POU et CAILLOU.
Les autres noms en -ou ont un pluriel en -s.

– Le pluriel des noms en -al est -aux.
   Exemple : *un cheval / des **chevaux***
Les noms BAL, CAL, CARNAVAL, CHACAL, FESTIVAL, RÉCITAL et RÉGAL font
exception à cette règle et prennent -s.

– Certains noms en -ail ont, eux aussi, un pluriel en -aux.
C'est le cas de ASPIRAIL, BAIL, CORAIL, ÉMAIL, FERMAIL, GEMMAIL, SOUPIRAIL,
TRAVAIL, VANTAIL, VENTAIL et VITRAIL.
Les autres noms en -ail ont un pluriel en -s.

– Le pluriel des noms composés
• Si le nom est composé d'éléments soudés, il suit la règle des noms
simples.
   Exemple : *un bonjour / des **bonjours*** ; *un portemanteau / des*
        portemanteaux
Toutefois, on dira et écrira des MESSIEURS, des MESDAMES, des MESDE-
MOISELLES, des BONSHOMMES et des GENTILSHOMMES.
• Si les éléments qui composent le nom ne sont pas soudés, ils ne
sont mis au pluriel que s'il s'agit de noms ou d'adjectifs.
   Exemple : *un chef-lieu / des **chefs-lieux*** (nom + nom)
   Exemple : *un sourd-muet / des **sourds-muets*** (adjectif + adjectif)
mais
   Exemple : *un couvre-lit / des **couvre-lits*** (verbe + nom)
• Toutefois, si le second nom est complément du nom, il ne varie
pas.
   Exemple : *un timbre-poste / des **timbres-poste***
   Exemple : *un arc-en-ciel / des **arcs-en-ciel***
• L'élément GARDE ne varie que s'il désigne une personne.
   Exemple : *un garde-malade / des **gardes-malades*** (personne)
mais
   Exemple : *une garde-robe / des **garde-robes*** (objet)

– Le pluriel des noms d'origine étrangère
Ils peuvent garder la marque du pluriel en usage dans la langue
d'origine.

La tendance est cependant d'intégrer ces mots dans la langue française en leur donnant le pluriel -s.
Exemple : *un scénario / des scénarii ou des scénarios*

– Le pluriel des noms propres
Les noms propres ne varient pas en nombre.
Exemple : *les Picasso, les Gandhi...*
Toutefois, ils peuvent varier quand ils désignent des familles illustres, des habitants ou des lieux employés ordinairement au pluriel.
Exemple : *les Carolingiens, les Périgourdins, les Flandres...*

Préposition

1) Caractéristiques essentielles

La préposition est un mot invariable.
Elle est un mot outil qui permet de construire un complément, de relier des éléments qui, sans elle, ne pourraient pas l'être.
Elle ne peut pas être supprimée, ce qui la distingue de l'adverbe qui, lui, n'est pas obligatoire dans la phrase.
Exemple : *J'étais assise **près de** lui.*
~~*J'étais assise lui.*~~
(Voir **Adverbe**, p. 102.)
Elle est un mot subordonnant et introduit dans la phrase un élément qui devient dépendant d'un autre élément.
Cet élément subordonné, qu'elle rattache au mot complété, est appelé « régime » de la préposition.
Exemple : *les livres **de** mon frère*
Dans cet exemple, MON FRÈRE est le régime de la préposition DE, qui le rattache à LIVRES, le mot complété.
À la différence de la conjonction de subordination, elle ne permet pas de relier deux propositions.

2) FORMATION

– Les prépositions les plus courantes sont issues du latin.
C'est le cas de : À, DANS, DE, EN, ENTRE, PAR, POUR, SANS et SUR.
– D'autres sont issues de mots appartenant à d'autres catégories grammaticales (adverbes, adjectifs ou participes). Ce sont : DEVANT, DERRIÈRE, DEPUIS, PLEIN, SAUF, SUIVANT, MOYENNANT, EXCEPTÉ, HORMIS, PASSÉ, VU...
Remarque : Les adjectifs ou participes employés comme prépositions et antéposés restent invariables.

 Exemple : *Tout le monde est venu,* **excepté** *Marie et Ulysse.*

 Exemple : *Tout le monde est venu, Marie et Ulysse exceptés.*

– Enfin, certaines prépositions sont formées par composition. C'est le cas de MALGRÉ, PARMI et de toutes les locutions prépositionnelles : À CAUSE DE, À PARTIR DE, DE MANIÈRE À, EN DESSOUS DE, FACE À, GRÂCE À, HORS DE, LOIN DE, PAR RAPPORT À, QUANT À, VIS-À-VIS DE...

3) VALEURS ET EMPLOIS

La préposition peut subordonner son régime à un nom ou un pronom. Elle construit un complément du nom ou un complément du pronom.
(Voir **Compléments du nom**, p. 175, et **du pronom**, p. 178.)

 Exemple : *Les livres* **de** *mon frère sont bien rangés. Ceux* **de** *ma sœur ne le sont pas.*

Elle peut aussi subordonner son régime à un adjectif et construire alors un complément de l'adjectif.
(Voir **Complément de l'adjectif**, p. 169.)

 Exemple : *Cet exercice est facile* **à** *réaliser.*

La préposition peut encore subordonner son régime à un verbe.
Dans ce cas, elle construit un complément d'objet indirect (COI) ou second (COS) ou bien encore un complément circonstanciel essentiel.

 Exemple : *Je parle* **à** *ma grand-mère.* (COI)

 Exemple : *J'offre des fleurs* **à** *ma grand-mère.* (COS)

 Exemple : *Je vais* **à** *Paris.* (complément circonstanciel essentiel)

Enfin, la préposition peut subordonner son régime à une phrase (proposition) entière et construire ainsi un complément circonstanciel facultatif.

Elle peut introduire des compléments circonstanciels aux nuances diverses :
— temps
    Exemple : *Elle vérifia, **avant de** s'en aller, que tout était en ordre.*
— lieu
    Exemple : *Elle posa alors la clef **sous** le paillasson.*
— manière
    Exemple : *Elle dévala l'escalier **sans** se retourner.*
— but
    Exemple : *Elle courut **pour** ne pas rater le dernier métro.*
— etc.
(Voir **Complément circonstanciel**, p. 172.)

Pronom

Tous les pronoms varient en genre et en nombre.
Les pronoms personnels et possessifs varient aussi en personne.
    Exemple : *je* (1re personne) ; *tu* (2e personne) ; *elle* (3e personne)...
    Exemple : *le mien* (1re personne) ; *le tien* (2e personne) ; *le sien*
            (3e personne)...
Certains — les pronoms personnels, interrogatifs et relatifs — varient aussi d'après la fonction qu'ils assument dans la phrase.
    Exemple : *Elle dort.* (sujet) – *Je la regarde.* (COD)
    Exemple : *Qui est là ?* (sujet) – *Que fais-tu ?* (COD)
    Exemple : *Le guide **qui** nous a accompagnés était très aimable.* (sujet)
    Exemple : *Le guide **que** nous avons vu était très aimable.* (COD)

Il existe deux types de pronoms : les pronoms nominaux et les pronoms représentants.
Les pronoms nominaux ne remplacent aucun mot et désignent directement un être ou une chose. Ils n'ont pas d'antécédent.
    Exemple : *Je vous dis que je n'ai vu **personne**.*

Les pronoms représentants remplacent un mot qui se trouve dans le contexte. Ils ont un antécédent.

— Ils sont dits « anaphoriques » quand ils remplacent un mot déjà évoqué.

Exemple : *Alice dort et je la regarde.*

— Ils sont appelés « cataphoriques » quand ils remplacent un mot qui est évoqué par la suite.

Exemple : *Je te l'ai dit : il est fiévreux.*

— Ils peuvent remplacer :

• un nom propre
Exemple : *Alice dort et je la regarde.*

• un groupe nominal ou un nom commun (attribut)
Exemple : *Ma petite sœur dort et je la regarde.*
Exemple : *Médecin, il l'était depuis trente ans !*

• un adjectif
Exemple : *Fâchés, ils l'étaient !*

• un pronom
Exemple : *Je les vois, ils sont drôles.*

• un verbe à l'infinitif
Exemple : *Bien dormir, c'est important pour être en forme.*

• une proposition
Exemple : *Il ne viendra pas, je te l'ai dit !*

Remarque : Certains pronoms peuvent être nominaux ou représentants, selon le contexte.

Exemple : *Chacun devra emporter son pique-nique.* (nominal)
Exemple : *Chacun d'entre vous devra emporter son pique-nique.* (représentant)

On distingue les pronoms :

— démonstratifs
— indéfinis
— interrogatifs
— numéraux
— personnels
— possessifs
— relatifs.

Pronom démonstratif

1) Caractéristiques essentielles

Le pronom démonstratif, comme tout pronom, varie en genre et en nombre.

Comme le déterminant démonstratif, le pronom démonstratif peut désigner un être ou une chose :

– présents dans la situation d'énonciation (valeur déictique)

Exemple : *Goûtez ceci, vous m'en direz des nouvelles...*

(Voir Énonciation, p. 184.)

– présents dans le discours

Exemple : *Pierre et Paul sont très différents ; celui-ci est bavard tandis que celui-là est très timide.* (valeur anaphorique)

Exemple : *Celui-ci est bavard tandis que celui-là est très timide ; Pierre et Paul sont décidément très différents.* (valeur cataphorique)

Il peut donc être nominal ou représentant.

2) Tableau des pronoms démonstratifs

	SINGULIER			PLURIEL	
	masc.	fém.	neutre	masc.	fém.
Formes simples	celui	celle	ce	ceux	celles
Formes renforcées	celui-ci celui-là	celle-ci celle-là	ceci cela, ça	ceux-ci ceux-là	celles-ci celles-là

Remarques :

1) Comme le déterminant démonstratif, le pronom démonstratif présente des formes simples et des formes renforcées. De la même façon, et ce, même si la particule -CI évoque, à l'origine, la proximité et la particule -LÀ l'éloignement, on remarque une préférence pour les formes en -LÀ.

2) À côté des formes du masculin et du féminin, on observe des formes neutres. Ces dernières ne sont utilisées que pour désigner des

êtres inanimés, sauf dans le cas où elles sont employées péjorative-
ment.

> Exemple : *Tu m'avais parlé d'un génie et c'est* ça *que tu me pro-*
> *poses ?!*

3) VALEURS ET EMPLOIS

Les formes simples fonctionnent uniquement comme représentants.
CELUI, CELLE, CEUX et CELLES peuvent apparaître devant :
– un nom propre

> Exemple : *La chambre de Marie est spacieuse ;* celle *de Fatou est*
> *lumineuse.*

– un groupe nominal

> Exemple : *La chambre de Marie est spacieuse ;* celle *de mon frère*
> *ne l'est pas.*

– un pronom

> Exemple : *Leurs chambres sont spacieuses ;* celles *de ceux-ci ne*
> *le sont pas.*

– un infinitif

> Exemple : *Il n'avait qu'un plaisir ;* celui *de manger.*

– un adverbe

> Exemple : *Le pain d'aujourd'hui est frais ;* celui *d'hier ne l'était*
> *pas.*

– une préposition

> Exemple : *Les voisins d'en bas sont bruyants ;* ceux *d'en face sont*
> *discrets.*

Remarque : Tous ces mots sont introduits par une préposition.
– une proposition subordonnée relative

> Exemple : *Cette crème est agréable, mais* celle *que j'achète est*
> *moins chère.*

– un participe épithète (ou un adjectif suivi d'un complément)

> Exemple : *Ce point est aussi important que* celui *développé dans*
> *le chapitre précédent.*

(Voir **Complément du pronom**, p. 178.)

CE apparaît comme :
— sujet du verbe être :
- dans les présentatifs C'EST / CE SONT
    Exemple : *C'est ma meilleure amie. – Ce sont mes romans pré-
        férés.*
- dans l'extraction, avec les pronoms relatifs QUI et QUE
    Exemple : *C'est son frère qui l'a averti. – C'est hier que j'ai vu son
        frère.*
- dans la locution interrogative EST-CE suivie des pronoms relatifs QUI
et QUE
    Exemple : *Qui est-ce qui l'accompagne ?*
    Exemple : *Est-ce que tu es volontaire ?*
— antécédent de la proposition subordonnée relative
    Exemple : *Ce que vous dites est très drôle !*
— élément d'une locution pronominale (avec QUI ou QUE) introduisant
une proposition subordonnée interrogative indirecte
    Exemple : *Je me demande ce qui lui est arrivé.*

**Les formes renforcées fonctionnent comme nominaux ou comme
représentants.**
Comme nominaux, les pronoms démonstratifs renvoient à un élément
de la situation d'énonciation (valeur déictique).
    Exemple : *Qu'est-ce que c'est que ça ?!*
En tant que représentants, ils ont une valeur anaphorique ou cataphorique.
    Exemple : *Passer Noël à Venise, ça me séduit.* (valeur anaphori-
        que)
    Exemple : *Ça m'intéresse beaucoup, votre idée de passer Noël à
        Venise !* (valeur cataphorique)

Pronom indéfini

1) CARACTÉRISTIQUES ESSENTIELLES

Certains pronoms indéfinis expriment une quantité, d'autres une indétermination, d'autres mettent en relation deux éléments (analogie,
différence ou alternative).

2) VALEURS ET EMPLOIS

Les pronoms indéfinis qui indiquent une *quantité*.
– Certains d'entre eux expriment une *quantité nulle*. Ce sont :
• AUCUN et PAS UN, qui sont surtout représentants.
   Exemple : *J'ai invité trois voisins. **Aucun** / **Pas un** n'est venu.*
• NUL et PERSONNE, qui ne renvoient qu'à un animé.
   Exemple : ***Nul** / **Personne** ne l'a reconnu.*
• RIEN, qui ne peut désigner qu'un inanimé.
   Exemple : ***Rien** n'est prêt.*
Ces trois derniers pronoms sont toujours nominaux.

– D'autres expriment une unicité. Ce sont :
• UN, CHACUN, QUELQU'UN et QUI... QUI : ils ne remplacent qu'un être animé.
   Exemple : ***Chacun** doit avoir son matériel.*
   Exemple : ***Quelqu'un** a frappé ?*
   Exemple : *Tous étaient déguisés. **Qui** portait un costume de Zorro, qui un habit d'Indien.*
• QUELQUE CHOSE, qui renvoie à l'inanimé.
   Exemple : *Tu as oublié **quelque chose** !*
QUI... QUI et QUELQUE CHOSE sont toujours nominaux.

– Des pronoms indiquent la pluralité. Ce sont : PEU, CERTAINS, QUEL-QUES-UNS, PLUSIEURS, PLUS D'UN, D'AUCUNS, BEAUCOUP, LA PLUPART.
   Exemple : ***Peu** / **Certains** / **Quelques-uns** / **Plusieurs**... sont venus.*
   Exemple : ***D'aucuns** vous affirmeront qu'ils n'ont rien vu.*
Tous ces pronoms, à l'exception de D'AUCUNS (qui ne réfère qu'à l'animé et n'est que nominal), peuvent renvoyer à l'animé ou à l'inanimé et être nominaux ou représentants.

– TOUT / TOUS exprime la *totalité*.
• TOUT renvoie à l'inanimé et est toujours nominal. Il désigne une totalité prise dans son ensemble.
   Exemple : ***Tout** est prêt.*
• TOUS (TOUTES) désigne l'animé ou l'inanimé et peut être nominal ou

représentant. Il désigne une totalité perçue comme un ensemble d'éléments.

Exemple : *Tous étaient là au rendez-vous.*

Remarque : Certains de ces pronoms peuvent avoir d'autres natures. (Voir **Déterminant indéfini**, p. 27.)

Les pronoms indéfinis qui expriment une *indétermination* sont : QUICONQUE, QUI DE DROIT, QUI/QUOI QUE CE SOIT, N'IMPORTE QUI/QUOI/ LEQUEL..., JE NE SAIS QUI/QUOI/LEQUEL..., ON.

— La série intégrant QUI réfère à l'animé, tandis que celle intégrant QUOI désigne l'inanimé. Ces pronoms sont toujours nominaux.

Exemple : *Il sait cela autant que **quiconque**.*

Exemple : *Elle dit souvent **n'importe quoi**.*

— Les pronoms composés de LEQUEL remplacent, quant à eux, aussi bien l'animé que l'inanimé et sont nominaux ou représentants.

Exemple : *Voici des cartes. Choisis n'importe **laquelle**.*

— ON fait référence à un ensemble non identifié.

Exemple : ***On** a frappé à la porte.*

— Remarques :

1) QUICONQUE peut aussi être pronom relatif. (Voir **Pronom relatif**, p. 145.)

2) ON peut aussi être pronom personnel. (Voir **Pronom personnel**, p. 139.)

Les pronoms indéfinis qui mettent en *relation* deux éléments sont :

— LE/LA/LES MÊME(S), qui expriment une *analogie*.

Ils réfèrent à l'animé ou à l'inanimé et sont toujours représentants.

Exemple : *Je me suis acheté une robe. Chloé a choisi **la même**.*

— Les pronoms qui indiquent une *différence* sont :

• AUTRE CHOSE, qui fait toujours référence à l'inanimé et est nominal.

Exemple : *Il n'a pas voulu dire **autre chose**.*

• AUTRUI, qui désigne toujours un animé et est toujours nominal.

Exemple : *Celui qui veut le bien d'**autrui** est altruiste.*

• L'AUTRE / LES AUTRES, UN(E) AUTRE, qui peuvent remplacer un animé ou un inanimé et être nominaux ou représentants.

Exemple : *Ne choisis pas cette robe-là. Prends plutôt **l'autre**.*

— L'UN... L'AUTRE, LES UNS... LES AUTRES, D'AUTRES indiquent une *alternative*

et désignent un animé ou un inanimé. Ils sont nominaux ou représentants.
Exemple : *Les uns* iront vers l'ouest, *les autres* vers l'est.

Pronom interrogatif

1) CARACTÉRISTIQUES ESSENTIELLES

Les pronoms interrogatifs apparaissent dans des interrogations partielles, directes ou indirectes.
Exemple : *Qui a appelé ?*
Exemple : *Je me demande qui a appelé.*
Remarque : OÙ, employé dans une phrase interrogative, est rangé parmi les adverbes ; il assume la fonction de complément circonstanciel (comme POURQUOI, QUAND, COMBIEN et COMMENT).
(Voir **Adverbe**, p. 102.)

Il existe des pronoms interrogatifs de forme simple, qui sont nominaux, et d'autres de forme composée, qui sont représentants.
Les formes composées LEQUEL, LAQUELLE, LESQUELS et LESQUELLES se contractent avec les prépositions À et DE.

2) TABLEAU DES PRONOMS INTERROGATIFS

Formes simples :	qui / que / quoi quel / quelle / quels / quelles
Formes composées :	lequel / laquelle / lesquels / lesquelles duquel / de laquelle / desquels / desquelles auquel / à laquelle / auxquels / auxquelles

3) VALEURS ET EMPLOIS

Dans une interrogative directe :
— QUI est utilisé pour les animés, qu'il soit sujet, complément d'objet ou attribut.

Exemple : *Qui est là ?* – *Qui as-tu appelé ?* – *À qui écris-tu ?* – *Qui est-elle ?*

– QUE / QUOI font référence à des non-animés et occupent les fonctions de compléments d'objet ou d'attributs.

Exemple : *Que dites-vous ?* – *À quoi faites-vous allusion ?* – *Que sont-ils ?*

Remarque : Lorsque la question porte sur un sujet non animé, il faut avoir recours à la forme renforcée QU'EST-CE QUI ?

Exemple : ~~*Que / Quoi te tente ?*~~ / *Qu'est-ce qui te tente ?*

– QUEL, QUELLE, QUELS et QUELLES s'emploient comme attributs et font référence à un animé ou à un inanimé.

Exemple : *Quel est ton avis ?*

– les formes composées peuvent renvoyer à un animé ou à un non-animé et être sujets, compléments d'objet ou attributs.

Exemple : *Lesquelles sont venues ?* – *Laquelle préfères-tu ?* – *Lequel est-ce ?*

Dans une interrogative indirecte, les formes restent inchangées, sauf QUE, qui devient CE QUE, et QU'EST-CE QUI, qui devient CE QUI (locutions pronominales).

Exemple : *Que veut-il ?* / *Je lui demande ce qu'il veut.*

Exemple : *Qu'est-ce qui te tente ?* / *Je te demande ce qui te tente.*

Pronom numéral

Les pronoms numéraux indiquent une quantité précise.

Ils ont la même forme que les déterminants numéraux.

Exemple : *J'ai acheté quatre livres. **Trois** sont des œuvres de Victor Hugo.*

Lorsqu'ils sont accompagnés de l'article défini LES, ils indiquent la totalité des éléments de l'ensemble.

Exemple : *J'ai acheté quatre livres. Les **quatre** sont des œuvres de Victor Hugo.*

Employés seuls, ils renvoient à une partie de l'ensemble.

Exemple : *J'ai acheté quatre livres. **Trois** sont des œuvres de Victor Hugo.*

Les pronoms numéraux sont accompagnés du pronom personnel EN lorsqu'ils sont compléments d'objet direct du verbe.
Exemple : *J'ai acheté **quatre** livres. J'en ai déjà lu **trois**.* (COD)

Pronom personnel

1) CARACTÉRISTIQUES ESSENTIELLES

Les pronoms personnels sont, à la fois, les mots supports de la conjugaison et les mots qui désignent les locuteurs, les interlocuteurs et les êtres ou les choses dont on parle.
Ils peuvent varier selon :
— la personne (première, deuxième ou troisième)
— le nombre (singulier ou pluriel)
— le genre (masculin ou féminin, pour les formes non réfléchies de la troisième personne)
— la fonction qu'ils exercent (sujet, complément d'objet, complément circonstanciel...)
— la place qu'ils occupent dans la phrase : liés au verbe (formes conjointes) ou séparés du verbe (formes disjointes)
— que le pronom complément d'objet de la troisième personne renvoie (forme réfléchie) ou non (forme non réfléchie) à la même personne ou à la même chose que le sujet.
Certains pronoms personnels (généralement des première et deuxième personnes) désignent directement un être ; ils sont donc nominaux.
D'autres (de la troisième personne) remplacent un être ou une chose ; ils sont représentants.

2) Tableaux des pronoms personnels

Pronoms personnels nominaux

	formes conjointes		formes disjointes	
	sujet	objet direct et indirect	sujet	objet direct et indirect
1ʳᵉ personne du singulier	je	me	moi	moi
2ᵉ personne du singulier	tu	te	toi	toi
3ᵉ personne du singulier	on	/	/	/
	il	/	/	/
1ʳᵉ personne du pluriel	nous	nous	nous	nous
2ᵉ personne du pluriel	vous	vous	vous	vous

Remarques :

1) ON ne peut être que sujet. Il peut fonctionner comme pronom indéfini ou comme pronom personnel. Dans ce dernier cas, il fait référence à des êtres identifiables et peut remplacer JE, TU, NOUS ou bien VOUS.

Exemple : *On ira à Provins en mars.*

2) IL, pronom nominal, ne peut fonctionner que comme sujet (« apparent »). Il s'agit alors de la forme impersonnelle.

Exemple : *Il pleut, il neige, il faut s'abriter !*

Pronoms personnels représentants

	formes conjointes			formes disjointes	
	sujet	objet direct	objet indirect	sujet	objet direct et indirect
	masc. fém.	masc. fém.	masc. fém.	masc. fém.	masc. fém.
non réfléchies 3ᵉ personne du singulier	il elle	le la	lui lui	lui elle	lui elle
3ᵉ personne du pluriel	ils elles	les les	leur leur	eux elles	eux elles
	/ /	en en	en en	/ /	/ /
	/ /	y y	y y	/ /	/ /
réfléchies 3ᵉ personne du singulier	/ /	se se	se se	/ /	soi soi
3ᵉ personne du pluriel	/ /	se se	se se	/ /	soi soi

Remarque : EN et Y ne varient ni en genre ni en nombre.
EN pronominalise des groupes prépositionnels introduits par DE.
    Exemple : *J'en rêve.* (d'aller à Dubrovnik)
Y remplace des groupes prépositionnels principalement introduits par À.
    Exemple : *Je rêve d'y aller.* (à Dubrovnik)

3) VALEURS ET EMPLOIS

Les pronoms nominaux

Les pronoms JE et ME désignent le locuteur, TU et TE l'interlocuteur.
NOUS renvoie à un ensemble de personnes dont le locuteur fait partie.
VOUS désigne l'interlocuteur (par politesse) ou un ensemble de personnes dont l'interlocuteur fait partie.
Les pronoms nominaux ne varient pas en genre.
Ils peuvent assumer les fonctions de sujet, d'objet et plus principalement de complément prépositionnel, pour les formes disjointes.
    Exemple : *Je te ferai toujours confiance.* (je = sujet ; te = COI)
    Exemple : *Tes parents sont fiers de toi.* (toi = complément de
          l'adjectif)

Les pronoms représentants
Ils pronominalisent des éléments présents dans le contexte.
– Les pronoms de forme non réfléchie varient le plus souvent en genre.
Ils peuvent exercer les fonctions de sujet, de complément d'objet, ou encore de complément circonstanciel de lieu, de compléments de l'adjectif, du nom ou du pronom (EN, Y).

> Exemple : *Ils le leur ont dit.* (*ils* = sujet ; *le* = COD : *leur* = COS)
> Exemple : *Je vais chez eux.* (*eux* = complément circonstanciel de lieu)
> Exemple : *Ses parents en sont fiers.* (*en* = complément de l'adjectif)

– Les pronoms de forme réfléchie, quant à eux, ne varient ni en genre ni en nombre.
Ils peuvent exercer les fonctions de complément d'objet ou de complément prépositionnel. Ils ne sont jamais sujets.

> Exemple : *Elle se peigne.* (*se* = COD)
> Exemple : *Ils se sont dit des amabilités.* (*se* = COS)

4) PLACE DES PRONOMS PERSONNELS

Les formes conjointes sujets :
– sont placées immédiatement avant le verbe. Elles peuvent toutefois en être séparées par un autre pronom de forme conjointe ou par l'adverbe de négation NE.

> Exemple : *Il vient. / Il ne vient pas.*

– sont postposées :
• dans les phrases interrogatives ou exclamatives
> Exemple : *Vient-il ? – Est-il bête !*
• dans les incises
> Exemple : *« Je ne partirai pas », affirma-t-il.*
• après certains adverbes de discours
> Exemple : *Peut-être suis-je malade.*

Les formes conjointes compléments :
– précèdent immédiatement le verbe, dans les phrases déclaratives, interrogatives, exclamatives ou impératives dont le verbe est à l'impératif négatif.

Exemple : *Je la regarde. / La regardes-tu ? / Je la regarde ! / Ne la regarde pas.*

Remarque : Lorsqu'il y a deux pronoms de forme conjointe compléments, le complément d'objet direct précède le complément d'objet indirect ou second.

Exemple : *Je les lui offre.* (*les* = COD + *lui* = COI)

Toutefois, le pronom nominal précède le représentant.

Exemple : *Elle me les offre.* (*me* = nominal COS + *les* = représentant COD)

– deviennent disjointes et suivent immédiatement le verbe (en respectant toujours l'ordre COD + COI), dans les phrases impératives dont le verbe est à l'impératif positif.

Exemple : *Regarde-moi. / Offre-les-moi.*

Les formes disjointes sont détachées du verbe ; leur place n'est donc pas contrainte.

Exemple : *Lui, on le croira. / On le croira, lui.*

Pronom possessif

1) Caractéristiques essentielles

Les pronoms possessifs, comme les déterminants possessifs, établissent une relation entre l'être ou l'objet désigné par le nom qu'ils remplacent (ou déterminent) et l'une des personnes grammaticales.

Il peut s'agir d'un rapport de possession, mais aussi de n'importe quel type de rapport.

La forme des pronoms possessifs varie donc en fonction :
– du nom qu'ils remplacent, dont ils prennent le genre et le nombre
– et de la personne mise en relation avec l'être ou l'objet désigné par ce nom.

Les pronoms possessifs de la première personne réfèrent au locuteur ou à un groupe de personnes dont le locuteur fait partie.
> Exemple : *Les cheveux de mon frère sont châtains ; les miens / les nôtres sont blonds.*

Les pronoms possessifs de la deuxième personne réfèrent à l'interlocuteur ou à un groupe de personnes dont l'interlocuteur fait partie.
> Exemple : *Mes cheveux sont blonds ; les tiens / les vôtres sont châtains.*

Ceux de la troisième personne renvoient à une ou des personnes extérieures à la situation d'énonciation (celles dont on parle).
> Exemple : *Mes cheveux sont blonds ; les siens sont roux.*

Les pronoms possessifs sont, le plus souvent, représentants.
Toutefois, dans certaines locutions figées, ils peuvent être nominaux et désigner directement un être ou un objet.
> Exemple : *Elle y a mis beaucoup du sien pour faire avancer le projet.*
> Exemple : *Ma petite sœur a encore fait des siennes, hier !*

2) Tableau des pronoms possessifs

PERSONNE	SINGULIER		PLURIEL	
	masc.	fém.	masc.	fém.
1re personne du singulier	le mien	la mienne	les miens	les miennes
2e personne du singulier	le tien	la tienne	les tiens	les tiennes
3e personne du singulier	le sien	la sienne	les siens	les siennes
1re personne du pluriel	le nôtre	la nôtre	les nôtres	
2e personne du pluriel	le vôtre	la vôtre	les vôtres	
3e personne du pluriel	le leur	la leur	les leurs	

Remarque : Les pronoms possessifs sont constitués de la combinaison de l'article défini et de l'adjectif possessif (LE + MIEN ; LA + MIENNE ; LES + MIENS...).

1. Les natures : pronom relatif

Les articles définis LE et LES pourront donc se contracter avec les prépositions DE ou À.

> Exemple : *Le chien de son voisin est féroce ; celui du* (de + le) *mien est paisible.*

> Exemple : *J'en ai parlé à ses parents mais je n'ai rien dit aux* (à + les) *vôtres.*

Pronom relatif

1) CARACTÉRISTIQUES ESSENTIELLES

Les pronoms relatifs servent à enchâsser une proposition appelée « subordonnée relative » dans une proposition principale.
(Voir **Proposition subordonnée relative**, p. 209.)

À la différence des conjonctions de subordination, les pronoms relatifs sont variables et exercent une fonction dans la proposition subordonnée relative.

Certains pronoms relatifs peuvent être nominaux ou représentants.

> Exemple : *Qui a bu boira. (qui = nominal)*

> Exemple : *Le guide qui nous a accompagnés était très cultivé. (qui = représentant)*

Les pronoms relatifs représentants prennent le genre et le nombre de leur antécédent.

2) TABLEAU DES PRONOMS RELATIFS

Formes simples :	qui / que / quoi / dont / où quel / quelle / quels / quelles
Formes composées :	lequel / laquelle / lesquels / lesquelles auquel / à laquelle / auxquels / auxquelles duquel / de laquelle / desquels / desquelles quiconque

Remarques :
1) QUI, QUE, QUOI peuvent aussi fonctionner comme pronoms interrogatifs. Seul le sens du verbe recteur permet de faire la distinction.
   Exemple : *Dis-moi **qui** tu préfères.* (qui = pronom interrogatif)
   Exemple : *Choisis **qui** tu voudras.* (qui = pronom relatif)
2) OÙ peut aussi être utilisé comme adverbe interrogatif.
   Exemple : *Où vas-tu ? / Je te demande **où** tu vas.* (où = adverbe
      interrogatif)
   Exemple : *Le village **où** j'ai passé toute mon enfance m'est cher.*
      (où = pronom relatif)
3) QUICONQUE peut aussi être un pronom indéfini.
   Exemple : *Tu sais cela aussi bien que **quiconque**.* (pronom indéfini)
   Exemple : ***Quiconque** a dit cela est un menteur.* (pronom relatif)
4) Les formes composées, quant à elles, peuvent aussi être détermi-
nants relatifs (lorsqu'elles accompagnent un nom commun) ou pro-
noms interrogatifs.
   Exemple : *J'ai lu plusieurs revues, **lesquelles** revues m'ont paru*
      inintéressantes. (lesquelles = déterminant relatif)
   Exemple : *Dis-moi **lequel** tu choisis.* (lequel = pronom interrogatif)
   Exemple : *J'ai lu plusieurs revues, **lesquelles** m'ont paru inintéres-*
      santes. (lesquelles = pronom relatif)

3) Valeurs et emplois

Les pronoms nominaux
Seuls QUI, QUOI, OÙ et QUICONQUE peuvent être employés sans anté-
cédent et être donc nominaux.
— QUI est sujet ou complément, dans la proposition subordonnée
relative.
   Exemple : ***Qui** m'aime me suive.* (sujet)
   Exemple : *Embrassez **qui** vous voulez.* (COD)
— QUOI est complément prépositionnel dans la proposition subor-
donnée relative.
   Exemple : *Ils ont de **quoi** vivre heureux pendant de longues*
      années. (COI)
— OÙ est complément circonstanciel de lieu dans la proposition
subordonnée relative.
   Exemple : ***Où** tu iras, j'irai.*

— QUICONQUE est toujours nominal. Il est sujet de la proposition subordonnée relative.

Exemple : *Quiconque a vu cet accident ne pourra l'oublier.*

Les pronoms représentants

Tous les pronoms relatifs, à l'exception de QUICONQUE, peuvent être représentants et avoir un antécédent.

— QUI peut exercer la fonction de sujet ou de complément prépositionnel dans la proposition subordonnée relative.

Exemple : *Les cadeaux qui sont sous le sapin attirent les enfants.* (sujet)

Exemple : *L'amie à qui j'ai écrit m'a laissée sans nouvelles.* (COI)

— QUE peut assumer les fonctions de « sujet », de complément d'objet direct ou d'attribut dans la proposition subordonnée relative.

Exemple : *Les oiseaux que j'entends chanter sont cachés dans les arbres.* (« sujet » de l'infinitif)

Exemple : *Les oiseaux que j'observe sont cachés dans les arbres.* (COD)

Exemple : *Bienheureux qu'ils sont !* (attribut)

— QUOI est complément prépositionnel dans la proposition subordonnée relative. Il a pour antécédent un pronom neutre (CE, RIEN).

Exemple : *Il n'est pas venu, ce à quoi je m'attendais.* (COI)

— DONT est toujours représentant. Il exerce la fonction de complément prépositionnel dans la proposition subordonnée relative.

Exemple : *Le roman dont je parle est magnifique.* (COI)

Exemple : *Le fils dont ils étaient si fiers les a quittés.* (complément de l'adjectif)

— OÙ assume la fonction de complément circonstanciel de lieu ou de temps dans la proposition subordonnée relative. Il a pour antécédent un inanimé.

Exemple : *Le village où je suis née m'est cher.* (complément circonstanciel de lieu)

Exemple : *C'était au temps où Bruxelles chantait !* (complément circonstanciel de temps)

— Les formes composées s'emploient toujours comme représentants. Elles exercent les fonctions de sujet et de complément prépositionnel.

Exemple : *J'ai lu plusieurs revues,* **lesquelles** *m'ont paru inintéressantes.* (sujet)

Exemple : *Le chapitre* **auquel** *je fais allusion est à réviser.* (COI)

Verbe

1) GÉNÉRALITÉS

Le verbe est l'une des catégories grammaticales les plus importantes.

Il apporte une information sur le thème et sert alors de prédicat dans la phrase.

Exemple : *Les hirondelles* **chantent.** *(les hirondelles* = thème ; *chantent* = prédicat)

Le verbe a un rôle central dans la proposition. Le sujet, le complément d'objet, le complément circonstanciel intégré, le complément d'agent et les attributs s'organisent autour de lui.

En outre, sous ses différentes formes, le verbe peut assumer les fonctions du nom, de l'adjectif, ou du complément circonstanciel. (Voir **infinitif**, p. 154, **participe** et **gérondif**, p. 155 et 156.)

Il varie en mode, en temps / aspects, en voix, en personne, en nombre et, parfois, en genre. L'ensemble de ces formes est appelé « conjugaison ».

Certains verbes présentent des constructions particulières.

2) VARIATIONS MORPHOLOGIQUES DU VERBE

On rappellera ici, de façon succincte, les variations essentielles du verbe.
(Pour une étude détaillée, voir **Conjugaison**, troisième partie.)

Les *modes* renseignent sur les diverses manières dont le locuteur présente l'action.
On distingue six modes, dont trois sont personnels et trois sont impersonnels.

Les modes personnels sont :
— l'indicatif, qui présente une action vraie, réelle (phrase déclarative) ou en cours de vérification (phrase interrogative), et qui la situe dans le temps.
    Exemple : *Paul **travaille** consciencieusement.*
Remarque : Le conditionnel est aujourd'hui rattaché au mode indicatif.
— l'impératif, qui exprime un ordre, une défense, un conseil ou une prière, en direction de l'interlocuteur.
    Exemple : *Paul, **travaille** consciencieusement !*
— le subjonctif, qui présente une action possible, envisagée.
    Exemple : *Je ne suis pas sûr que Paul **travaille** consciencieusement.*

Les modes impersonnels sont :
— l'infinitif, qui ne porte ni l'indication de nombre ni celle de personne. L'infinitif peut parfois exercer les fonctions du nom.
    Exemple : ***Travailler**, toujours **travailler**...*
— le participe :
• présent, invariable, qui exprime une action qui dure.
    Exemple : ***Travaillant** sans relâche, il finit par atteindre son but.*
• passé, variable, qui est employé seul ou avec un auxiliaire.
    Exemple : *Il a **travaillé** sans relâche et a **atteint** son but.*
— le gérondif : invariable, qui précise les circonstances dans lesquelles l'action principale a lieu.
    Exemple : ***En travaillant** sans relâche, il a atteint son but.*

Les *temps* et les *aspects*
La forme verbale permet de dater l'action (antériorité, simultanéité ou postériorité) soit par rapport au moment de l'énonciation, soit par rapport à un autre repère, donné dans le contexte.
    Exemple : *Hier, j'ai **rendu** visite à ma grand-mère.* (antériorité par rapport au moment de l'énonciation)

Exemple : *Alors que je me **préparais** à la quitter, le téléphone sonna.* (simultanéité par rapport à l'action du verbe principal)

La forme verbale précise aussi si l'action est en cours de déroulement, ou si le terme de l'action est atteint.

Dans le premier cas, l'aspect est dit « non accompli ». Tous les temps simples présentent une action non accomplie.

Dans le second cas, l'aspect est dit « accompli ». Tous les temps composés présentent une action achevée.

Exemple : *J'**aime** lire avant de m'endormir.* (c'est encore vrai)

Exemple : *J'**ai aimé** lire avant de m'endormir.* (ce n'est plus vrai)

Exemple : *Le vent qui **s'était déchaîné** se calmait enfin.*

Ainsi, dans l'exemple ci-dessus, l'on observe que le plus-que-parfait :
– présente une action antérieure à celle relatée à l'imparfait (temps)
– et souligne l'aspect accompli de l'action, par opposition à l'imparfait, qui laisse voir l'action dans son déroulement (aspect non accompli).

LES VALEURS DES TEMPS / ASPECTS VERBAUX

* L'indicatif

– **présent** exprime une action qui a lieu au moment où l'on parle (valeur de base), qui est toujours vraie, qui vient de se passer ou qui va se produire dans un futur très proche. Il peut aussi évoquer une action habituelle ou concurrencer l'impératif présent. Enfin, il peut apparaître dans le récit, coupé alors du moment de l'énonciation, ou bien dans une proposition subordonnée introduite par SI.

Exemple : *Je **regarde** tomber la neige.* (valeur de base)

Exemple : *Qui **va** à la chasse perd sa place.* (action toujours vraie)

Exemple : *Je **rentre** à l'instant de Belgique.* (passé très proche)

Exemple : *J'y **retourne** dans deux jours.* (futur très proche)

Exemple : *Ma sœur **prend** le métro tous les jours.* (action habituelle)

Exemple : *Tu **cesses** de pleurer immédiatement.* (ordre)

Exemple : *Et les braves soldats **reprennent** courage et **se lancent** dans la bataille.* (récit)

Exemple : *S'il ne **fait** pas froid, je sortirai.* (hypothétique)

– **passé composé** présente un fait passé par rapport au moment où l'on parle et considéré comme accompli, achevé (valeur de base). Lié au présent, il peut, comme ce temps, évoquer une action toujours vraie ou qui appartient à un futur très proche. Il indique aussi une antériorité par rapport à une action relatée au présent.

Exemple : *Je suis allée au cinéma.* (valeur de base)

Exemple : *L'homme a toujours voulu posséder.* (action toujours vraie)

Exemple : *J'arrive ; j'ai fini dans cinq minutes !* (futur très proche)

Exemple : *Il a neigé la nuit dernière ; aujourd'hui, c'est le dégel.* (antériorité)

– **imparfait** exprime une action en cours dans le passé (valeur de base). Il présente le décor (sur lequel vont apparaître les événements essentiels, relatés au passé simple). L'imparfait permet aussi d'exprimer une action répétée ou habituelle. En outre, ce temps est utilisé dans le discours indirect, pour reprendre des propos énoncés une première fois. Enfin, il peut être utilisé dans une proposition subordonnée introduite par SI.

Exemple : *En ce temps-là, Bruxelles chantait !* (valeur de base)

Exemple : *Les éclairs striaient le ciel. Tout à coup, un choc ébranla le navire.* (circonstances, décor)

Exemple : *Pendant les vacances, elle se levait à dix heures, puis faisait sa toilette et prenait son petit déjeuner.* (action habituelle)

Exemple : *Sa mère lui annonça qu'il devait prendre le train de onze heures.* (discours indirect)

Exemple : *S'il ne faisait pas froid, je sortirais.* (hypothétique)

– **plus-que-parfait** exprime une action achevée dans le passé (valeur de base). Lié à l'imparfait, le plus-que-parfait peut aussi évoquer une action habituelle ou bien être utilisé dans le discours indirect ou dans le système hypothétique (après SI). Enfin, ce temps exprime une antériorité par rapport à une action relatée à un temps du passé (imparfait, passé simple ou passé composé).

Exemple : *Jamais ils n'avaient eu si peur !* (valeur de base)

Exemple : *Quand il avait fini sa journée, il aimait prendre une douche.* (action habituelle)

Exemple : *Il affirmait que ce jour avait été le plus beau de sa vie.* (discours indirect)

Exemple : *Si j'avais su, je ne serais pas venu.* (hypothétique)

Exemple : *Le vent qui s'était déchaîné se calmait enfin.* (antériorité)

– **passé simple** relate des faits passés, sans lien avec le présent de
l'énonciation (valeur de base). Il présente les événements principaux
qui se détachent sur une toile de fond évoquée à l'imparfait. Il s'agit
d'un temps du récit, qui n'apparaît que dans la langue écrite.

Exemple : *La grand-voile éclata et le navire se mit à tanguer.*
(valeur de base)

Exemple : *Les éclairs striaient le ciel. Tout à coup, un choc ébranla
le navire.* (faits essentiels dans le récit)

– **passé antérieur** exprime une action accomplie dans le passé
(valeur de base). Il présente une action immédiatement antérieure à
une autre action, relatée au passé simple. Le passé antérieur est,
aussi, un temps du récit, utilisé exclusivement à l'écrit.

Exemple : *Et il eut terminé ses devoirs en trois minutes...* (valeur
de base)

Exemple : *Lorsqu'il eut prononcé ces mots affreux, il s'en alla.*
(antériorité)

– **futur simple** exprime une action à venir, d'une manière certaine
(valeur de base). Lié au présent, il est aussi apte à évoquer une action
toujours vraie ou répétée et peut concurrencer l'impératif présent. Il
est parfois utilisé dans le récit. Enfin, il peut apparaître dans le système
hypothétique, après SI et le présent.

Exemple : *Je prendrai le train de midi.* (valeur de base)

Exemple : *Les hommes voudront toujours posséder.* (action toujours vraie)

Exemple : *Je viendrai vous voir deux fois par jour.* (action répétée)

Exemple : *Tu n'oublieras pas d'acheter du pain.* (ordre, prière)

Exemple : *Jamais Marie ne pourra y repenser sans amertume.*
(récit)

Exemple : *S'il ne fait pas froid, je sortirai.* (hypothétique)

– **futur antérieur** présente une action comme accomplie de manière
certaine dans l'avenir (valeur de base). Il peut évoquer un fait hypothétique, qui ne pourra être vérifié que dans l'avenir. Enfin, ce temps
présente une action antérieure à une autre relatée au futur simple.

Exemple : *À cette heure-là, j'aurai fini de travailler.* (valeur de base)

Exemple : *Il est en retard ; il se sera encore perdu !* (fait hypothétique)

Exemple : *Lorsque j'aurai déjeuné, je ferai une sieste.* (antériorité)

— **conditionnel présent** exprime une action future par rapport à un
moment passé (valeur de base). On le trouve surtout dans le discours
indirect et dans le système hypothétique (après SI et l'imparfait). Il
peut aussi présenter un fait incertain ou imaginaire. Ce temps est
enfin utilisé par politesse, pour marquer une atténuation.

Exemple : *Je savais qu'il ne viendrait pas.* (valeur de base)

Exemple : *Sa mère lui annonça qu'il devrait prendre le train le
lendemain.* (discours indirect)

Exemple : *S'il ne faisait pas si froid, je sortirais.* (hypothétique)

Exemple : *Selon la radio, il n'y aurait pas de blessés.* (fait incertain)

Exemple : *Tout serait si doux, là-bas !* (fait imaginaire)

Exemple : *Pourriez-vous m'indiquer la rue de Rivoli ?* (atténuation)

— **conditionnel passé** exprime une action future et accomplie, vue
du passé (valeur de base). Comme le temps simple correspondant,
on le trouve dans le discours indirect, dans le système hypothétique
(après SI et le plus-que-parfait), pour évoquer une action incertaine,
imaginaire ou une atténuation. Enfin, le conditionnel passé présente
une action antérieure à une autre évoquée au conditionnel présent.

Exemple : *J'étais sûr qu'il aurait assisté à la réunion. (valeur de
base)*

Exemple : *Sa mère lui annonça qu'il aurait dû prendre le train la
veille.* (discours indirect)

Exemple : *Si j'avais su, je ne serais pas venu.* (hypothétique)

Exemple : *Selon la radio, il n'y aurait pas eu de victimes.* (fait
incertain)

Exemple : *Nous aurions pu être si heureux !* (fait imaginaire)

Exemple : *J'aurais aimé avoir un renseignement...* (atténuation)

Exemple : *Pierre m'a affirmé qu'il me rejoindrait dès qu'il aurait
bouclé cette affaire.* (antériorité)

* **L'impératif**

— **présent** exprime qu'une action devra avoir lieu dans un futur plus
ou moins immédiat.

Exemple : *Apprends ta leçon.*

– **passé** indique qu'une action devra avoir eu lieu dans le futur. Ce temps évoque donc très souvent une antériorité par rapport à une action relatée au futur simple.
Exemple : *Aie appris ta leçon quand je reviendrai !*

* Le subjonctif

– **présent** évoque un fait envisagé, non accompli et simultané ou postérieur, par rapport au moment de l'énonciation ou à une autre action.
Exemple : *Que cette personne **quitte** la salle !* (simultanéité par rapport au moment de l'énonciation)
Exemple : *Il veut / Il voulait que cette personne **quitte** la salle !* (simultanéité par rapport à une action principale)

– **passé** évoque un fait envisagé, accompli et antérieur au moment de l'énonciation ou à une autre action.
Exemple : *Que cette personne **ait quitté** la salle !* (antériorité par rapport au moment de l'énonciation)
Exemple : *Il veut / Il voulait que cette personne **ait quitté** la salle avant son arrivée !* (antériorité par rapport à l'action principale)

– **imparfait** a les mêmes valeurs que le subjonctif présent, mais n'est utilisé que dans la langue soutenue.

– **plus-que-parfait** a les mêmes valeurs que le subjonctif passé, mais n'est utilisé que dans la langue soutenue.
La règle classique exige, en effet, l'utilisation des subjonctifs imparfait et plus-que-parfait après une proposition principale dont le verbe est conjugué à un temps du passé ou au conditionnel.
Exemple : *Je voulais que cette personne **quittât** la salle !*
Exemple : *Je voulais que cette personne **eût quitté** la salle !*

* L'infinitif

– **présent** évoque une action non accomplie, simultanée ou postérieure, par rapport au moment de l'énonciation ou à une autre action.
Exemple : *Il faut **réviser** cette leçon.*

– **passé** présente une action accomplie, antérieure au moment de l'énonciation ou à une action relatée à un temps simple.
   Exemple : *Il faut **avoir révisé** cette leçon.*

Remarque : L'infinitif a, à la fois, des emplois verbaux et nominaux.
• Il peut apparaître dans des phrases déclaratives, interrogatives, impératives ou exclamatives.
   Exemple : *Et tout le monde d'**éternuer**...*
   Exemple : *Que **dire** ?*
   Exemple : *Ne pas **se pencher**.*
   Exemple : *Lui, **pardonner** !*
• L'infinitif peut aussi être le noyau d'une proposition subordonnée interrogative indirecte, relative ou infinitive.
   Exemple : *Elle ne savait que **répondre**.*
   Exemple : *Je cherche un endroit où **dormir**.*
   Exemple : *Je regarde le soleil **se coucher**.*
(Voir **Proposition subordonnée interrogative indirecte**, p. 205, infinitive, p. 204, et **relative**, p. 209.)
• Dans ses emplois nominaux, l'infinitif peut exercer les fonctions de sujet, d'attribut, de complément d'objet, de complément circonstanciel, de complément du nom, du pronom, de l'adjectif ou d'apposition.
   Exemple : ***Fumer** est dangereux pour la santé.* (sujet)
   Exemple : *Partir, c'est **mourir** un peu.* (attribut du sujet)
   Exemple : *J'adore **nager**.* (COD)
   Exemple : *Ne dîne pas avant de **venir**.* (complément circonstanciel)
   Exemple : *Le besoin de **manger** l'animait tout entier.* (complément du nom)
   Exemple : *L'ogre n'a qu'un besoin, celui de **manger**.* (complément du pronom)
   Exemple : *Ce chapitre est facile à **comprendre**.* (complément de l'adjectif)
   Exemple : *L'ogre n'a qu'un besoin, **manger**.* (apposition)

* **Le participe**

– **présent** exprime une action non accomplie et simultanée par rapport à une autre.
   Exemple : ***Prononçant** ces mots affreux, il s'en alla.*

Le participe présent peut être le noyau d'une proposition subordonnée participiale. Il y assure le rôle de prédicat d'un thème qui n'a pas d'autre fonction dans la phrase.

Exemple : *Les grilles s'ouvrant, tous les clients se ruèrent dans le magasin.*

(Voir **Proposition subordonnée participiale**, p. 208.)
Il peut aussi parfois exercer les fonctions de l'adjectif.
(Voir **Adjectif**, p. 101.)

– **passé** présente une action accomplie et donc antérieure à une autre.

Exemple : *Ayant prononcé ces mots affreux, il s'en alla.*

Le participe passé employé seul apporte une information identique à celle d'un adjectif, dont il exerce les fonctions (épithète, épithète détachée ou attribut). (Voir **Adjectif**, p. 99.)

Exemple : *La candidate, énervée, perdit son sang-froid.*

* Le gérondif

Il présente une action dans son déroulement, simultanée par rapport à l'action principale. Il est toujours accompagné de EN.
Remarque : Il assume la fonction de complément circonstanciel facultatif.

Exemple : *En travaillant sans relâche, il a atteint son but.*

Les *voix*

Il existe deux voix :

– La **voix active**, non marquée, dans laquelle le sujet fait l'action exprimée par le verbe.
Cette voix concerne les verbes transitifs, intransitifs, pronominaux et impersonnels.

Exemple : *Maurice adore les cerises.*
Exemple : *Maurice dort.*
Exemple : *Maurice se parfume.*
Exemple : *Il pleut.*

– La **voix passive**, marquée, dans laquelle le sujet subit l'action exercée par le complément d'agent. Cette structure nécessite la présence d'un verbe transitif direct. (Voir **Complément d'agent**, p. 171.)

Trois opérations sont nécessaires, pour passer de la voix active à la voix passive :
• le complément d'objet direct devient le sujet
• le sujet devient le complément d'agent
• le verbe est mis à la voix passive : l'auxiliaire « être », conjugué au mode et au temps du verbe de la phrase active, est suivi du participe passé du verbe.

Exemple : *Des boules multicolores **décorent** le sapin.* (voix active)
*Le sapin **est décoré** de boules multicolores.* (voix passive)

Exemple : *Des boules multicolores **décoraient** le sapin.* (voix active)
*Le sapin **était décoré** de boules multicolores.* (voix passive)

Les *personnes* et les *nombres*

On distingue trois personnes (la première, la deuxième et la troisième), qui peuvent varier en nombre (singulier et pluriel).

Les première et deuxième personnes renvoient à la situation d'énonciation ; la première réfère au locuteur (JE) ou à un groupe de personnes dont le locuteur fait partie (NOUS), tandis que la deuxième désigne l'interlocuteur (TU / VOUS) ou un groupe de personnes dont l'interlocuteur fait partie (VOUS).

La troisième personne (IL, ELLE, ILS, ELLES, ON, groupe nominal, nom propre, verbe à l'infinitif...) renvoit à un être ou une chose absents de la situation d'énonciation.

Les *genres*

Le verbe, au participe passé, peut varier en genre.

Exemple : *Effrayée, la jument partit au galop.*

Exemple : *La jument que vous avez **effrayée** est partie au galop.*

(Pour l'accord du participe passé, se référer à *Conjugaison*, troisième partie.)

3) Constructions particulières de certains verbes

Les verbes auxiliaires
Perdant leur sens propre, les verbes ÊTRE et AVOIR peuvent servir d'auxiliaires.
– AVOIR entre dans la formation de la plupart des verbes aux temps composés de la voix active.
Exemple : *J'ai chanté.*
– ÊTRE, quant à lui, s'emploie pour conjuguer certains verbes d'état et de positionnement ainsi que tous les verbes pronominaux aux temps composés et tous les verbes à la voix passive.
Exemple : *Elle **est** devenue aimable.*
Exemple : *Elle s'**est** peignée.*
Exemple : *Le sapin **est** décoré de boules multicolores.*

Les verbes pronominaux sont précédés d'un pronom personnel réfléchi, de la même personne que le sujet.
Exemple : *Je **me** peigne ; tu **te** laves ; elle **s'**ennuie ; nous **nous** enfuyons...*

Les verbes impersonnels dont le seul sujet IL ne remplace ni un être, ni une chose. Ces verbes ne se conjuguent qu'à la 3ᵉ personne du singulier.
Exemple : *Il **pleut**, il **neige**, il **faut** s'abriter !*

Les verbes transitifs et intransitifs
Les verbes transitifs directs se construisent avec un complément d'objet direct (COD).
Exemple : *Des boules multicolores **décorent** le sapin.*

Les verbes transitifs indirects se construisent avec un complément d'objet indirect (COI).
Exemple : *Elle **se réfère** au livre.*

Les verbes intransitifs n'admettent aucun complément d'objet.
Exemple : *Il **louche**.*

4) ACCORD DU VERBE

Règle générale
Le verbe s'accorde en nombre et en personne avec son sujet.
Lorsque ce sujet n'est pas exprimé – à l'impératif –, l'accord se fait en fonction de l'interlocuteur qui est concerné.

Le verbe a un sujet dont le nombre est indéfini
– Lorsque le verbe a pour sujet un nom collectif suivi de son complément, le verbe peut se mettre au singulier ou au pluriel, selon le sens.
　　Exemple : *Une nuée d'oiseaux **s'abattit** / **s'abattirent** sur les arbres.* (accord avec *nuée* ou avec *oiseaux*)
– Quand le verbe a pour sujet un nom précédé d'un déterminant indéfini occasionnel, il s'accorde avec le nom.
　　Exemple : *Beaucoup de gens **diront** n'avoir rien vu !* (accord avec *gens*)
– Quand le verbe a pour sujet un pronom indéfini occasionnel, il se met au pluriel.
　　Exemple : *Beaucoup **diront** n'avoir rien vu.*

Le verbe a pour sujet le pronom relatif QUI
Il s'accorde dans ce cas en personne et en nombre avec l'antécédent de ce pronom.
　　Exemple : *Vous qui **pleurez** sans savoir pourquoi, cessez.* (accord avec *vous*)
Toutefois, quand cet antécédent est attribut du pronom personnel, c'est lui qui règle l'accord.
　　Exemple : *Tu es la seule personne qui m'**aime** vraiment.* (accord avec *la seule personne*)

Le verbe a pour sujet le pronom démonstratif neutre CE (C')
Il se met au pluriel, lorsque l'attribut est pluriel.
　　Exemple : *Ce **sont** mes meilleurs amis.*

Le verbe a plusieurs sujets

— juxtaposés

• Lorsque les sujets sont juxtaposés dans une gradation, l'accord se fait avec le sujet le plus proche.

   Exemple : *Un regard, un sourire, un geste* **faisait** *plaisir à ce malheureux.*

• Quand ces sujets juxtaposés sont repris par un pronom, le verbe s'accorde avec ce pronom.

   Exemple : *Hommes, femmes, enfants, chacun* **avait fait** *ses bagages.*

— coordonnés

• Un verbe qui a plusieurs sujets coordonnés par ET, se met au pluriel.

   Exemple : *Pierre et Lucile* **iront** *au cinéma.* (3e personne du singulier + 3^e personne du singulier = 3^e personne du pluriel)

Si ces sujets sont de personnes différentes, le verbe s'accorde en priorité avec le sujet de la première, puis de la deuxième personne.

   Exemple : *Toi et moi* **irons** *au cinéma.* (2e personne du singulier + 1re personne du singulier = 1re personne du pluriel)

   Exemple : *Lucile et toi* **irez** *au cinéma.* (3e personne du singulier + 2^e personne du singulier = 2^e personne du pluriel)

Remarque : Si le verbe a pour sujet la locution pronominale L'UN(E) ET L'AUTRE, il se met très généralement au pluriel.

   Exemple : *J'avais invité Marie et Amélie ; l'une et l'autre* **sont venues.**

• Un verbe qui a plusieurs sujets coordonnés par OU ou NI peut se mettre au singulier ou au pluriel.

* Si l'action peut être exercée simultanément par les deux sujets, le verbe se met au pluriel.

   Exemple : *Papa ou toi* **irez** *au marché.* (ou = inclusif)

   Exemple : *Ni Papa ni toi n'***irez** *au marché.* (ni = inclusif)

Remarque : Si les sujets ne sont pas de la même personne, le verbe se met à la personne prioritaire.

* Si l'action ne peut être exercée par les deux sujets en même temps, le verbe s'accorde avec le dernier sujet.

   Exemple : *Papa ou Michel* **prendra** *le volant.* (ou = exclusif)

   Exemple : *Ni Papa ni Michel ne* **prendra** *le volant.* (ni = exclusif)

– subordonnés

• Le verbe ayant des sujets reliés par une locution conjonctive de comparaison telle que COMME, AINSI QUE, DE MÊME QUE... se met dans certains cas au singulier et dans d'autres au pluriel.

• Le verbe se met au pluriel lorsque la locution correspond à ET.

Exemple : *Le néerlandais comme l'allemand* **sont** *des langues germaniques.*

• Il se met au singulier quand cette locution garde pleinement sa valeur de comparaison.

Exemple : *Ton teint, ainsi que le mien,* **est** *d'une pâleur extrême.*

- Chapitre 2 -

Les fonctions

Apposition

1) CARACTÉRISTIQUES ESSENTIELLES

La fonction apposition est une expansion du nom (commun ou propre), du pronom et plus rarement de l'infinitif.
L'apposition appartient au groupe nominal.
Elle apporte une précision sur le nom (ou le pronom ou l'infinitif) ; il s'agit donc d'une fonction facultative.

Cette fonction :
– est assumée par un élément nominal
– établit une identité entre le nom noyau et le terme apposé.
    Exemple : *Bruxelles,* **capitale de la Belgique,** *est une ville superbe.*
Dans cet exemple, *Bruxelles* est *la capitale de la Belgique* et *la capitale de la Belgique* est *Bruxelles* ; il y a donc bien identité entre le nom support et l'apposition.
Ainsi, à la différence des épithètes et du complément du nom, l'apposition n'évoque pas une propriété passagère du nom noyau.

2) NATURES DE L'APPOSITION

La fonction apposition peut être exercée par :
– un nom propre
  Exemple : *L'avocat,* **Champion,** *défendit courageusement son client.*
– un nom commun
  Exemple : *Mon père,* **médecin,** *est réticent à prescrire ce médicament.*
– un groupe nominal
  Exemple : *Bruxelles,* **la capitale de la Belgique,** *a un charme particulier.*
– un pronom
  Exemple : *Marie,* **elle,** *n'a parlé de cela à personne.*
– un infinitif
  Exemple : *J'ai une passion :* **voyager.**
– une proposition subordonnée conjonctive
  Exemple : *Je n'ai qu'un souhait,* **que cette année soit bonne.**

3) CONSTRUCTIONS DE L'APPOSITION

Sans pause et sans préposition
Dans ce cas, l'apposition peut :
– précéder le nom noyau
  Exemple : *Le* **professeur** *Tournesol est un personnage attachant.*
– ou suivre le nom noyau
  Exemple : *Coralie a toujours été une enfant* **modèle.**
Remarque : Dans ces constructions juxtaposées, il ne faut pas confondre l'apposition et le complément du nom.
  Exemple : *J'ai acheté un stylo bille.* (*bille* est complément du nom)
Dans cet exemple, il n'y a pas identité entre les deux termes (un *stylo* n'est pas une *bille* et inversement) et *bille* est une propriété du nom *stylo* ; ici, il faut sous-entendre la préposition À.
(Voir **Complément du nom,** p. 175.)

Sans pause, avec la préposition DE
Dans ce cas, l'apposition suit toujours le nom noyau.
  Exemple : *J'adore le mois* **de décembre.**

Dans cet exemple, il y a bien identité entre *mois* et *décembre*.
Remarques :
* Ici encore, il ne faut pas confondre l'apposition et le complément du nom.
    Exemple : *Le fils de ma sœur est mon neveu.* (complément du nom)
Ma sœur est, ici, complément du nom. En effet, *le fils* et *ma sœur* ne renvoient pas à la même personne.
* Il faut distinguer l'apposition et le déterminant indéfini suivi du nom.
    Exemple : *Une foule de gens ont fait irruption dans le magasin.* (déterminant indéfini)
Dans ce cas encore, il n'y a pas identité entre *foule* et *gens*. *Une foule de* est le déterminant indéfini qui accompagne le nom commun *gens*.
(Voir **Déterminant indéfini**, p. 113.)

Avec pause, marquée à l'écrit par une virgule ou deux points.
Dans ce cas, l'apposition est mobile dans la phrase.
    Exemple : *Marie, **ma sœur aînée**, ne pourra pas passer les fêtes avec nous.*
    Exemple : ***Ma sœur aînée**, Marie, ne pourra pas passer les fêtes avec nous.*
Remarque : Il faut bien différencier apposition et épithète détachée.
    Exemple : *Marie, malade, ne pourra pas passer les fêtes avec nous.*
Dans l'exemple ci-dessus, *malade* est épithète détachée de *Marie*. Il n'y a pas identité entre les deux mots.
(Voir **Épithète et épithète détachée**, p. 180.)

Attribut du complément d'objet

1) Caractéristiques essentielles

L'attribut apporte une précision (qualité, propriété) sur le complément d'objet, par l'intermédiaire d'un verbe transitif particulier appelé « verbe attributif ».

2. Les fonctions : attribut du complément d'objet

Exemple : *Je trouve cette rose* **superbe**.
Dans cet exemple, *superbe* apporte une précision sur le complément d'objet *cette rose*, par l'intermédiaire du verbe attributif *trouve*.
La phrase attributive met donc en relation trois éléments : un complément d'objet, un verbe attributif et un attribut du complément d'objet.

Les verbes attributifs qui introduisent un attribut du complément d'objet sont :
– des verbes indiquant un changement d'état : FAIRE, METTRE, RENDRE...
– des verbes de jugement : TROUVER, ESTIMER, JUGER, CONSIDÉRER COMME...
– des verbes donnant un titre : APPELER, NOMMER, SURNOMMER, DÉSIGNER, PROCLAMER, ÉLIRE...
L'attribut du complément d'objet est une fonction essentielle.

2) Natures de l'attribut du complément d'objet

Cette fonction peut être exercée par :
– un nom propre
  Exemple : *Ses amis l'ont surnommé* **Johnny**.
– un nom commun
  Exemple : *Le village a élu Maurice* **maire**.
– un groupe nominal
  Exemple : *Les employés l'ont considéré comme* **le digne successeur de son père**.
– un pronom
  Exemple : *Les footballeurs ont considéré Émile comme* **celui** *dont ils avaient besoin*.
– un adjectif
  Exemple : *Je trouve cette ville* **magnifique**.
– un participe passé ou présent employé comme adjectif
  Exemple : *Ils trouvent cette attitude* **déplacée** / **décevante**.
– un groupe prépositionnel
  Exemple : *Les anciens ont mis les nouveaux venus* **à l'aise**.
– une proposition subordonnée relative
  Exemple : *Il a les cheveux* **qui poussent vite**.

3) ACCORD DE L'ATTRIBUT DU COMPLÉMENT D'OBJET

Lorsqu'il est adjectif ou participe, l'attribut du complément d'objet s'accorde en genre et en nombre avec le complément d'objet du verbe.
    Exemple : *Je trouve ces villes italiennes **charmantes**.* (*villes* = Fém. Plur.)
(Pour des précisions sur les accords, voir **Adjectif**, 2, p. 99.)

4) ATTRIBUT DU COMPLÉMENT D'OBJET ET PHRASE PASSIVE

Lorsque l'on met à la voix passive une phrase active qui contient un attribut du complément d'objet, ce dernier devient attribut du sujet.
    Exemple : *Le village a élu Maurice **maire**.*
Dans cette phrase à la voix active, *maire* est attribut du complément d'objet *Maurice*.
    Exemple : *Maurice a été élu maire par le village.*
Dans la phrase à la voix passive, *maire* est attribut du sujet *Maurice*.
(Voir **Attribut du sujet**, p. 167.)

5) REMARQUE

Pour l'adjectif, il faut bien distinguer sa fonction d'attribut du complément d'objet et sa fonction d'épithète.
    Exemple : *Ils trouvent cette attitude **incorrecte**.*
Dans cet exemple, *incorrecte* est attribut du complément d'objet *attitude*.
    Exemple : *Ils critiquent cette attitude incorrecte.*
Ici, *incorrecte* est épithète du nom *attitude*.
L'on observe que l'adjectif épithète peut être supprimé, tandis que l'adjectif attribut du complément d'objet ne le peut pas.
(Voir **Épithète** et **épithète détachée**, p. 180.)

Attribut du sujet

1) CARACTÉRISTIQUES ESSENTIELLES

L'attribut apporte une précision (qualité, propriété) sur le sujet, par l'intermédiaire d'un verbe transitif particulier appelé « verbe attributif ».
    Exemple : *Cette fleur est **mauve**.*
Dans cet exemple, *mauve* apporte une précision sur le sujet *cette fleur*, par l'intermédiaire du verbe attributif *est*.
La phrase attributive met donc en relation trois éléments : un sujet, un verbe attributif et un attribut du sujet.

Les verbes attributifs qui introduisent un attribut du sujet sont :
– des verbes d'état : ÊTRE, PARAÎTRE, SEMBLER, AVOIR L'AIR, PASSER POUR, SE MONTRER, RESTER, DEMEURER, DEVENIR, TOMBER...
– des verbes de mouvement : ARRIVER, PARTIR, REPARTIR, VENIR, REVENIR...
– des verbes donnant un titre (à la voix passive) : ÊTRE APPELÉ, NOMMÉ, SURNOMMÉ, ÉLU, DÉSIGNÉ, PROCLAMÉ...
L'attribut du sujet est une fonction essentielle.

2) NATURES DE L'ATTRIBUT DU SUJET

Cette fonction peut être exercée par :
– un nom propre
    Exemple : *Ma voisine est surnommée **Marilyn** par mes amis.*
– un nom commun
    Exemple : *Nicolas est devenu **instituteur**.*
– un groupe nominal
    Exemple : *Je suis **le maître du monde** !*
– un pronom
    Exemple : *Il est **celui** dont vous aviez besoin.*
– un infinitif
    Exemple : *L'essentiel est de **participer**.*
– un adjectif
    Exemple : *Il est reparti **heureux**.*

– un participe passé ou un participe présent employé comme adjectif
Exemple : *Lili paraît* **exténuée / exténuante.**
– un groupe prépositionnel
Exemple : *Ils sont restés* **de marbre.**
– une proposition subordonnée conjonctive
Exemple : *L'essentiel est* **que tous les enfants participent au voyage.**
– une proposition subordonnée relative
Exemple : *Elle n'est pas* **qui l'on croit.**

3) Accord de l'attribut du sujet

Lorsqu'il est adjectif ou participe, l'attribut du sujet s'accorde en genre et en nombre avec le sujet du verbe.
Exemple : *Lili paraît* **exténuée.** (*Lili* = Féminin Singulier)
(Pour des précisions sur les accords, voir **Adjectif**, p. 99.)

4) Attribut du sujet et phrase passive

Lorsque l'on met à la voix active une phrase passive qui contient un attribut du sujet, ce dernier devient attribut du complément d'objet.
Exemple : *Ma voisine est surnommée* **Marilyn** *par mes amis.*
Dans cette phrase à la voix passive, *Marilyn* est attribut du sujet *ma voisine.*
Exemple : *Mes amis surnomment ma voisine Marilyn.*
Dans la phrase à la voix active, *Marilyn* est attribut du complément d'objet ma voisine.

5) Remarque

Exemple : *La vieille cathédrale est restaurée.*
Il est préférable de considérer cet exemple comme une phrase passive, dans laquelle *est restaurée* est le verbe *restaurer* à l'indicatif présent (de la voix passive). En effet, le sujet *la vieille cathédrale* subit l'action du verbe et le complément d'agent est sous-entendu (*par des peintres spécialisés*, par exemple). *Restaurée* n'est donc pas, ici, un attribut du sujet.

Complément de l'adjectif

1) CARACTÉRISTIQUES ESSENTIELLES

Il apporte une précision sur l'adjectif.

Certains compléments de l'adjectif sont facultatifs, tandis que d'autres sont essentiels (exigés par la construction de l'adjectif).
Exemple : *un exercice très facile* (complément facultatif de l'adjectif)
Exemple : *un enfant capable du pire et du meilleur* (complément essentiel de l'adjectif)

Le complément de l'adjectif peut se construire directement ou à l'aide d'une préposition (DE, À, ENVERS, POUR...).

2) NATURES DU COMPLÉMENT DE L'ADJECTIF

Cette fonction peut être assumée par :
– un nom propre
Exemple : *un professeur aimable envers Lucas*
– un nom commun
Exemple : *un tissu jaune paille*
– un groupe nominal
Exemple : *une fillette douée pour les sports de glisse*
– un pronom
Exemple : *des gens fiers d'eux*
– un infinitif
Exemple : *une élève désireuse de comprendre*
– un adverbe
Exemple : *un banquier toujours souriant*
– une proposition subordonnée conjonctive
Exemple : *des parents mécontents de ce que leur enfant avait pu faire*

Complément de l'adverbe

1) Caractéristiques essentielles

Il apporte une précision sur l'adverbe.

Certains compléments de l'adverbe sont facultatifs, tandis que d'autres sont essentiels (exigés par la construction de l'adverbe).
> Exemple : *Cette voiture roulait **excessivement** vite.* (complément facultatif de l'adverbe).
> Exemple : *Vous êtes priés d'agir **conformément** à la loi.* (complément essentiel de l'adverbe)

Le complément de l'adverbe peut se construire directement ou avec une préposition.

2) Natures du complément de l'adverbe

Cette fonction peut être exercée par :
- un groupe nominal
  Exemple : *Il est dit, **relativement** à la loi du 5 juin 1972, ...*
- un autre adverbe
  Exemple : *Elles se sont levées **très** tôt.*
- une proposition subordonnée conjonctive
  Exemple : *Elle est habillée **autrement** qu'elle ne l'était la dernière fois !*
- une proposition subordonnée relative
  Exemple : *On se souvient de lui **partout** où il est passé !*

Complément d'agent

1) Caractéristiques essentielles

Le complément d'agent apparaît dans une phrase passive. Dans ce cas, c'est le complément d'agent qui fait l'action exprimée par le verbe à la voix passive, tandis que le sujet subit l'action.

Exemple : *La cathédrale est restaurée par des peintres spécialisés.*

(Voir **Verbe**, p. 148.)

Lorsque le verbe est mis à la voix active (dans une phrase active), le complément d'agent devient son sujet.

Exemple : *Des peintres spécialisés restaurent la cathédrale.*

Le complément d'agent est une fonction facultative. On peut le supprimer.

Exemple : *La cathédrale est restaurée.*

2) Natures du complément d'agent

Cette fonction peut être exercée par :
– un nom propre
   Exemple : *Le poème sera récité par Paul et Ulysse.*
– un groupe nominal
   Exemple : *Le poème sera récité par tous les élèves de la classe.*
– un pronom
   Exemple : *Le poème sera récité par eux.*

3) Construction du complément d'agent

Le complément d'agent est le plus souvent introduit par la préposition PAR.

Exemple : *La souris a été mangée par le chat.*

Il peut aussi l'être par la préposition DE.

Exemple : *Le sapin était décoré de boules multicolores.*

Enfin, dans des tours figés, le complément d'agent est introduit par à.
Exemple : *Ce chapeau est déjà mangé aux mites.*

Complément circonstanciel

1) Caractéristiques essentielles

Cette fonction regroupe les compléments précisant les « circonstances » (temps, lieu, manière, but...) dans lesquelles une action a lieu.

Certains compléments circonstanciels sont des compléments de la phrase, mobiles. Ils sont donc facultatifs.
Exemple : *Tous les soirs, il appelle sa grand-mère.*
Il appelle sa grand-mère tous les soirs. (complément mobile)
Il appelle sa grand-mère. (complément facultatif de la phrase)

D'autres, en revanche, sont des compléments du verbe, situés à côté de ce dernier. Ils peuvent être, dans ce cas, facultatifs ou essentiels (exigés par la construction du verbe).
Exemple : *Mon frère mange vite.*
~~Vite mon frère mange.~~ (complément qui n'est pas mobile)
Mon frère mange. (complément facultatif du verbe)
Exemple : *Je vais souvent à Bruges.*
À Bruges, je vais souvent. (complément qui n'est mobile que si l'on souhaite le mettre en évidence)
~~Je vais souvent.~~ (complément essentiel du verbe)

2) Natures des compléments circonstanciels

De la phrase
La fonction de complément circonstanciel de la phrase peut être assumée par :
- un nom propre précédé d'une préposition
  Exemple : *L'euro a fait son apparition en France.*
- un nom commun précédé d'une préposition
  Exemple : *L'euro a fait son apparition sans problème.*
- un groupe nominal précédé d'une préposition
  Exemple : *L'euro a fait son apparition dans tous les pays européens.*
- un pronom, éventuellement précédé d'une préposition
  Exemple : *L'euro y a fait son apparition.*
- un infinitif précédé d'une préposition
  Exemple : *L'euro y a fait apparition sans crier gare.*
- un gérondif
  Exemple : *L'euro a fait son apparition en inondant tous les marchés.*
- un adverbe
  Exemple : *L'euro a fait son apparition avant-hier.*
- une proposition subordonnée conjonctive
  Exemple : *L'euro a fait son apparition avant que les soldes ne commencent.*
- une proposition subordonnée participiale
  Exemple : *L'euro a fait son apparition, le début de l'année arrivant.*

Du verbe
La fonction de complément circonstanciel du verbe peut être exercée par :
- un nom propre précédé d'une préposition
  Exemple : *Je me rends en Bretagne.*
- un groupe nominal précédé d'une préposition
  Exemple : *Je me rends au pays de la musique celte.*
- un pronom, éventuellement précédé d'une préposition
  Exemple : *Je m'y rends.*
- un adverbe
  Exemple : *Je m'y rends souvent.*

– une proposition subordonnée conjonctive
Exemple : *Je me rends en Bretagne **dès que j'ai deux jours de congé**.*

3) Sens des compléments circonstanciels

De la phrase
Certains d'entre eux précisent les circonstances dans lesquelles l'action se réalise :
– temps
Exemple : *Aujourd'hui, il neige.*
– lieu
Exemple : *La neige est tombée **sur tout le pays**.*
– but
Exemple : *Je me suis dépêchée **pour ne pas être en retard**.*
– moyen
Exemple : ***Avec des efforts intenses et répétés**, tu atteindras ton but.*
– cause
Exemple : ***Suite à ce mensonge**, plus personne ne voulait la croire.*
– conséquence
Exemple : *Il a plu tellement **que la Seine est en crue**.*
– concession
Exemple : ***Malgré ses efforts répétés**, il a échoué.*
– opposition
Exemple : *J'attends depuis cinq minutes **alors que, toi, tu viens d'arriver**.*
– hypothèse
Exemple : *Consultez votre dictionnaire **si vous en avez besoin**.*
– comparaison
Exemple : *Elle est partie **comme elle était venue** : sans faire de bruit.*
Tandis que d'autres précisent l'attitude de l'énonciateur :
Exemple : ***Heureusement**, il ne lui est rien arrivé.*

Du verbe
Certains sont facultatifs et précisent les circonstances dans lesquelles l'action se réalise :

– manière
Exemple : *Cet enfant écrit **parfaitement**.*
– moyen
Exemple : *J'ai écrit l'adresse **avec un stylo** à encre dorée.*
– cause
Exemple : *Beaucoup de peuples souffrent **de la guerre**.*
– accompagnement
Exemple : *Je partirai **avec toi**.*

D'autres sont essentiels et sont dictés par la construction du verbe. Ils accompagnent les verbes :
– dits « locatifs » (qui situent dans l'espace)
Exemple : *Je loge **dans un immeuble ancien**.*
– de poids, de prix, de temps
Exemple : *Ce carton pèse **cinq kilos**.*
Exemple : *Ce livre coûte **trois euros**.*
Exemple : *Ce film dure **longtemps**.*

Complément du nom

1) Caractéristiques essentielles

La fonction complément du nom est une expansion du nom commun.
Le complément du nom appartient au groupe nominal.
Il apporte une précision sur le nom ; il s'agit donc d'une fonction facultative.
Le plus souvent, le complément du nom est rattaché au nom noyau par une préposition (DE, À, EN, ENVERS…). Lorsque cette dernière est absente, elle est sous-entendue.
Exemple : *une machine **à** écrire*
Exemple : *un stylo bille* (= un stylo **à** bille)

2) Natures du complément du nom

Cette fonction peut être exercée par :
— un nom propre
   Exemple : *un costume Armani*
— un nom commun
   Exemple : *un verre de vin*
— un groupe nominal
   Exemple : *le chien de mes voisins*
— un pronom
   Exemple : *l'attitude de ceux-là*
— un infinitif
   Exemple : *la crainte de vieillir*
— un adverbe
   Exemple : *les fêtes d'autrefois*
— une préposition
   Exemple : *les voisins d'en face*
— une proposition subordonnée :
• relative
   Exemple : *l'opinion que tu te feras du film*
• conjonctive
   Exemple : *l'impression que Marie ne viendra pas*

3) Remarques

Il ne faut pas confondre le complément du nom et l'apposition.
   Exemple : *un costume Armani* (complément du nom)
Dans cet exemple, *Armani* restreint l'extension du nom noyau *costume* ; il faut sous-entendre la préposition DE.
   Exemple : *le couturier Armani* (apposition)
Ici, *Armani* est l'apposition du nom noyau *couturier* ; il y a identité entre le nom apposé et le nom noyau.
(Voir **Apposition**, p. 162.)
   Exemple : *une foule de spectateurs – une sorte de manteau*
Ces constructions doivent être analysées comme suit : déterminant indéfini (*une foule de* ; *une sorte de*) + nom commun (*spectateurs* ; *manteau*)
(Voir **Déterminant indéfini**, p. 113.)

Complément d'objet

1) Caractéristiques essentielles

Le complément d'objet est un complément essentiel du verbe (dicté par la construction du verbe).
On ne peut donc le trouver qu'après des verbes transitifs, directs ou indirects.
(Voir **Verbe**, p. 158.)
Le complément d'objet peut donc être :
— **direct** (COD) : lorsqu'il est directement rattaché au verbe, sans préposition.
Exemple : *Le chat mange la souris.*
Remarque : le complément d'objet direct de la phrase active devient le sujet dans la phrase passive.
Exemple : *La souris est mangée par le chat.*
(Voir Verbe, p. 156.)
— **indirect** (COI) : il est alors rattaché au verbe par une préposition (imposée par le verbe).
Exemple : *Il se souvient des jours heureux.*
— **second** (COS) : quand un même verbe a un complément d'objet direct et un complément d'objet indirect, ce dernier est appelé « complément d'objet second ».
Exemple : *J'offre des fleurs à ma mère.*

2) Natures du complément d'objet

La fonction complément d'objet peut être assumée par :
— un nom propre
Exemple : *Je parle à Marc.*
— un groupe nominal
Exemple : *Les dames regardaient les boutiques illuminées.*
— un pronom
Exemple : *Les dames les regardaient.*
— un infinitif
Exemple : *Ils adorent chanter.*

– une proposition subordonnée :
- conjonctive
  Exemple : *Je crois qu'ils seront nombreux.*
- interrogative indirecte
  Exemple : *Je te demande s'ils viendront.*
- infinitive
  Exemple : *Je vois les portes s'ouvrir.*
- relative
  Exemple : *Embrassez qui vous voulez.*

3) Place du complément d'objet

Le complément d'objet est placé à la droite du verbe.
Toutefois, il est antéposé dans quatre cas :
– quand il est pronom personnel conjoint
  Exemple : *Les dames les regardaient.*
(Sur la place des pronoms personnels conjoints compléments d'objet, voir **Pronom personnel**, p. 139.)
– quand il est pronom relatif
  Exemple : *Les boutiques qu'elles regardaient étaient illuminées.*
– quand il est pronom interrogatif
  Exemple : *Laquelle choisis-tu ?*
– quand il contient un déterminant interrogatif ou exclamatif
  Exemple : *Quelle robe choisis-tu ? – Quelle belle robe tu as !*

Complément du pronom

1) Caractéristiques essentielles

Il apporte une précision sur le pronom.

Le complément du pronom se construit avec une préposition, sauf lorsqu'il s'agit d'une proposition subordonnée relative.

Les pronoms complétés sont, le plus souvent, des pronoms démonstratifs (simples), interrogatifs ou indéfinis.

Dans la plupart des cas, le complément du pronom est facultatif. Toutefois, les pronoms démonstratifs simples exigent un complément.

2) NATURES DU COMPLÉMENT DU PRONOM

Cette fonction peut être exercée par :
– un nom propre
   Exemple : *Lequel de Marc et Paul préfères-tu ?*
– un groupe nominal
   Exemple : *Lequel de ces chapeaux préfères-tu ?*
– un pronom
   Exemple : *Chacun d'entre eux avait une boisson.*
– un adjectif ou un participe employé seul
   Exemple : *Ce point est aussi important que celui abordé hier.*
– un infinitif
   Exemple : *J'ai une passion ; celle de lire.*
– un adverbe
   Exemple : *Aujourd'hui, le pain est frais ; celui d'hier ne l'était pas.*
– une préposition
   Exemple : *Le voisin d'à côté est bruyant ; celui d'en face est discret.*
– une proposition subordonnée relative
   Exemple : *Choisis celle qui te plaît le plus.*

3) REMARQUE

Il ne faut pas confondre complément du pronom et épithète.
   Exemple : *Eux, inquiets, se sont soudain levés.*
Dans cet exemple, *inquiets* est épithète détachée du pronom personnel *eux*.
   Exemple : *Rien de spécial.*
Ici aussi, *spécial* est épithète – indirecte, avec la préposition DE – du pronom indéfini *rien*.
(Voir **Épithète** et **épithète détachée**, p. 180.)

Épithète et épithète détachée

1) Caractéristiques essentielles

La fonction épithète est une expansion du nom (commun ou propre), et du pronom. (Voir Remarques.)
L'épithète appartient au groupe nominal.
Elle apporte une précision sur le nom (ou le pronom) ; il s'agit donc d'une fonction facultative.

L'épithète peut être :
– **reliée directement au nom noyau, sans pause** (sans ponctuation à l'écrit) **ni préposition.**
   Exemple : *J'ai rencontré des gens* **admirables**.
L'épithète est alors souvent postposée au nom noyau.
– **séparée du nom noyau par une pause** (une virgule, des tirets ou des parenthèses à l'écrit). Dans ce cas, elle est appelée « épithète détachée » et est mobile dans la phrase.
   Exemple : *La jument,* **effrayée**, *partit au galop.*
   Exemple : **Effrayée**, *la jument partit au galop.*

2) Natures de l'épithète

La fonction épithète peut être exercée par :
– un adjectif
   Exemple : *J'ai rencontré des gens* **adorables**. (épithète)
   Exemple : **Adorables**, *ces gens lui ont proposé de l'aide.* (épithète détachée)
– un participe passé ou un participe présent employé comme adjectif
   Exemple : *Ses cheveux* **mal peignés** *lui donnaient un air étrange.* (épithète)
   Exemple : *Ses cheveux,* **mal peignés**, *lui donnaient un air étrange.* (épithète détachée)
– une proposition subordonnée relative
   Exemple : *Elle a alors prononcé un mot* **qu'il n'oubliera jamais**. (épithète)

Exemple : *Ce mot, qu'elle a prononcé en s'en allant, il ne l'oubliera jamais.* (épithète détachée)

3) REMARQUES

Il ne faut pas confondre épithète et apposition. L'épithète, en effet, évoque une propriété passagère du nom noyau, tandis que l'apposition est co-référente au nom noyau.
(Voir **Apposition**, p. 162.)
Lorsque l'épithète (non détachée) a pour mot support un pronom, elle se construit avec la préposition DE.
Exemple : *Rien de spécial ?*

Sujet

1) CARACTÉRISTIQUES ESSENTIELLES

Le sujet est, dans la phrase, une fonction essentielle, à côté du verbe. Il est le thème de la phrase, ce dont on parle, le prédicat (ce que l'on en dit) étant le verbe.
Exemple : *Les hirondelles chantent.* (les hirondelles = thème ; chantent = prédicat)

Dans la phrase active, le sujet fait l'action exprimée par le verbe ; dans la phrase passive, il la subit.

Le verbe s'accorde obligatoirement avec son sujet, en personne, en nombre et, lorsqu'il est au participe passé, en genre.

À la différence d'autres fonctions, le sujet n'est pas facultatif.
Exemple : *Les hirondelles chantent dès que le printemps est là.*
~~*Chantent dès que le printemps est là.*~~
Toutefois, le sujet n'apparaît pas :
– dans les phrases non verbales
Exemple : *Tant pis !*
– quand le verbe est à l'impératif
Exemple : *Chante. / Ne chante pas.*

– dans des expressions figées comme :
Exemple : *Advienne que pourra. – Si bon vous semble...*
Remarque : Quand plusieurs verbes, juxtaposés ou coordonnés, ont un même sujet, il n'est généralement pas répété.
Exemple : *Il passera chez le libraire, puis ira au cinéma.*

2) NATURES DU SUJET

Cette fonction peut être exercée par :
– un nom propre
Exemple : *Alice rit.*
– un nom commun, rarement
Exemple : *Pierre qui roule n'amasse pas mousse.*
– un groupe nominal
Exemple : *Les élèves rient.*
– un pronom
Exemple : *Ils rient.*
– un infinitif
Exemple : *Fumer est dangereux pour la santé.*
– une proposition subordonnée :
• conjonctive
Exemple : *Qu'il ne soit pas venu ne m'étonne pas du tout.*
• relative
Exemple : *Qui m'aime me suive !*

3) PLACE DU SUJET

Le sujet se trouve à la gauche du verbe.
Cependant, il est postposé :
– dans certaines phrases interrogatives
Exemple : *Que fait-il de ses dix doigts ?*
(Voir **Types de phrases**, p. 194.)
– dans certaines phrases exclamatives
Exemple : *Sont-ils mignons !*
(Voir **Types de phrases**, p. 196.)
– dans les propositions incises
Exemple : *« Je n'ai pas faim ! », s'exclama-t-elle.*

– après certains adverbes
Exemple : *Ci-gît **Charles Baudelaire**. – Peut-être est-**elle** déjà couchée.*

Le sujet est parfois représenté par deux éléments. C'est le cas :
– dans les phrases interrogatives, lorsque le sujet est un nom propre ou un groupe nominal
Exemple : ***Pierre** est-il là ?*
Exemple : ***Les hirondelles** chantent-elles ?*
– lorsque l'on souhaite mettre le sujet en évidence.
Exemple : *J'irai la voir, **moi**.*

4) SUJET APPARENT ET SUJET RÉEL

Certains grammairiens distinguent « sujet apparent » et « sujet réel ». Cette distinction ne concerne que les verbes impersonnels.
Exemple : *Il paraît **qu'il est malade**.*
Dans ce cas, le pronom impersonnel *il* est appelé « sujet apparent » du verbe *paraît*, le « sujet réel » étant la proposition subordonnée conjonctive *qu'il est malade*.
(Voir **Verbe**, p. 158.)

Chapitre 3

La phrase

Énonciation

1) ÉNONCIATION ET ÉNONCÉ

L'énonciation, c'est le fait de communiquer avec une ou plusieurs personnes, à un moment précis et en un endroit précis.
L'énoncé, c'est le mot ou la suite de mots (la phrase) émis par celui qui parle ou écrit.

    Exemple : « *Bonjour !* » et « *N'oublieras-tu pas l'anniversaire de Maman, dimanche prochain ?* » sont des énoncés.

2) SITUATION D'ÉNONCIATION

La situation d'énonciation est définie par
– le locuteur (appelé aussi « énonciateur » ou « émetteur »), celui qui parle ou écrit,
– l'interlocuteur (ou « destinataire », ou « récepteur »), celui à qui l'on parle ou écrit,
– le moment où l'énoncé est produit

– le lieu où il est produit
– tous les êtres ou objets présents dans la situation d'énonciation.

3) INDICES DE LA SITUATION D'ÉNONCIATION

Certains mots, appelés « indices », présentent la particularité d'évoquer l'un des éléments de la situation d'énonciation.
Exemple : *Maintenant, tu sais, je me suis fait beaucoup d'amis, ici.*
Dans cet exemple :
– les pronoms personnels JE et ME renvoient au locuteur
– le pronom personnel TU réfère à l'interlocuteur
– l'adverbe MAINTENANT renvoie au moment de l'énonciation
– l'adverbe ICI désigne le lieu de l'énonciation.
Exemple : *Ouvre cette fenêtre.*
Dans la phrase ci-dessus, le déterminant démonstratif CETTE réfère à un objet présent dans la situation d'énonciation. Ces pronoms, adverbes et déterminant ont donc une valeur déictique.
Ainsi, certains textes sont ancrés dans la situation d'énonciation. C'est le cas des conversations, des dialogues, des lettres, des journaux intimes, des messages publicitaires...
D'autres sont coupés de la situation d'énonciation : romans, nouvelles, contes, fables, ouvrages historiques...

Négation

1) CARACTÉRISTIQUES ESSENTIELLES

La négation peut porter sur divers éléments : nom, groupe nominal, pronom, adjectif, participe passé employé seul, verbe, préposition, adverbe, proposition.
Exemple : *Cette affirmation est un **non**-sens.*
Exemple : *C'était une femelle, **non** un mâle !*
Exemple : *C'est le mien, **non** le tien !*
Exemple : *Il a reçu une somme **non** négligeable.*
Exemple : *Attendez-vous à une dictée **non** préparée.*
Exemple : *Ils **n'**avaient **jamais** entendu pareille sottise.*

Exemple : *Les alpinistes atteignirent le sommet, **non** sans peine.*
Exemple : *On pouvait voir, **non** loin de là, les ruines d'un château.*
Exemple : *Elle éclata en sanglots, **sans** qu'elle sache vraiment pourquoi.*

La négation est obtenue, très généralement, par la présence d'un adverbe de négation.
Mais la langue dispose d'autres moyens, pour nier. C'est le cas de certains déterminants ou pronoms indéfinis, de certaines prépositions ou conjonctions, des préfixes privatifs.
Enfin, certains mots ont, intrinsèquement, un sens négatif.

2) Adverbes de négation

NE peut s'employer seul ou être accompagné d'autres mots.
Il peut aussi avoir une valeur négative très affaiblie (NE explétif).

NE marque seul la négation :
— dans des tours figés
Exemple : *Qu'à cela **ne** tienne, je viendrai.*
— après le pronom interrogatif / exclamatif QUE
Exemple : *Que **ne** l'as-tu pas dit plus tôt ?*
— après des verbes comme SAVOIR et AVOIR, suivi de QUE et d'un infinitif.
Exemple : *Je **ne** sais que faire.*
Exemple : *Je **n'**en ai que faire de cette histoire.*

NE est accompagné :
— d'adverbes : PAS, POINT, GUÈRE, PLUS, JAMAIS, NULLEMENT, AUCUNEMENT, NULLE PART.
Exemple : *Ils **n'**iront **pas** / **point** / **plus** / **jamais** / **nullement** / **aucunement** à Biarritz.*
Exemple : *Ils **n'**iront **nulle part.***
Exemple : *Ils **ne** partaient **guère.***
— de déterminants indéfinis : AUCUN, NUL
Exemple : *Ils **n'**avaient **aucun** / **nul** désir de partir.*
— de pronoms indéfinis : PERSONNE, RIEN, AUCUN
Exemple : *Ils **ne** souhaitaient voir **personne.***

Exemple : *Rien ne leur plaisait tant que leur chez-soi.*
Remarques :
* Certains de ces adverbes, déterminants et pronoms peuvent exprimer la négation, même s'ils ne sont pas accompagnés de NE et ce, notamment, dans les phrases non verbales.
Exemple : « *Où vas-tu ? – Nulle part.* »
Exemple : « *Quel devoir as-tu déjà fait ? – Aucun.* »
Exemple : « *Qu'as-tu fait de ton après-midi ? – Rien.* »
* À l'oral et dans la langue familière, NE est souvent omis.
Exemple : « *Quand tes parents rentrent-ils ? – Je sais pas.* »
– de QUE
Exemple : *Ils ne voyaient que leurs enfants.*
Dans ce cas, la négation est restreinte ; elle ne porte que sur l'élément précédé de QUE.
– de la conjonction de coordination NI
Exemple : *Je n'ai ni cigare ni cigarette à vous offrir.*

NE est explétif lorsque sa valeur négative est faible ; son expression est alors facultative.
C'est le cas dans les propositions subordonnées conjonctives :
– après des mots exprimant :
• la crainte
Exemple : *Elle s'est tue de peur qu'il ne se fâche.*
• le doute ou la négation construits négativement ou interrogativement
Exemple : *Je ne doutais pas un seul instant que cet enfant ne dise la vérité.*
Exemple : *Nies-tu que ce ne soit lui qui t'ait entraîné ?*
• la comparaison (inégalité)
Exemple : *Il est moins intelligent que ne l'est son frère.*
• la concession, après À MOINS QUE
Exemple : *J'irai te voir, à moins que tu ne puisses te déplacer.*
• l'antériorité, après AVANT QUE
Exemple : *Elle avait tout préparé avant qu'il n'arrive.*

NON peut s'employer seul, être accompagné de l'adverbe PAS ou être à lui seul un énoncé.
Employé seul, il peut porter sur :

– un nom
   Exemple : *L'accusé bénéficia d'un **non**-lieu.*
– un groupe nominal
   Exemple : *Je vous ai demandé une limonade, **non** une oran-
             geade !*
– un pronom
   Exemple : *C'est la sienne, **non** la tienne ; rends-la-lui !*
– un adjectif
   Exemple : *Il a été déclaré **non** coupable.*
– un participe passé employé seul
   Exemple : *Vous avez remis un travail **non** abouti.*
– une préposition
   Exemple : *Elle y est arrivée **non** sans peine.*
– un adverbe.
   Exemple : *Une petite rivière coulait **non** loin de là.*
Il peut aussi se combiner avec PAS.
   Exemple : *C'est à lui que je parle, et **non pas** à toi.*
Enfin, il apparaît comme mot unique d'une phrase non verbale.
   Exemple : *« As-tu mal quelque part ? – **Non**. »*

3) Préposition négative SANS

SANS peut exprimer à lui seul la négation.
   Exemple : *Ils participent à la fête **sans** y avoir été invités.*
Il peut aussi se combiner avec NON.
   Exemple : *Elle y est arrivée **non sans** mal.*

4) Locution conjonctive SANS QUE

SANS QUE peut aussi exprimer la négation à lui seul. L'adverbe NE est,
dans ce cas, très souvent facultatif.
   Exemple : *Ils participent à la fête **sans qu'**ils soient invités.*

5) Préfixes négatifs

Les principaux préfixes de négation sont A-, DIS-, IN- et MÉ-.
A- porte sur des noms ou des adjectifs

Exemple : *la tonalité / l'atonalité ; la pesanteur / l'apesanteur*
Exemple : *social / asocial ; moral / amoral*
DIS- porte aussi sur des noms ou des adjectifs.
Exemple : *la continuité / la discontinuité ; l'harmonie / la dishar-monie*
Exemple : *courtois / discourtois ; semblable / dissemblable*
IN-, IM-, IL- et IR-
Exemple : *la discipline / l'indiscipline ; la tolérance / l'intolérance*
Exemple : *correct / incorrect ; habituel / inhabituel*
Exemple : *la pudeur / l'impudeur ; la précision / l'imprécision*
Exemple : *prononçable / imprononçable ; moral / immoral*
Exemple : *logique / illogique ; lisible / illisible*
Exemple : *le respect / l'irrespect ; la réflexion / l'irréflexion*
Exemple : *réel / irréel ; réalisable / irréalisable*
Ces préfixes se combinent la plupart du temps avec des noms communs ou des adjectifs.
DÉ(S)-
Exemple : *la nutrition / la dénutrition ; l'honneur / le déshonneur*
Exemple : *raisonnable / déraisonnable ; agréable / désagréable*
Exemple : *régler / dérégler ; habiller / déshabiller*
MÉ-
Exemple : *l'entente / la mésentente ; l'intelligence / la mésintel-ligence*
Exemple : *content / mécontent*
Exemple : *connaître / méconnaître ; se fier / se méfier*
Ces deux préfixes portent, eux, sur des noms communs, des adjectifs ou des verbes.

6) MOTS INTRINSÈQUEMENT NÉGATIFS

Enfin, certains mots ont, en eux-mêmes, un sens négatif.
Exemple : *le jeûne* (le fait de ne pas manger) – *la veille* (le fait de ne pas dormir)
Exemple : *absent* (qui n'est pas là) – *absurde* (qui n'est pas sensé)
Exemple : *taire* (ne pas dire) – *refuser* (ne pas consentir à)

Phrase : simple et complexe

1) Caractéristiques essentielles

La phrase simple est constituée d'une seule proposition ; elle contient un seul syntagme sujet + verbe. Cette proposition est donc indépendante : elle ne dépend d'aucune autre proposition et aucune autre ne dépend d'elle.

Exemple : *Tu iras au cinéma demain.* (sujet = *tu* + verbe = *iras*)

La phrase complexe est constituée de plusieurs propositions ; elle contient plusieurs syntagmes sujet + verbe.

Exemple : *Le guide qui nous accompagnait fut très apprécié de tous et les touristes espagnols le remercièrent chaleureusement.*

Cette phrase est complexe, puisqu'elle contient trois propositions :
1) *le guide fut très apprécié de tous* (sujet = *le guide* + verbe = *fut apprécié*)
2) *qui nous accompagnait* (sujet = *qui* + verbe = *accompagnait*)
3) *les touristes espagnols le remercièrent chaleureusement* (sujet = *les touristes espagnols* + verbe = *remercièrent*)

2) Phrase complexe

Pour former une phrase complexe, les propositions peuvent être reliées de diverses façons.

Elles sont reliées par juxtaposition, à l'aide d'un signe de ponctuation (virgule, deux points, point-virgule). Dans ce cas, les deux propositions sont indépendantes : elles sont d'égale importance, aucune ne dépend de l'autre, et l'une ou l'autre pourrait être supprimée.

Exemple : *Tout était calme, je m'endormis.*
Tout était calme. / Je m'endormis.

Elles sont reliées par coordination lorsque le mot-outil est une conjonction de coordination. Dans ce cas aussi, les deux propositions sont indépendantes : elles sont d'égale importance, aucune ne dépend de l'autre, et l'une ou l'autre peut être supprimée.

Exemple : *Tout était calme et je m'endormis.*
Tout était calme. / Je m'endormis.

Lorsqu'elles sont reliées par subordination, l'une des propositions – la proposition subordonnée – dépend de l'autre – la proposition principale. En effet, la proposition subordonnée ne peut fonctionner sans la proposition principale.

Exemple : *Lorsque tout fut calme, je m'endormis.*
~~Lorsque tout fut calme.~~

(Voir Propositions subordonnées conjonctive, p. 198 ; infinitive, p. 204 ; interrogative indirecte, p. 205 ; participiale, p. 208 ; et relative, p. 209.)

La proposition subordonnée peut être introduite par un mot-outil :
– une conjonction de subordination
Exemple : *Je m'endormis lorsque tout fut calme.*
La proposition subordonnée est alors appelée « conjonctive ».

– un pronom relatif
Exemple : *Le guide qui nous accompagnait fut très apprécié de tous.*
La proposition subordonnée est appelée « relative ».

– un mot (déterminant, pronom ou adverbe) interrogatif
Exemple : *Maman te demande quelle robe tu vas mettre.*
Exemple : *Maman te demande qui tu as invité.*
Exemple : *Maman te demande pourquoi tu n'es pas venue.*
La proposition subordonnée est appelée « interrogative indirecte ».

En outre, il existe des propositions subordonnées qui ne sont introduites par aucun mot-outil.
– La proposition subordonnée « infinitive » est constituée d'un verbe à l'infinitif, accompagné d'un thème qu'il ne partage avec aucun autre verbe.
Exemple : *J'entends chanter les oiseaux.* (le thème de *chanter, les oiseaux,* n'est le thème d'aucun autre verbe)

– La proposition subordonnée « participiale » est constituée d'un verbe au participe passé ou présent, accompagné d'un thème qu'il ne partage avec aucun autre verbe.

Exemple : *Les grilles s'ouvrant, les clients se précipitèrent dans le magasin.* (le thème de *s'ouvrant, les grilles,* n'est le thème d'aucun autre verbe)

Remarque : Les exemples ci-dessous sont des phrases simples ; elles ne contiennent qu'une seule proposition.

Exemple : *J'adore lire le soir.*

Dans cette phrase, l'infinitif *lire* partage son thème *j'* avec un autre verbe, *adore.* Il n'y a donc pas de proposition subordonnée infinitive.

Exemple : *S'impatientant, le candidat perdit son sang-froid.*

Dans cet exemple, le participe présent, *s'impatientant,* partage son thème, *le candidat,* avec un autre verbe, *perdit.* Il n'y a donc pas de proposition subordonnée participiale.

Tableau récapitulatif

	Proposition	« Outil »	Proposition
Juxtaposition	indépendante	signe de ponctuation	indépendante
Coordination	indépendante	conjonction de coordination	indépendante
Subordination	principale	conjonction de subordination	subordonnée conjonctive
	principale	pronom relatif	subordonnée relative
	principale	mot interrogatif	subordonnée interrogative indirecte
	principale	/	subordonnée infinitive
	principale	/	subordonnée participiale

Types de phrases

1) CARACTÉRISTIQUES ESSENTIELLES

Lorsqu'une phrase est émise (prononcée ou écrite) dans une situation d'énonciation précise, elle devient un énoncé. L'énonciateur manifeste son attitude, vis-à-vis de son énoncé. (Voir Énonciation, p. 184.)
Quatre attitudes sont possibles, auxquelles correspondent les quatre types de phrases :
a) L'énonciateur **présente un énoncé comme vrai** et en informe éventuellement son interlocuteur. La phrase est alors déclarative.
Exemple : *Bénédicte fait consciencieusement ses devoirs.*
b) L'énonciateur **présente un énoncé qui n'est ni vrai ni faux** et demande une information à l'interlocuteur. La phrase est interrogative.
Exemple : *Bénédicte fait-elle consciencieusement ses devoirs ?*
c) L'énonciateur **exprime sa volonté** (ordre, prière, conseil) et entend que l'interlocuteur agisse ou se garde d'agir. La phrase est impérative.
Exemple : *Fais tes devoirs consciencieusement.*
d) L'énonciateur **exprime ses sentiments** (admiration, contentement, colère...). La phrase est exclamative.
Exemple : *Pour une fois, fais tes devoirs consciencieusement !*

2) PHRASE DÉCLARATIVE

La phrase déclarative se termine par un point (.).

Dans la phrase déclarative, l'ordre des mots est généralement le suivant : sujet + verbe + compléments d'objet. Toutefois, cet ordre peut être modifié :
– lorsque la phrase commence par des adverbes comme AINSI, À PEINE, PEUT-ÊTRE...
Exemple : *Ainsi faisait-elle consciencieusement ses devoirs.* (verbe + sujet)
– quand il s'agit d'une incise
Exemple : *Elle faisait consciencieusement ses devoirs, m'a-t-elle dit.* (verbe + sujet)

— quand un pronom personnel complément du verbe s'intercale entre le sujet et le verbe
Exemple : *Elle les faisait consciencieusement.* (sujet + COD + verbe)

3) Phrase interrogative

La phrase interrogative se termine par un point d'interrogation (?).

On distingue :
— l'interrogation totale, à laquelle on peut répondre par « oui » ou « non », et dans laquelle il n'y a pas de mot interrogatif.
Exemple : *Bénédicte fait-elle consciencieusement ses devoirs ?*
— l'interrogation partielle, à laquelle on ne peut pas répondre par « oui » ou « non ».
Elle porte sur un élément précis de la phrase, représenté par un mot interrogatif.
Exemple : ***Quand*** *Bénédicte compte-t-elle faire ses devoirs ?*

Dans la phrase interrogative, l'ordre des mots est généralement le suivant : (mot interrogatif) + verbe + sujet

Dans l'interrogation totale, la postposition peut être simple ou complexe.
— Elle est simple lorsque le sujet est un pronom personnel ou le pronom démonstratif CE.
Exemple : *Fait-elle ses devoirs ?*
Exemple : *Est-ce Bénédicte que je vois ?*
— Elle est complexe dans les autres cas ; le sujet se trouve alors avant le verbe et est repris par un pronom personnel.
Exemple : ***Bénédicte*** *fait-elle ses devoirs ?* (sujet + verbe + reprise du sujet)

Dans l'interrogation partielle, trois cas de figure sont possibles :
— Il n'y a pas de postposition si la question porte sur le sujet
Exemple : *Qui a offert ces fleurs à grand-mère ?* (sujet + verbe + compléments d'objet)
— La postposition est simple :
• après les pronoms interrogatifs QUE, QUI (attribut), QUEL, QUELLE, QUELS, QUELLES, LEQUEL et les autres formes composées.

Exemple : *Que fait **Bénédicte** ?*
Exemple : *Qui est **Bénédicte** ?*
Exemple : *Quelle est **cette fille** ?*
Exemple : *Lesquels choisit-elle ?* (mot interrogatif + verbe + sujet)
(Voir **Pronom interrogatif**, p. 137.)

• après les adverbes et déterminants interrogatifs, lorsque le sujet est un pronom personnel ou le pronom démonstratif CE.

Exemple : *Quand compte-t-elle faire ses devoirs ?*
Exemple : *Quel devoir est-ce ?* (mot interrogatif + verbe + sujet)
(Voir **Adverbe** et **Déterminant interrogatif**, p. 116.)

– La postposition est complexe dans les autres cas.

Exemple : *Quand **Bénédicte** compte-t-elle faire ses devoirs ?*
Exemple : *Quels devoirs **Bénédicte** fait-elle ?* (mot interrogatif + sujet + verbe + reprise du sujet)

Remarques :

1) Après EST-CE QUE, l'ordre sujet + verbe est maintenu.

Exemple : *Est-ce que Bénédicte fait ses devoirs consciencieusement ?*

2) À l'oral, l'ordre des mots est souvent celui de la phrase déclarative.

Exemple : *Bénédicte a fait ses devoirs ?* (sujet + verbe)

4) PHRASE IMPÉRATIVE

La phrase impérative se termine par un point (.).

Le mode du verbe de la phrase impérative varie selon la personne à laquelle l'énonciateur s'adresse. La présence ou non du sujet est aussi liée à ce critère. Trois cas sont possibles :

– L'énonciateur s'adresse à un interlocuteur précis. Le verbe est alors conjugué à l'impératif et le sujet n'est pas exprimé.

Exemple : *Fais tes devoirs.* (2e personne du singulier)
Exemple : *Faisons nos devoirs.* (1re personne du pluriel)
Exemple : *Faites vos devoirs.* (2e personne du pluriel)

– L'énonciateur s'adresse à un tiers. Le verbe est au subjonctif (précédé de QUE) et le sujet est exprimé.

Exemple : *Qu'elle fasse ses devoirs.* (3e personne du singulier)
Exemple : *Qu'ils fassent leurs devoirs.* (3e personne du pluriel)

– L'énonciateur s'adresse à un interlocuteur indéterminé. Le verbe est, dans ce cas, à l'infinitif (sans sujet).
Exemple : *Prendre une casserole à fond épais.*

5) Phrase exclamative

À l'écrit, la phrase exclamative se termine par un point d'exclamation (!).
À l'oral, elle est marquée par l'intonation.

Dans la phrase exclamative, l'ordre des mots est généralement le suivant : sujet + verbe.
Exemple : *Quelle idiote je suis !*
Toutefois, quand il n'y a pas de mot exclamatif, les pronoms personnels et le pronom démonstratif CE, sujets, sont postposés.
Exemple : *Suis-je bête !*
Exemple : *Est-ce bête !* (verbe + sujet)

La phrase exclamative peut être non verbale.
Exemple : *Quelle idiote !*
Exemple : *Pouet-pouet !* (interjection)

Le verbe de la phrase exclamative peut être à l'indicatif, au subjonctif ou à l'infinitif.

6) Remarque

La modalité exclamative, traduisant l'affectivité de l'énonciateur, peut se combiner avec les autres modalités. Ainsi, certaines phrases déclaratives, interrogatives ou impératives peuvent-elles être aussi exclamatives.
Exemple : *Je ne le répéterai pas !* (phrase déclarative et exclamative)
Exemple : *Tu as eu un 20 / 20 ?!* (phrase interrogative et exclamative)
Exemple : *Pour la dernière fois, fais tes devoirs !* (phrase impérative et exclamative)

Phrase : verbale et non verbale

La phrase peut être constituée d'un ou de plusieurs mots, quel que soit son type.

Exemple : *Merci. – Comment ? – Viens. – Bonjour !*

Exemple : *Tu n'oublieras pas l'anniversaire de Maman, dimanche prochain.*

N'oublieras-tu pas l'anniversaire de Maman, dimanche prochain ?

N'oublie pas l'anniversaire de Maman, dimanche prochain.

N'oublie pas l'anniversaire de Maman, dimanche prochain !

Remarque : Certains grammairiens distinguent « phrase » et « énoncé ».

Ils considèrent, en effet, que la caractéristique essentielle de la phrase est d'être constituée d'éléments qui exercent une fonction autour du verbe. La phrase est donc grammaticalement analysable et compréhensible en dehors de toute situation d'énonciation.

L'énoncé est, quant à lui, le mot ou la suite de mots (la phrase) émis par le locuteur, dans une situation d'énonciation précise.

Par conséquent, toute suite de mots sans verbe est appelée « énoncé » et non pas « phrase ».

(Voir Énonciation, p. 184.)

La phrase est verbale lorsqu'elle contient au moins un verbe conjugué.

Exemple : *Viens.*

Exemple : *Il passera chez le libraire puis ira au cinéma.*

Exemple : *Le guide qui nous accompagnait fut très apprécié de tous et les touristes espagnols le remercièrent chaleureusement.*

La phrase simple est non verbale quand elle ne contient pas de verbe conjugué.

– On la trouve surtout à l'oral, dans les phrases interrogatives et exclamatives.

Exemple : *Pardon ? Comment ? Quoi ? Partir ? Jamais !*

Exemple : *Quel tableau superbe !*

Exemple : *Quels champions, ces Bleus !*

– Elle apparaît aussi à l'écrit, dans :

• les titres
Exemple : *Inondations en Dordogne.*

• les notices
Exemple : *Manipuler avec précaution.*

• les didascalies
Exemple : *Antigone, côté cour.*

Proposition subordonnée conjonctive

1) Caractéristiques essentielles

La proposition subordonnée conjonctive est introduite par une conjonction de subordination, qui n'y exerce aucune fonction.
(Voir Conjonction de subordination, p. 107.)
Remarque : Bien que conjonction de subordination, SI, parfois appelé « adverbe interrogatif », peut aussi introduire des propositions subordonnées interrogatives indirectes.
(Voir Proposition subordonnée interrogative indirecte, p. 205.)

Dans la proposition subordonnée conjonctive, la conjonction de subordination enchâsse la proposition subordonnée dans la principale et établit une démarcation entre ces deux propositions.

Exemple : *Je m'endormis / lorsque tout fut calme.*

2) Fonctions de la proposition subordonnée conjonctive

Cette proposition peut exercer les fonctions suivantes :
– sujet
Exemple : **Qu'il ne soit pas venu** *ne m'étonne pas du tout.*

– attribut du sujet
Exemple : *L'essentiel est que tous les enfants participent au voyage.*

– complément d'objet direct
Exemple : *Je crois qu'ils seront nombreux.*

– complément d'objet indirect
Exemple : *Je m'attends à ce qu'il ne vienne pas.*

– apposition
Exemple : *Je n'ai qu'un souhait, que cette année soit bonne.*

– complément du nom
Exemple : *J'ai l'impression que Marie ne viendra pas.*

– complément de l'adjectif
Exemple : *Les parents étaient mécontents de ce que leur enfant avait pu faire.*

– complément circonstanciel :

• de temps
Exemple : *L'euro a fait son apparition quand les soldes ont commencé.*

• de but
Exemple : *Je me suis pressée pour que tu ne doives pas m'attendre.*

• de cause
Exemple : *Je me suis pressée parce que je savais que tu m'attendais.*

• d'opposition
Exemple : *Je me suis pressée alors que, toi, tu as pris tout ton temps !*

• de concession
Exemple : *Bien que je me sois pressée, je suis en retard.*

• d'hypothèse
Exemple : *Consultez votre dictionnaire si vous en avez besoin.*

de conséquence
Exemple : *Il a plu tellement que la Seine est en crue.*

• de comparaison
Exemple : *Elle est partie comme elle était venue : sans faire de bruit.*

3) MODES ET TEMPS DANS LA PROPOSITION SUBORDONNÉE CONJONCTIVE INTRODUITE PAR QUE ET LES LOCUTIONS CONTENANT QUE

Le verbe de la proposition subordonnée conjonctive peut se mettre à l'indicatif ou au subjonctif.

Le subjonctif étant le mode du possible, il sera utilisé chaque fois que l'action est incertaine, c'est-à-dire :

– après des verbes ou des mots exprimant le doute, la volonté, un sentiment (crainte, regret, contentement, indignation...)

Exemple : *Je doute qu'il soit à l'heure.* (doute)

Exemple : *Je veux qu'il soit à l'heure.* (volonté)

Exemple : *Je suis contente qu'il soit à l'heure.* (sentiment)

– après une proposition principale interrogative ou négative

Exemple : *Crois-tu qu'il soit à l'heure ?* (principale interrogative)

Exemple : *Je ne suis pas certaine qu'il soit à l'heure.* (principale négative)

– quand la proposition subordonnée conjonctive est un complément circonstanciel :

• de temps qui marque l'antériorité

Exemple : *Je serai là avant que tu ne t'en ailles.*

• de concession

Exemple : *On voit encore la lune, quoiqu'il soit déjà tard.*

• de but

Exemple : *Installez-vous afin que tous puissent voir l'écran.*

• d'hypothèse

Exemple : *Nous vous accompagnerons pour peu que nous soyons invités.*

– quand la proposition subordonnée conjonctive est en tête de phrase et exerce la fonction de sujet ou de complément d'objet.

Exemple : *Qu'il soit en retard est possible.* (sujet, en tête de phrase)

Exemple : *Qu'il ait eu tort, il le sait.* (COD, en tête de phrase)

L'indicatif sera utilisé dans les autres cas.

3. La phrase : proposition subordonnée conjonctive

Un phénomène de concordance des temps s'opère, entre le verbe de la proposition principale et celui de la proposition subordonnée conjonctive.
Cette concordance se fait comme suit :

Verbe de la proposition principale	Verbe de la proposition subordonnée conjonctive à l'**indicatif**		
	Antériorité	Simultanéité	Postériorité
Présent	Passé composé	Présent	Futur simple
Exemple : *Je crois*	*qu'elle est partie.*	*qu'elle part.*	*qu'elle partira.*
Futur simple			
Exemple : Je croirai	*qu'elle est partie.*	*qu'elle part.*	*qu'elle partira.*
Imparfait	Plus-que-parfait	Imparfait	Conditionnel présent
Exemple : *Je croyais*	*qu'elle était partie.*	*qu'elle partait.*	*qu'elle partirait.*
Passé simple			
Exemple : *Je crus*	*qu'elle était partie.*	*qu'elle partait.*	*qu'elle partirait.*
Passé composé			
Exemple : *J'ai cru*	*qu'elle était partie.*	*qu'elle partait.*	*qu'elle partirait.*
Conditionnel passé			
Exemple : *J'aurais cru*	*qu'elle était partie.*	*qu'elle partait.*	*qu'elle partirait.*

Verbe de la proposition principale	Verbe de la proposition subordonnée conjonctive au **subjonctif**		
	Antériorité	Simultanéité	Postériorité
Présent	Passé	Présent	Présent
Exemple : *Je veux*	*qu'elle soit partie.*	*qu'elle parte.*	*qu'elle parte.*
Futur simple			
Exemple : *Je voudrai*	*qu'elle soit partie.*	*qu'elle parte.*	*qu'elle parte.*
Imparfait	Plus-que-parfait	Imparfait	Imparfait
Exemple : *Je voulais*	*qu'elle fût partie.*	*qu'elle partît.*	*qu'elle partît.*
Passé simple			
Exemple : *Je voulus*	*qu'elle fût partie.*	*qu'elle partît.*	*qu'elle partît.*
Passé composé			
Exemple : *J'ai voulu*	*qu'elle fût partie.*	*qu'elle partît.*	*qu'elle partît.*
Conditionnel présent			
Exemple : *Je voudrais*	*qu'elle fût partie.*	*qu'elle partît.*	*qu'elle partît.*
Conditionnel passé			
Exemple : *J'aurais voulu*	*qu'elle fût partie.*	*qu'elle partît.*	*qu'elle partît.*

4) Mode et temps dans la proposition subordonnée conjonctive introduite par SI

Le verbe de la proposition subordonnée conjonctive introduite par si se met toujours à l'indicatif.

Dans ce cas, c'est le temps du verbe de la proposition subordonnée conjonctive qui dicte celui du verbe de la proposition principale.

La concordance s'opère comme suit :

Verbe de la proposition subordonnée conjonctive	Verbe de la proposition principale		
Présent	Présent	ou	Futur simple
Exemple : *Si tu y vas,*	*je t'accompagne.*		*je t'accompagnerai.*
Imparfait	Conditionnel présent		
Exemple : *Si tu y allais,*	*je t'accompagnerais.*		
Plus-que-parfait	Conditionnel passé		
Exemple : *Si tu y étais allée,*	*je t'aurais accompagnée.*		

Remarque : Le verbe de la proposition subordonnée conjonctive se met :
– au présent, s'il est possible que l'action se réalise dans le présent de l'énonciateur
   Exemple : *Si tu y vas, je t'accompagne.* (équivaut à « si tu y vas maintenant... »)
– à l'imparfait, s'il est possible que l'action se réalise dans l'avenir de l'énonciateur
   Exemple : *Si tu y allais, je t'accompagnerais.* (équivaut à « si tu décides d'y aller »)
– au plus-que-parfait, si l'action était possible dans le passé mais qu'elle ne s'est finalement pas réalisée
   Exemple : *Si tu y étais allée, je t'aurais accompagnée.* (équivaut à « tu aurais pu y aller, mais tu ne l'as finalement pas fait »)

5) MODE DANS LA PROPOSITION SUBORDONNÉE CONJONC-TIVE INTRODUITE PAR COMME

Le verbe de la proposition subordonnée conjonctive introduite par COMME se met à l'indicatif.
   Exemple : *Comme le professeur est absent, les élèves s'en vont.*

6) MODE DANS LA PROPOSITION SUBORDONNÉE CONJONC-TIVE INTRODUITE PAR QUAND

Le verbe de la proposition subordonnée conjonctive introduite par QUAND se met à l'indicatif (puisqu'elle indique une simultanéité ou une postériorité par rapport à la proposition principale).
   Exemple : *J'ouvrais la porte quand le téléphone sonna.* (simultanéité)
   Exemple : *Quand Marie-Laure est arrivée, il était parti.* (postériorité)

Proposition subordonnée infinitive

1) CARACTÉRISTIQUES ESSENTIELLES

La proposition subordonnée infinitive n'est introduite par aucun mot subordonnant.
Elle est directement (sans préposition) rattachée au verbe de la proposition principale.
   Exemple : *J'entends chanter les oiseaux.*

La proposition subordonnée infinitive contient un verbe à l'infinitif et son thème (on ne peut parler ici de sujet), qu'il ne partage avec aucun autre verbe.
Dans l'exemple ci-dessus, *chanter* a un thème, *les oiseaux*, à lui seul ; il ne le partage pas avec *entends*. Ce ne sont, en effet, pas *les oiseaux* qui entendent !
Remarque : Exemple : *J'adore lire le soir.*
Dans ce cas, il n'y a pas de proposition subordonnée infinitive, puisque l'infinitif partage son thème avec le verbe de la proposition principale. C'est moi qui *adore* et c'est moi qui *lis.*

Ce thème du verbe peut précéder ou suivre le verbe à l'infinitif.
   Exemple : *J'entends les oiseaux chanter.* / *J'entends chanter les oiseaux.*

Enfin, la proposition subordonnée infinitive apparaît après :
– des verbes de perception (VOIR, ENTENDRE, SENTIR...)
   Exemple : *Je regarde les enfants jouer.*
   Exemple : *J'entends la sonnerie retentir.*
   Exemple : *Je sens de bonnes odeurs monter de la cuisine.*
– les verbes FAIRE et LAISSER
   Exemple : *La maîtresse a fait se ranger les élèves deux par deux.*
   Exemple : *La maîtresse a laissé les élèves s'égailler dans la cour.*

2) Fonction de la proposition subordonnée infinitive

Elle ne peut être que **complément d'objet direct** du verbe de la proposition principale.

Proposition subordonnée interrogative indirecte

1) Caractéristiques essentielles

La proposition subordonnée interrogative indirecte peut être introduite par SI ou par les déterminants, adverbes et pronoms interrogatifs.

Elle apparaît après des verbes qui expriment ou suggèrent une recherche d'information (verbes d'interrogation, d'ignorance...)
Exemple : *Je me demande si elle viendra.*
Exemple : *Je ne sais pas si elle viendra.*

Elle peut, comme la phrase interrogative, être totale ou partielle. Elle correspond, en effet, à une phrase interrogative, ayant perdu toutes les marques de ce type de phrases. (Voir Types de phrases, p. 193.)
Exemple : *Viendra-t-elle ? / Je me demande si elle viendra.*
Dans la proposition subordonnée interrogative indirecte ci-dessus, l'inversion du sujet et la ponctuation caractéristiques du type interrogatif ont disparu.

Lorsqu'elle est totale, elle est introduite par la seule conjonction de subordination, SI (appelé aussi parfois « adverbe interrogatif »).
Exemple : *Je me demande si elle viendra.*

Lorsqu'elle est partielle, elle peut être introduite par
– les déterminants interrogatifs QUEL, QUELLE, QUELS, QUELLES et COMBIEN DE

Exemple : *Dis-moi quel chapeau tu préfères.*
Exemple : *Dis-moi combien de chapeaux tu as.*
– les adverbes interrogatifs OÙ, QUAND, POURQUOI, COMBIEN et COMMENT
Exemple : *Dis-moi où tu vas.*
Exemple : *Dis-moi quand tu seras de retour.*
Exemple : *Dis-moi pourquoi tu pleures.*
Exemple : *Dis-moi combien je te dois.*
Exemple : *Dis-moi comment y aller.*
– tous les pronoms interrogatifs : QUI, QUE, QUOI et les formes composées LEQUEL, LAQUELLE, LESQUELS...
Exemple : *Dis-moi qui tu préfères.*
Exemple : *Dis-moi ce que tu veux.*
Exemple : *Dis-moi à quoi tu penses.*
Exemple : *Dis-moi lequel tu préfères.*
Remarque : QUE devient CE QUE et QU'EST-CE QUI devient CE QUI.

2) FONCTION DE LA PROPOSITION SUBORDONNÉE INTERROGATIVE INDIRECTE

La proposition subordonnée interrogative indirecte exerce uniquement la fonction de complément d'objet direct du verbe.

3) MODES ET TEMPS DANS LA PROPOSITION SUBORDONNÉE INTERROGATIVE INDIRECTE

Les deux modes possibles sont l'indicatif et l'infinitif.
Exemple : *Dis-moi où tu vas.*
Exemple : *Dis-moi où aller.*

La concordance des temps s'applique de la façon suivante :

Verbe de la proposition principale	Verbe de la proposition subordonnée conjonctive		
	Antériorité	Simultanéité	Postériorité
Présent	Passé composé	Présent	Futur simple
Exemple : *Je te demande*	*où tu es allé.*	*où tu vas.*	*où tu iras.*
Futur simple			
Exemple : *Je te demanderai*	*où tu es allé.*	*où tu vas.*	*où tu iras.*
Imparfait	Plus-que-parfait	Imparfait	Conditionnel présent
Exemple : *Je te demandais*	*où tu étais allé.*	*où tu allais.*	*où tu irais.*
Passé simple			
Exemple : *Je te demandai*	*où tu étais allé.*	*où tu allais.*	*où tu irais.*
Passé composé			
Exemple : *Je t'ai demandé*	*où tu étais allé.*	*où tu allais.*	*où tu irais.*
Conditionnel passé			
Exemple : *Je t'aurais demandé*	*où tu étais allé.*	*où tu allais.*	*où tu irais.*

Proposition subordonnée participiale

1) CARACTÉRISTIQUES ESSENTIELLES

La proposition subordonnée participiale n'est introduite par aucun mot subordonnant. Elle est séparée du verbe de la proposition principale par un signe de ponctuation (virgule, tirets ou parenthèses). Par ailleurs, elle est mobile dans la phrase.

Exemple : *Le temps aidant,* elle l'oubliera. / *Elle l'oubliera, le temps aidant.*

La proposition subordonnée participiale contient un verbe au participe passé ou présent et son thème (on ne peut parler ici de sujet), qu'il ne partage avec aucun autre verbe.

Exemple : *L'hiver venu,* elle fut démunie.

Exemple : *Les grilles s'ouvrant, les clients se précipitèrent dans le magasin.*

Dans l'exemple ci-dessus, *s'ouvrant* a un thème, *les grilles*, à lui seul ; il ne le partage pas avec *se précipitèrent*. Ce ne sont, en effet, pas les grilles qui se précipitent !

Exemple : *S'impatientant, le candidat perdit son sang-froid.*

Dans ce cas, il n'y a pas de proposition subordonnée participiale, puisque le participe partage son thème avec le verbe de la proposition principale. C'est *le candidat* qui s'impatiente et c'est lui aussi qui perd son sang-froid.

Le thème précède le participe.

Exemple : ~~S'ouvrant les grilles~~, *les clients se précipitèrent dans le magasin.*

2) Fonctions de la proposition subordonnée participiale

Elle peut exercer la fonction de complément circonstanciel facultatif de :
– cause
Exemple : *Toutes les indications étant fausses, nous nous perdîmes.*
– temps
Exemple : *Le soleil se couchant, nous rentrâmes.*

Proposition subordonnée relative

1) Caractéristiques essentielles

La proposition subordonnée relative est introduite par un pronom relatif.
(Voir Pronom relatif, p. 145.)

Dans la proposition subordonnée relative, le pronom relatif enchâsse la proposition subordonnée dans la principale, établit une démarcation entre ces deux propositions et exerce une fonction dans la subordonnée.

Exemple : *Le guide **qui nous accompagnait** fut très apprécié de tous.*

Dans cet exemple, le pronom relatif QUI assume la fonction de sujet dans la proposition subordonnée relative. Cette particularité le distingue des conjonctions de subordination qui, elles, n'exercent aucune fonction dans la proposition subordonnée conjonctive. (Voir Proposition subordonnée conjonctive, p. 198.)

2) FONCTIONS DE LA PROPOSITION SUBORDONNÉE RELATIVE

Lorsque le pronom relatif qui l'introduit a un antécédent, la proposition subordonnée relative peut exercer les fonctions :
— d'épithète
   Exemple : *Le guide **qui nous accompagnait** fut très apprécié de tous.*
— d'épithète détachée
   Exemple : *Le guide, **qui était égyptien**, fut très apprécié de tous.*
— d'attribut du sujet
   Exemple : *Ils étaient là, **qui la regardaient** avec méfiance.*
— d'attribut du complément d'objet
   Exemple : *Elle a les cheveux **qui poussent** vite.*
— de complément :
• du pronom
   Exemple : *Choisis celui **que tu préfères**.*
• de l'adjectif
   Exemple : *Idiote **que je suis** !*
• de l'adverbe
   Exemple : *On se souvient de lui partout **où il est passé** !*

Lorsque le pronom relatif qui l'introduit n'a pas d'antécédent, la proposition subordonnée relative peut exercer les fonctions de :
— sujet
   Exemple : ***Qui m'aime** me suive !*
— attribut

Exemple : *C'est grâce à ses parents qu'il devint qui il est.*
– complément :
• d'objet direct
Exemple : *Embrassez qui vous voulez.*
• d'objet indirect (ou second)
Exemple : *Ils montrèrent leurs œuvres à qui voulait les voir.*
• d'agent
Exemple : *Ce thème est connu de quiconque a assisté à la conférence.*
• du nom
Exemple : *C'est l'emblème de qui vous savez.*
• de l'adjectif
Exemple : *Soyez reconnaissants envers qui veut vous aider.*
• circonstanciel de lieu ou de concession
Exemple : *Où tu iras, j'irai.*
Exemple : *Quoi que tu fasses, je te soutiendrai.*

3) Modes dans la proposition subordonnée relative

Le verbe de la proposition subordonnée relative est, le plus souvent, à l'indicatif.
Il est au subjonctif quand l'action est incertaine, c'est-à-dire :
– après un antécédent indéfini, quand le verbe exprime l'incertitude
Exemple : *Je cherche un libraire qui puisse me fournir ce livre rare.*
– après un antécédent accompagné d'un superlatif ou d'un adjectif de sens proche (UNIQUE, SEUL, PREMIER, DERNIER...)
Exemple : *C'est le pays le plus sûr que j'aie jamais visité.*
Exemple : *Elle est la seule amie qu'il ait jamais eue.*
– après une proposition principale interrogative ou négative
Exemple : *Il n'y a aucun événement qui puisse justifier un tel acte.*
Exemple : *Y a-t-il un événement qui puisse justifier un tel acte ?*
– après une proposition subordonnée conjonctive, complément circonstanciel d'hypothèse ou de concession
Exemple : *S'il est une personne qui ait vu cet enfant, qu'elle se manifeste.*

Exemple : *Quelle que soit la personne qui ait vu cet enfant, qu'elle se manifeste.*

Le verbe peut aussi être à l'infinitif.

Exemple : *Il cherche un endroit où être en sécurité.*

Exemple : *Ces pauvres gens n'ont même pas de quoi nourrir leur famille !*

TROISIÈME PARTIE
Conjugaison française

Collectif

- Chapitre 1 -

Les principes de base de la conjugaison

L'art de la conjugaison est celui de décliner un verbe à tous les modes et tous les temps. Il existe des temps simples (sans auxiliaire) et des temps composés (avec auxiliaire).

Le verbe

1) LE RADICAL ET LA TERMINAISON

Dans un verbe, on distingue le radical et la terminaison, tous deux variables.
Le radical est utilisé pour tous les temps simples. Pour le futur simple et le présent du conditionnel on ajoute les terminaisons à l'infinitif du verbe (pour les verbes réguliers).

2) LES 3 GROUPES DE VERBES

Selon qu'ils appartiennent au 1er, au 2e ou au 3e groupe, les verbes ont des terminaisons différentes :
• les verbes du 1er groupe se terminent par -er à l'infinitif.
Exemple : chanter, danser, marcher

• les verbes du 2ᵉ groupe se terminent par -ir à l'infinitif et -issant au participe présent.

Exemple : finir (finissant), haïr (haïssant), réfléchir (réfléchissant)

• le 3ᵉ groupe comprend tous les autres verbes ; ils se terminent par -ir, -oir, -re à l'infinitif et -ant au participe présent.

Exemple : partir (partant), voir, prendre

(Voir p. 222 le tableau récapitulatif des terminaisons classiques des 3 groupes.)

3) Les verbes transitifs et intransitifs

• les verbes transitifs directs se construisent avec un complément d'objet direct (COD).

Exemple : Il chante « la Marseillaise ».

• les verbes transitifs indirects se construisent avec un complément d'objet indirect (COI).

Exemple : Il se réfère au livre.

• les verbes intransitifs n'admettent pas de complément d'objet.

Exemple : Il louche.

4) Les verbes impersonnels

Les verbes impersonnels sont des verbes dont le sujet ne représente ni une personne, ni un animal, ni une chose définie. Ils ne s'emploient qu'à la 3ᵉ personne du singulier, avec le pronom il.

Exemple : Il neige. Il faut que je sorte.

5) Les verbes pronominaux

Ils sont précédés d'un pronom personnel réfléchi de la même personne que le sujet.

Exemple : Je me lave. Tu te peignes.

6) Les auxiliaires

Deux verbes auxiliaires permettent de former les temps composés en perdant leur sens propre : avoir et être.

• avoir : il s'emploie pour conjuguer la plupart des verbes aux temps composés de la voix active.
Exemple : J'ai chanté. Nous avons chanté.

• être : il s'emploie pour conjuguer :
− certains verbes d'état et de positionnement.
  Exemple : Elle est devenue agréable. Elle est restée chez nous.
− tous les verbes à la voix pronominale de tous les temps composés.
  Exemple : Elle s'est coupée.
− tous les verbes à la voix passive de tous les temps.
  Exemple : Elle a été blessée.

Les variations de la conjugaison du verbe

Les verbes varient en personne, en nombre, en voix, en mode, en temps :

1) LES PERSONNES

On distingue trois personnes :
  1re personne : je, nous
  2e personne : tu, vous
  3e personne : il, elle, on, ils, elles, nom, groupe nominal…

2) LES NOMBRES

Ce sont le singulier et le pluriel.
Le verbe s'accorde en personne et en nombre avec son sujet.

3) LES VOIX

On distingue 2 voix :
• la voix active : le sujet fait l'action exprimée par le verbe.
  Exemple : La petite fille chante.
• la voix passive : le sujet subit l'action faite par le complément d'agent.
  Exemple : La comptine est lue par la petite fille.

4) Les modes

On distingue 6 modes :
Ils indiquent les diverses manières dont on présente l'action. Bien différencier les modes est essentiel pour maîtriser la conjugaison.

3 modes personnels :

– *l'indicatif* : présente une action réelle, vraie et la situe dans le temps.
Exemple : Je travaille au ministère des Finances.

Remarque : Le conditionnel est aujourd'hui rattaché au mode indicatif. Dans les tableaux de conjugaison des verbes, il sera, cependant, isolé. Le conditionnel présente une information incertaine.
Exemple : D'après la radio, il n'y aurait pas de blessés.
On le trouve aussi :
– dans un système hypothétique.
Exemple : Si j'étais bon nageur, je traverserais la Manche.
– dans une atténuation (par politesse).
Exemple : Pourriez-vous m'aider ?
– après un verbe conjugué à un temps du passé (discours indirect).
Exemple : Elle m'annonça qu'elle ne viendrait pas.

– *l'impératif* : exprime un ordre, un conseil ou une prière.
Exemple : Révise tes leçons. Prends ton parapluie. N'oublie pas notre rendez-vous.

– *le subjonctif* : présente une action possible, envisagée. On le trouve après des mots qui expriment un souhait, un sentiment, un doute…
Exemple : Elle veut que tu viennes. Je suis contente que tu sois là.
Je ne suis pas sûr qu'il puisse venir.

3 modes impersonnels :

– *l'infinitif* : mode qui ne porte ni l'indication de nombre ni celle de personne.
Exemple : Que faire ? Ne pas se pencher.
– *le participe* :
 • présent, invariable : exprime une action qui progresse.
Exemple : Dessinant et peignant admirablement, il devint un artiste réputé.

• passé, s'emploie soit seul (ex. surpris, il sortit), soit dans une forme verbale (ex. il fut surpris, alors il sortit).

– *le gérondif*, forme adverbiale du verbe, invariable.

Exemple : Je contemple en rêvant le ciel bleu.

5) LES TEMPS DE L'INDICATIF

On distingue les temps simples (présent, imparfait, passé simple, futur simple) et les temps composés formés avec un auxiliaire (passé composé, plus-que-parfait, passé antérieur, futur antérieur).

Les temps simples :

– Le présent exprime une action ou un état qui a lieu au moment où l'on parle, ou qui va se produire dans un futur très proche :

Exemple : Le pêcheur lance ses filets. Le ciel est bleu. Je pars dans cinq minutes.

– L'imparfait exprime :

• une action passée non terminée.

Exemple : Tout en se hâtant, les élèves gardaient le silence.

• une action répétée, habituelle.

Exemple : Tous les jours, j'empruntais la rue des Fleurs et je bifurquais à droite à mi-parcours.

– Le passé simple exprime des faits totalement achevés, essentiels dans le récit. (Les circonstances, les événements secondaires sont relatés à l'imparfait.)

Exemple : Le cortège s'ébranla vers quatorze heures, entonna des chants, puis se dispersa. Je m'assoupissais, lorsque le téléphone sonna.

– Le futur simple exprime une action à venir d'une manière certaine.

Exemple : Demain, nous prendrons le premier train.

Les temps composés

– Le passé composé exprime une action présentée comme terminée.

Exemple : Dès le premier cours, le professeur a donné le ton.

– Le plus-que-parfait exprime une action passée accomplie avant une action indiquée à l'imparfait, au passé simple ou au passé composé.

Exemple : La mer qui s'était déchaînée pendant trois jours ondulait paisiblement.

– Le passé antérieur exprime une action accomplie avant une action indiquée au passé simple.

Exemple : Quand il eut terminé ses devoirs, il alla jouer.

– Le futur antérieur exprime une action future accomplie avant une autre action exprimée au futur simple.

Exemple : Dès que les arbres auront fleuri, le jardin resplendira de couleurs tendres.

Les accords du participe passé

1) VERBES CONJUGUÉS AVEC ÊTRE

Le participe passé s'accorde en genre et en nombre avec le sujet du verbe.

Exemple : Les encyclopédies sont classées par thèmes. L'encyclopédie a été rangée sur l'étagère.

2) VERBES CONJUGUÉS AVEC AVOIR

Le participe passé employé avec l'auxiliaire avoir s'accorde en genre et en nombre avec le complément d'objet direct (COD) si celui-ci (un nom, un groupe nominal, un pronom, un verbe à l'infinitif, une proposition) est placé avant le verbe. En revanche, pas d'accord si le COD est placé après le verbe ou s'il n'y a pas de COD.

Exemple : Les livres que j'ai offerts, nous les avons lus rapidement.

Exemple : J'ai offert des livres.

Exemple : J'ai travaillé.

Cas particuliers

– Le participe passé précédé de en, COD, reste invariable.

Exemple : J'aime les roses, j'en ai cueilli un bouquet.

– Le participe passé de certains verbes intransitifs (coûter, valoir, peser, mesurer, régner, durer, dormir) reste invariable.

Exemple : Les quinze mille euros que la voiture a coûté.

Exemple : Les dix ans que le prince René a régné.

– Le participe passé des verbes impersonnels est invariable.
Exemple : Les inondations qu'il y a eu.

– Le participe passé suivi d'un infinitif s'accorde avec le COD si celui-ci fait l'action exprimée par l'infinitif.
Exemple : Les guitaristes que j'ai entendus jouer.
– Pas d'accord si le COD subit l'action exprimée par l'infinitif.
Exemple : Ces arbres, je les ai vu abattre.

3) Verbes conjugués à la forme pronominale

Les verbes essentiellement pronominaux (toujours précédés de se à l'infinitif) : le participe passé s'accorde avec le sujet :
Exemple : Ils se sont attardés.

Les verbes occasionnellement pronominaux, c'est-à-dire les verbes transitifs de sens réfléchi ou réciproque : le participe passé s'accorde avec le COD, si celui-ci est placé avant le verbe.
Exemple : Elle s'est coupée. (= Elle a coupé elle-même.)
Exemple : Elle s'est coupé le doigt. (Le COD est après le verbe.)
Exemple : Pierre et Paul se sont battus. (= Ils ont battu eux-mêmes.)
Exemple : Pierre et Paul se sont dit des injures. (Le COD est après le verbe.)

Tableau récapitulatif
des terminaisons des 3 groupes

INDICATIF	1er groupe chant-er	2e groupe fin-ir	3e groupe dev-oir
Présent	je chant *e*	fin *is*	doi *s*
	tu chant *es*	fin *is*	doi *s*
	il chant *e*	fin *it*	doi *t*
	nous chant *ons*	fin *issons*	dev *ons*
	vous chant *ez*	fin *issez*	dev *ez*
	ils chant *ent*	fin *issent*	doiv *ent*
Imparfait	je chant *ais*	fin *issais*	dev *ais*
	tu chant *ais*	fin *issais*	dev *ais*
	il chant *ait*	fin *issait*	dev *ait*
	nous chant *ions*	fin *issions*	dev *ions*
	vous chant *iez*	fin *issiez*	dev *iez*
	ils chant *aient*	fin *issaient*	dev *aient*
Passé simple	je chant *ai*	fin *is*	d *us*
	tu chant *as*	fin *is*	d *us*
	il chant *a*	fin *it*	d *ut*
	nous chant *âmes*	fin *îmes*	d *ûmes*
	vous chant *âtes*	fin *îtes*	d *ûtes*
	ils chant *èrent*	fin *irent*	d *urent*
Futur simple	je chanter *ai*	finir *ai*	devr *ai*
	tu chanter *as*	finir *as*	devr *as*
	il chanter *a*	finir *a*	devr *a*
	nous chanter *ons*	finir *ons*	devr *ons*
	vous chanter *ez*	finir *ez*	devr *ez*
	ils chanter *ont*	finir *ont*	devr *ont*
Passé composé	j'ai chanté	ai fini	ai dû
	tu as chanté	as fini	as dû
	il a chanté	a fini	a dû
	n. avons chanté	avons fini	avons dû
	v. avez chanté	avez fini	avez dû
	ils ont chanté	ont fini	ont dû

INDICATIF

	1er groupe chant-er	2e groupe fin-ir	3e groupe dev-oir
Plus-que-parfait	j'avais chanté	avais fini	avais dû
	tu avais chanté	avais fini	avais dû
	il avait chanté	avait fini	avait dû
	n. avions chanté	avions fini	avions dû
	v. aviez chanté	aviez fini	aviez dû
	ils avaient chanté	avaient fini	avaient dû
Passé antérieur	j'eus chanté	eus fini	eus dû
	tu eus chanté	eus fini	eus dû
	il eut chanté	eut fini	eut dû
	n. eûmes chanté	eûmes fini	eûmes dû
	v. eûtes chanté	eûtes fini	eûtes dû
	ils eurent chanté	eurent fini	eurent dû
Futur antérieur	j'aurai chanté	aurai fini	aurai dû
	tu auras chanté	auras fini	auras dû
	il aura chanté	aura fini	aura dû
	n. aurons chanté	aurons fini	aurons dû
	v. aurez chanté	aurez fini	aurez dû
	ils auront chanté	auront fini	auront dû

CONDITIONNEL

	1er groupe chant-er	2e groupe fin-ir	3e groupe dev-oir
Présent	je chanter *ais*	finir *ais*	devr *ais*
	tu chanter *ais*	finir *ais*	devr *ais*
	il chanter *ait*	finir *ait*	devr *ait*
	nous chanter *ions*	finir *ions*	devr *ions*
	vous chanter *iez*	finir *iez*	devr *iez*
	ils chanter *aient*	finir *aient*	devr *aient*
Passé 1re forme	j'aurais chanté	aurais fini	aurais dû
	tu aurais chanté	aurais fini	aurais dû
	il aurait chanté	aurait fini	aurait dû
	n. aurions chanté	aurions fini	aurions dû
	v. auriez chanté	auriez fini	auriez dû
	ils auraient chanté	auraient fini	auraient dû

CONDITIONNEL

	1er groupe chant-er	2e groupe fin-ir	3e groupe dev-oir
Passé 2e forme	j'eusse chanté tu eusses chanté il eût chanté n. eussions chanté v. eussiez chanté ils eussent chanté	eusse fini eusses fini eût fini eussions fini eussiez fini eussent fini	eusse dû eusses dû eût dû eussions dû eussiez dû eussent dû

Remarque : les formes du conditionnel passé 2e forme et les formes du subjonctif plus-que-parfait sont identiques pour tous les verbes (même irréguliers).

IMPÉRATIF

	1er groupe chant-er	2e groupe fin-ir	3e groupe dev-oir
Présent	chant *e* chant *ons* chant *ez*	fin *is* fin *issons* fin *issez*	doi *s* dev *ons* dev *ez*
Passé	aie chanté ayons chanté ayez chanté	aie fini ayons fini ayez fini	aie dû ayons dû ayez dû

SUBJONCTIF	1er groupe chant-er	2e groupe fin-ir	3e groupe dev-oir
Présent	que je chant *e* que tu chant *es* qu'il chant *e* que n. chant *ions* que v. chant *iez* qu'ils chant *ent*	fin *isse* fin *isses* fin *isse* fin *issions* fin *issiez* fin *issent*	doiv *e* doiv *es* doiv *e* dev *ions* dev *iez* doiv *ent*
Imparfait	que je chant *asse* que tu chant *asses* qu'il chant *ât* que n. chant *assions* que v. chant *assiez* qu'ils chant *assent*	fin *isse* fin *isses* fin *ît* fin *issions* fin *issiez* fin *issent*	d *usse* d *usses* d *ût* d *ussions* d *ussiez* d *ussent*
Passé	que j'aie chanté que tu aies chanté qu'il ait chanté que n. ayons chanté que v. ayez chanté qu'ils aient chanté	aie fini aies fini ait fini ayons fini ayez fini aient fini	aie dû aies dû ait dû ayons dû ayez dû aient dû
Plus-que-parfait	que j'eusse chanté que tu eusses chanté qu'il eût chanté que n. eussions chanté que v. eussiez chanté qu'ils eussent chanté	eusse fini eusses fini eût fini eussions fini eussiez fini eussent fini	eusse dû eusses dû eût dû eussions dû eussiez dû eussent dû

INFINITIF	1er groupe chant-er	2e groupe fin-ir	3e groupe dev-oir
Présent	chant *er*	fin *ir*	dev *oir*
Passé	avoir chanté	avoir fini	avoir dû

III. CONJUGAISON FRANÇAISE

PARTICIPE	1ᵉʳ groupe chant-er	2ᵉ groupe fin-ir	3ᵉ groupe dev-oir
Présent	chant *ant*	fin *issant*	dev *ant*
Passé	chant *é* ayant chanté	fin *i* ayant fini	d *û* ayant dû

GÉRONDIF	1ᵉʳ groupe chant-er	2ᵉ groupe fin-ir	3ᵉ groupe dev-oir
Présent	en chantant	en finissant	en devant
Passé	en ayant chanté	en ayant fini	en ayant dû

- Chapitre 2 -
66 verbes conjugués

1 avoir / auxiliaire

- Sert d'auxiliaire de conjugaison pour tous les temps composés de la plupart des verbes à la voix active.
- Sert d'auxiliaire pour le verbe être.
- Il est transitif direct (il possède un COD).
- Formes impersonnelles : il y a, il y aura, qu'il y ait...

INDICATIF

Présent	Imparfait	Passé simple	Futur simple
j' ai	j' avais	j' eus	j' aurai
tu as	tu avais	tu eus	tu auras
il a	il avait	il eut	il aura
nous avons	nous avions	nous eûmes	nous aurons
vous avez	vous aviez	vous eûtes	vous aurez
ils ont	ils avaient	ils eurent	ils auront

Passé composé	Plus-que-parfait	Passé antérieur	Futur antérieur
j' ai eu	j' avais eu	j' eus eu	j' aurai eu
tu as eu	tu avais eu	tu eus eu	tu auras eu
il a eu	il avait eu	il eut eu	il aura eu
nous avons eu	nous avions eu	nous eûmes eu	nous aurons eu
vous avez eu	vous aviez eu	vous eûtes eu	vous aurez eu
ils ont eu	ils avaient eu	ils eurent eu	ils auront. eu

CONDITIONNEL

Présent	Passé 1re forme	Passé 2e forme
j' aurais	j' aurais eu	j' eusse eu
tu aurais	tu aurais eu	tu eusses eu
il aurait	il aurait eu	il eût eu
nous aurions	nous aurions eu	nous eussions eu
vous auriez	vous auriez eu	vous eussiez eu
ils auraient	ils auraient eu	ils eussent eu

IMPÉRATIF

Présent

aie / ayons / ayez

Passé

aie eu / ayons eu / ayez eu

SUBJONCTIF

Présent	Imparfait	Passé	Plus-que-parfait
que j' aie	que j' eusse	que j' aie eu	que j' eusse eu
que tu aies	que tu eusses	que tu aies eu	que tu eusses eu
qu' il ait	qu' il eût	qu' il ait eu	qu' il. eût eu
que nous ayons	que nous eussions	que n. ayons eu	que n. eussions eu
que vous ayez	que vous eussiez	que v. ayez eu	que v. eussiez eu
qu' ils aient	qu' ils eussent	qu' ils aient eu	qu' ils eussent eu

INFINITIF

Présent	Passé
avoir	avoir eu

PARTICIPE

Présent	Passé
ayant	eu
	ayant eu

GÉRONDIF

Présent	Passé
en ayant	en ayant eu

auxiliaire \ être 2

- Sert d'auxiliaire de conjugaison pour toutes les formes passives (ils sont fabriqués), pour les temps composés de la voix pronominale (ils se sont pincé les doigts), pour quelques verbes à la voix active (arriver, rester, venir...).
- Participe passé toujours invariable : été.

INDICATIF

Présent	Imparfait	Passé simple	Futur simple
je suis	j' étais	je fus	je serai
tu es	tu étais	tu fus	tu seras
il est	il était	il fut	il sera
nous sommes	nous étions	nous fûmes	nous serons
vous êtes	vous étiez	vous fûtes	vous serez
ils sont	ils étaient	ils furent	ils seront

Passé composé	Plus-que-parfait	Passé antérieur	Futur antérieur
j' ai été	j' avais été	j' eus été	j' aurai été
tu as été	tu avais été	tu eus été	tu auras été
il a été	il avait été	il eut été	il aura été
nous avons été	nous avions été	nous eûmes été	nous aurons été
vous avez été	vous aviez été	vous eûtes été	vous aurez été
ils ont été	ils avaient été	ils eurent été	ils auront été

CONDITIONNEL

Présent	Passé 1re forme	Passé 2e forme
je serais	j' aurais été	j' eusse été
tu serais	tu aurais été	tu eusses été
il serait	il aurait été	il eût été
nous serions	nous aurions été	nous eussions été
vous seriez	vous auriez été	vous eussiez été
ils seraient	ils auraient été	ils eussent été

IMPÉRATIF

Présent

sois / soyons / soyez

Passé

aie été / ayons été / ayez été

SUBJONCTIF

Présent	Imparfait	Passé	Plus-que-parfait
que je sois	que je fusse	que j' aie été	que j' eusse été
que tu sois	que tu fusses	que tu aies été	que tu eusses été
qu' il soit	qu' il fût	qu' il ait été	qu' il eût été
que nous soyons	que nous fussions	que n. ayons été	que n. eussions été
que vous soyez	que vous fussiez	que v. ayez été	que v. eussiez été
qu' ils soient	qu' ils fussent	qu' ils aient été	qu' ils eussent été

INFINITIF		PARTICIPE		GÉRONDIF	
Présent	**Passé**	**Présent**	**Passé**	**Présent**	**Passé**
être	avoir été	étant	été	en étant	en ayant été
			ayant été		

3 être aimé / verbe à la voix passive

- Emploi unique de l'auxiliaire être.
- Le participe passé du verbe conjugué s'accorde toujours avec le sujet du verbe (elle est aimée).

INDICATIF

Présent			Imparfait			Passé simple			Futur simple		
je	suis	aimé	j'	étais	aimé	je	fus	aimé	je	serai	aimé
tu	es	aimé	tu	étais	aimé	tu	fus	aimé	tu	seras	aimé
il	est	aimé	il	était	aimé	il	fut	aimé	il	sera	aimé
nous	sommes	aimés	nous	étions	aimés	nous	fûmes	aimés	nous	serons	aimés
vous	êtes	aimés	vous	étiez	aimés	vous	fûtes	aimés	vous	serez	aimés
ils	sont	aimés	ils	étaient	aimés	ils	furent	aimés	ils	seront	aimés

Passé composé			Plus-que-parfait			Passé antérieur			Futur antérieur		
j'	ai	été aimé	j'	avais	été aimé	j'	eus	été aimé	j'	aurai	été aimé
tu	as	été aimé	tu	avais	été aimé	tu	eus	été aimé	tu	auras	été aimé
il	a	été aimé	il	avait	été aimé	il	eut	été aimé	il	aura	été aimé
nous	avons	été aimés	nous	avions	été aimés	nous	eûmes	été aimés	nous	aurons	été aimés
vous	avez	été aimés	vous	aviez	été aimés	vous	eûtes	été aimés	vous	aurez	été aimés
ils	ont	été aimés	ils	avaient	été aimés	ils	eurent	été aimés	ils	auront	été aimés

CONDITIONNEL

Présent			Passé 1re forme			Passé 2e forme		
je	serais	aimé	j'	aurais	été aimé	j'	eusse	été aimé
tu	serais	aimé	tu	aurais	été aimé	tu	eusses	été aimé
il	serait	aimé	il	aurait	été aimé	il	eût	été aimé
nous	serions	aimés	nous	aurions	été aimés	nous	eussions	été aimés
vous	seriez	aimés	vous	auriez	été aimés	vous	eussiez	été aimés
ils	seraient	aimés	ils	auraient	été aimés	ils	eussent	été aimés

IMPÉRATIF

Présent

sois aimé / soyons aimés / soyez aimés

Passé

—

SUBJONCTIF

Présent			Imparfait			Passé			Plus-que-parfait		
que je	sois	aimé	que je	fusse	aimé	que j'	aie	été aimé	que j'	eusse	été aimé
que tu	sois	aimé	que tu	fusses	aimé	que tu	aies	été aimé	que tu	eusses	été aimé
qu' il	soit	aimé	qu' il	fût	aimé	qu' il	ait	été aimé	qu' il	eût	été aimé
que nous	soyons	aimés	que nous	fussions	aimés	que n.	ayons	été aimés	que n.	eussions	été aimés
que vous	soyez	aimés	que vous	fussiez	aimés	que v.	ayez	été aimés	que v.	eussiez	été aimés
qu' ils	soient	aimés	qu' ils	fussent	aimés	qu' ils	aient	été aimés	qu' ils	eussent	été aimés

INFINITIF

Présent	Passé
être aimé	avoir été aimé

PARTICIPE

Présent	Passé
étant aimé	aimé
	ayant été aimé

GÉRONDIF

Présent	Passé
en étant aimé	en ayant été aimé

- Emploi unique de l'auxiliaire être pour conjuguer les temps composés.
- Attention, les accords avec le participe passé sont délicats.
  (Voir «Les accords du participe passé», p. 220)

INDICATIF

Présent			Imparfait			Passé simple			Futur simple		
je	me	lav *e*	je	me	lav *ais*	je	me	lav *ai*	je	me	laver *ai*
tu	te	lav *es*	tu	te	lav *ais*	tu	te	lav *as*	tu	te	laver *as*
il	se	lav *e*	il	se	lav *ait*	il	se	lav *a*	il	se	laver *a*
nous	nous	lav *ons*	nous	nous	lav *ions*	nous	nous	lav *âmes*	nous	nous	laver *ons*
vous	vous	lav *ez*	vous	vous	lav *iez*	vous	vous	lav *âtes*	vous	vous	laver *ez*
ils	se	lav *ent*	ils	se	lav *aient*	ils	se	lav *èrent*	ils	se	laver *ont*

Passé composé			Plus-que-parfait			Passé antérieur			Futur antérieur		
je	me suis	lavé	je	m'étais	lavé	je	me fus	lavé	je	me serai	lavé
tu	t'es	lavé	tu	t'étais	lavé	tu	te fus	lavé	tu	te seras	lavé
il	s'est	lavé	il	s'était	lavé	il	se fut	lavé	il	se sera	lavé
nous	n. sommes	lavés	nous	nous étions	lavés	nous	nous fûmes	lavés	nous	nous serons	lavés
vous	v. êtes	lavés	vous	vous étiez	lavés	vous	vous fûtes	lavés	vous	vous serez	lavés
ils	se sont	lavés	ils	s'étaient	lavés	ils	se furent	lavés	ils	se seront	lavés

CONDITIONNEL

Présent			Passé 1ʳᵉ forme			Passé 2ᵉ forme		
je	me	laver *ais*	je	me serais	lavé	je	me fusse	lavé
tu	to	laver *ais*	tu	te serais	lavé	tu	te fusses	lavé
il	se	laver *ait*	il	se serait	lavé	il	se fût	lavé
nous	nous	laver *ions*	nous	nous serions	lavés	nous	nous fussions	lavés
vous	vous	laver *iez*	vous	vous seriez	lavés	vous	vous fussiez	lavés
ils	se	laver *aient*	ils	se seraient	lavés	ils	se fussent	lavés

IMPÉRATIF

Présent

lav *e*-toi / lav *ons*-nous /
lav *ez*-vous

Passé

–

SUBJONCTIF

Présent			Imparfait			Passé			Plus-que-parfait		
que	je me	lav *e*	que	je me	lav *asse*	que	je me sois	lavé	que	je me fusse	lavé
que	tu te	lav *es*	que	tu te	lav *asses*	que	tu te sois	lavé	que	tu te fusses	lavé
qu'	il se	lav *e*	qu'	il se	lav *ât*	qu'	il se soit	lavé	qu'	il se fût	lavé
que	nous nous	lav *ions*	que	nous n.	lav *assions*	que	n. nous soyons	lavés	que	n. n. fussions	lavés
que	vous vous	lav *iez*	que	vous v.	lav *assiez*	que	v. vous soyez	lavés	que	v. v. fussiez	lavés
qu'	ils se	lav *ent*	qu'	ils se	lav *assent*	qu'	ils se soient	lavés	qu'	ils se fussent	lavés

INFINITIF

Présent	Passé
se laver	s'être lavé

PARTICIPE

Présent	Passé
se lavant	s'étant lavé

GÉRONDIF

Présent	Passé
en se lavant	en s'étant lavé

5 avancer / 1er groupe / verbes en -cer

- Même conjugaison pour tous les verbes se terminant par -cer (effacer, placer, lacer...).
- Ne pas oublier le **c** cédille devant **a** et **o**.
- **Radicaux** : avanc-, avanç-, avancer-.

INDICATIF

Présent	Imparfait	Passé simple	Futur simple
j' avanc *e*	j' avanç *ais*	j' avanç *ai*	j' avancer *ai*
tu avanc *es*	tu avanç *ais*	tu avanç *as*	tu avancer *as*
il avanc *e*	il avanç *ait*	il avanç *a*	il avancer *a*
nous avanç *ons*	nous avanç *ions*	nous avanç *âmes*	nous avancer *ons*
vous avanc *ez*	vous avanç *iez*	vous avanç *âtes*	vous avancer *ez*
ils avanc *ent*	ils avanç *aient*	ils avanc *èrent*	ils avancer *ont*

Passé composé	Plus-que-parfait	Passé antérieur	Futur antérieur
j' ai avancé	j' avais avancé	j' eus avancé	j' aurai avancé
tu as avancé	tu avais avancé	tu eus avancé	tu auras avancé
il a avancé	il avait avancé	il eut avancé	il aura avancé
nous avons avancé	nous avions avancé	nous eûmes avancé	nous aurons avancé
vous avez avancé	vous aviez avancé	vous eûtes avancé	vous aurez avancé
ils ont avancé	ils avaient avancé	ils eurent avancé	ils auront avancé

CONDITIONNEL / IMPÉRATIF

Présent	Passé 1re forme	Passé 2e forme	Présent
j' avancer *ais*	j' aurais avancé	j' eusse avancé	avanc *e* / avanç *ons* /
tu avancer *ais*	tu aurais avancé	tu eusses avancé	avanc *ez*
il avancer *ait*	il aurait avancé	il eût avancé	**Passé**
nous avancer *ions*	nous aurions avancé	nous eussions avancé	aie avancé / ayons
vous avancer *iez*	vous auriez avancé	vous eussiez avancé	avancé / ayez avancé
ils avancer *aient*	ils auraient avancé	ils eussent avancé	

SUBJONCTIF

Présent	Imparfait	Passé	Plus-que-parfait
que j' avanc *e*	que j' avanç *asse*	que j' aie avancé	que j' eusse avancé
que tu avanc *es*	que tu avanç *asses*	que tu aies avancé	que tu eusses avancé
qu' il avanc *e*	qu' il avanç *ât*	qu' il ait avancé	qu' il eût avancé
que nous avanc *ions*	que nous avanç *assions*	que n. ayons avancé	que n. eussions avancé
que vous avanc *iez*	que vous avanç *assiez*	que v. ayez avancé	que v. eussiez avancé
qu' ils avanc *ent*	qu' ils avanç *assent*	qu' ils aient avancé	qu' ils eussent avancé

INFINITIF / PARTICIPE / GÉRONDIF

Présent	Passé	Présent	Passé	Présent	Passé
avancer	avoir avancé	avançant	avancé / ayant avancé	en avançant	en ayant avancé

- La plupart des verbes du 1er groupe en -er se conjuguent sur ce modèle.
- **Radicaux**: chant-, chanter-.

INDICATIF

Présent	Imparfait	Passé simple	Futur simple
je chant **e**	je chant **ais**	je chant **ai**	je chanter **ai**
tu chant **es**	tu chant **ais**	tu chant **as**	tu chanter **as**
il chant **e**	il chant **ait**	il chant **a**	il chanter **a**
nous chant **ons**	nous chant **ions**	nous chant **âmes**	nous chanter **ons**
vous chant **ez**	vous chant **iez**	vous chant **âtes**	vous chanter **ez**
ils chant **ent**	ils chant **aient**	ils chant **èrent**	ils chanter **ont**

Passé composé	Plus-que-parfait	Passé antérieur	Futur antérieur
j' ai chanté	j' avais chanté	j' eus chanté	j' aurai chanté
tu as chanté	tu avais chanté	tu eus chanté	tu auras chanté
il a chanté	il avait chanté	il eut chanté	il aura chanté
nous avons chanté	nous avions chanté	nous eûmes chanté	nous aurons chanté
vous avez chanté	vous aviez chanté	vous eûtes chanté	vous aurez chanté
ils ont chanté	ils avaient chanté	ils eurent chanté	ils auront chanté

CONDITIONNEL

Présent	Passé 1re forme	Passé 2e forme
je chanter **ais**	j' aurais chanté	j' eusse chanté
tu chanter **ais**	tu aurais chanté	tu eusses chanté
il chanter **ait**	il aurait chanté	il eût chanté
nous chanter **ions**	nous aurions chanté	nous eussions chanté
vous chanter **iez**	vous auriez chanté	vous eussiez chanté
ils chanter **aient**	ils auraient chanté	ils eussent chanté

IMPÉRATIF

Présent

chant **e** / chant **ons** / chant **ez**

Passé

aie chanté / ayons chanté / ayez chanté

SUBJONCTIF

Présent	Imparfait	Passé	Plus-que-parfait
que je chant **e**	que je chant **asse**	que j' aie chanté	que j' eusse chanté
que tu chant **es**	que tu chant **asses**	que tu aies chanté	que tu eusses chanté
qu' il chant **e**	qu' il chant **ât**	qu' il ait chanté	qu' il eût chanté
que nous chant **ions**	que nous chant **assions**	que n. ayons chanté	que n. eussions chanté
que vous chant **iez**	que vous chant **assiez**	que v. ayez chanté	que v. eussiez chanté
qu' ils chant **ent**	qu' ils chant **assent**	qu' ils aient chanté	qu' ils eussent chanté

INFINITIF

Présent	Passé
chanter	avoir chanté

PARTICIPE

Présent	Passé
chantant	chanté
	ayant chanté

GÉRONDIF

Présent	Passé
en chantant	en ayant chanté

7 créer / 1ᵉʳ groupe verbes en -éer

- Dans les verbes en -éer, le é reste toujours fermé (je crée).
- Au participe passé, ce verbe double son **é** (créé) et a trois **e** au participe passé féminin (créée).
- **Radicaux**: cré-, créer-.

INDICATIF

Présent	Imparfait	Passé simple	Futur simple
je cré **e**	je cré **ais**	je cré **ai**	je créer **ai**
tu cré **es**	tu cré **ais**	tu cré **as**	tu créer **as**
il cré **e**	il cré **ait**	il cré **a**	il créer **a**
nous cré **ons**	nous cré **ions**	nous cré **âmes**	nous créer **ons**
vous cré **ez**	vous cré **iez**	vous cré **âtes**	vous créer **ez**
ils cré **ent**	ils cré **aient**	ils cré **èrent**	ils créer **ont**

Passé composé	Plus-que-parfait	Passé antérieur	Futur antérieur
j' ai créé	j' avais créé	j' eus créé	j' aurai créé
tu as créé	tu avais créé	tu eus créé	tu auras créé
il a créé	il avait créé	il eut créé	il aura créé
nous avons créé	nous avions créé	nous eûmes créé	nous aurons créé
vous avez créé	vous aviez créé	vous eûtes créé	vous aurez créé
ils ont créé	ils avaient créé	ils eurent créé	ils auront créé

CONDITIONNEL

Présent	Passé 1ʳᵉ forme	Passé 2ᵉ forme
je créer **ais**	j' aurais créé	j' eusse créé
tu créer **ais**	tu aurais créé	tu eusses créé
il créer **ait**	il aurait créé	il eût créé
nous créer **ions**	nous aurions créé	nous eussions créé
vous créer **iez**	vous auriez créé	vous eussiez créé
ils créer **aient**	ils auraient créé	ils eussent créé

IMPÉRATIF

Présent

cré **e** / cré **ons** / cré **ez**

Passé

aie créé / ayons créé / ayez créé

SUBJONCTIF

Présent	Imparfait	Passé	Plus-que-parfait
que je cré **e**	que je cré **asse**	que j' aie créé	que j' eusse créé
que tu cré **es**	que tu cré **asses**	que tu aies créé	que tu eusses créé
qu' il cré **e**	qu' il cré **ât**	qu' il ait créé	qu' il eût créé
que nous cré **ions**	que nous cré **assions**	que n. ayons créé	que n. eussions créé
que vous cré **iez**	que vous cré **assiez**	que v. ayez créé	que v. eussiez créé
qu' ils cré **ent**	qu' ils cré **assent**	qu' ils aient créé	qu' ils eussent créé

INFINITIF

Présent	Passé
créer	avoir créé

PARTICIPE

Présent	Passé
créant	créé
	ayant créé

GÉRONDIF

Présent	Passé
en créant	en ayant créé

\ envoyer **8**

- **Y** devient **i** devant un **e** muet.
- Formes irrégulières au futur simple et au présent du conditionnel (j'enverrai, j'enverrais).
- Remarquer la présence du **i** après y aux deux premières personnes du pluriel de l'imparfait de l'indicatif et du présent du subjonctif.
- Pour les autres verbes en -oyer, voir le tableau 10.
- **Radicaux** : envoi-, envoy-, enverr-.

INDICATIF

Présent	Imparfait	Passé simple	Futur simple
j' envoi *e*	j' envoy *ais*	j' envoy *ai*	j' enverr *ai*
tu envoi *es*	tu envoy *ais*	tu envoy *as*	tu enverr *as*
il envoi *e*	il envoy *ait*	il envoy *a*	il enverr *a*
nous envoy *ons*	nous envoy *ions*	nous envoy *âmes*	nous enverr *ons*
vous envoy *ez*	vous envoy *iez*	vous envoy *âtes*	vous enverr *ez*
ils envoi *ent*	ils envoy *aient*	ils envoy *èrent*	ils enverr *ont*

Passé composé	Plus-que-parfait	Passé antérieur	Futur antérieur
j' ai envoyé	j' avais envoyé	j' eus envoyé	j' aurai envoyé
tu as envoyé	tu avais envoyé	tu eus envoyé	tu auras envoyé
il a envoyé	il avait envoyé	il eut envoyé	il aura envoyé
nous avons envoyé	nous avions envoyé	nous eûmes envoyé	nous aurons envoyé
vous avez envoyé	vous aviez envoyé	vous eûtes envoyé	vous aurez envoyé
ils ont envoyé	ils avaient envoyé	ils eurent envoyé	ils auront envoyé

CONDITIONNEL

Présent	Passé 1re forme	Passé 2e forme
j' enverr *ais*	j' aurais envoyé	j' eusse envoyé
tu enverr *ais*	tu aurais envoyé	tu eusses envoyé
il enverr *ait*	il aurait envoyé	il eut envoyé
nous enverr *ions*	nous aurions envoyé	nous eussions envoyé
vous enverr *iez*	vous auriez envoyé	vous eussiez envoyé
ils enverr *aient*	ils auraient envoyé	ils eussent envoyé

IMPÉRATIF

Présent

envoi *e* / envoy *ons* / envoy *ez*

Passé

aie envoyé / ayons envoyé / ayez envoyé

SUBJONCTIF

Présent	Imparfait	Passé	Plus-que-parfait
que j' envoi *e*	que j' envoy *asse*	que j' aie envoyé	que j' eusse envoyé
que tu envoi *es*	que tu envoy *asses*	que tu aies envoyé	que tu eusses envoyé
qu' il envoi *e*	qu' il envoy *ât*	qu' il ait envoyé	qu' il eût envoyé
que nous envoy *ions*	que nous envoy *assions*	que n. ayons envoyé	que n. eussions envoyé
que vous envoy *iez*	que vous envoy *assiez*	que v. ayez envoyé	que v. eussiez envoyé
qu' ils envoi *ent*	qu' ils envoy *assent*	qu' ils aient envoyé	qu' ils eussent envoyé

INFINITIF

Présent	Passé
envoyer	avoir envoyé

PARTICIPE

Présent	Passé
envoyant	envoyé / ayant envoyé

GÉRONDIF

Présent	Passé
en envoyant	en ayant envoyé

9 épier / 1ᵉʳ groupe
verbes en -ier

- Doublement du **i** à la 1ʳᵉ et à la 2ᵉ personne du pluriel de l'imparfait de l'indicatif et du présent du subjonctif (nous épiions, que vous épiiez).
- Ne pas oublier le **e** muet du radical au futur simple et au présent du conditionnel (j'épierai, j'épierais).
- **Radicaux** : épi-, épier-.

INDICATIF

Présent	Imparfait	Passé simple	Futur simple
j' épi *e*	j' épi *ais*	j' épi *ai*	j' épier *ai*
tu épi *es*	tu épi *ais*	tu épi *as*	tu épier *as*
il épi *e*	il épi *ait*	il épi *a*	il épier *a*
nous épi *ons*	nous épi *ions*	nous épi *âmes*	nous épier *ons*
vous épi *ez*	vous épi *iez*	vous épi *âtes*	vous épier *ez*
ils épi *ent*	ils épi *aient*	ils épi *èrent*	ils épier *ont*

Passé composé	Plus-que-parfait	Passé antérieur	Futur antérieur
j' ai épié	j' avais épié	j' eus épié	j' aurai épié
tu as épié	tu avais épié	tu eus épié	tu auras épié
il a épié	il avait épié	il eut épié	il aura épié
nous avons épié	nous avions épié	nous eûmes épié	nous aurons épié
vous avez épié	vous aviez épié	vous eûtes épié	vous aurez épié
ils ont épié	ils avaient épié	ils eurent épié	ils auront épié

CONDITIONNEL

Présent	Passé 1ʳᵉ forme	Passé 2ᵉ forme
j' épier *ais*	j' aurais épié	j' eusse épié
tu épier *ais*	tu aurais épié	tu eusses épié
il épier *ait*	il aurait épié	il eût épié
nous épier *ions*	nous aurions épié	nous eussions épié
vous épier *iez*	vous auriez épié	vous eussiez épié
ils épier *aient*	ils auraient épié	ils eussent épié

IMPÉRATIF

Présent

épi *e* / épi *ons* /
épi *ez*

Passé

aie épié / ayons
épié / ayez épié

SUBJONCTIF

Présent	Imparfait	Passé	Plus-que-parfait
que j' épi *e*	que j' épi *asse*	que j' aie épié	que j' eusse épié
que tu épi *es*	que tu épi *asses*	que tu aies épié	que tu eusses épié
qu' il épi *e*	qu' il épi *ât*	qu' il ait épié	qu' il eût épié
que nous épi *ions*	que nous épi *assions*	que n. ayons épié	que n. eussions épié
que vous épi *iez*	que vous épi *assiez*	que v. ayez épié	que v. eussiez épié
qu' ils épi *ent*	qu' ils épi *assent*	qu' ils aient épié	qu' ils eussent épié

INFINITIF

Présent	Passé
épier	avoir épié

PARTICIPE

Présent	Passé
épiant	épié
	ayant épié

GÉRONDIF

Présent	Passé
en épiant	en ayant épié

- Suivent ce modèle les verbes en -uyer et les verbes en -oyer, sauf envoyer et renvoyer (voir tableau 8).
- Le **y** du radical du verbe se transforme en **i** devant un **e** muet.
- Prend un **i** après le **y** du radical à la 1ʳᵉ et à la 2ᵉ personne du pluriel de l'imparfait de l'indicatif et du présent du subjonctif (nous essuyions, que vous essuyiez).
- **Radicaux**: essui-, essuy-, essuier-.

INDICATIF

Présent	Imparfait	Passé simple	Futur simple
j' essui **e**	j' essuy **ais**	j' essuy **ai**	j' essuier **ai**
tu essui **es**	tu essuy **ais**	tu essuy **as**	tu essuier **as**
il essui **e**	il essuy **ait**	il essuy **a**	il essuier **a**
nous essuy **ons**	nous essuy **ions**	nous essuy **âmes**	nous essuier **ons**
vous essuy **ez**	vous essuy **iez**	vous essuy **âtes**	vous essuier **ez**
ils essui **ent**	ils essuy **aient**	ils essuy **èrent**	ils essuier **ont**

Passé composé	Plus-que-parfait	Passé antérieur	Futur antérieur
j' ai essuyé	j' avais essuyé	j' eus essuyé	j' aurai essuyé
tu as essuyé	tu avais essuyé	tu eus essuyé	tu auras essuyé
il a essuyé	il avait essuyé	il eut essuyé	il aura essuyé
nous avons essuyé	nous avions essuyé	nous eûmes essuyé	nous aurons essuyé
vous avez essuyé	vous aviez essuyé	vous eûtes essuyé	vous aurez essuyé
ils ont essuyé	ils avaient essuyé	ils eurent essuyé	ils auront essuyé

CONDITIONNEL

Présent	Passé 1ʳᵉ forme	Passé 2ᵉ forme
j' essuier **ais**	j' aurais essuyé	j' eusse essuyé
tu essuier **ais**	tu aurais essuyé	tu eusses essuyé
il essuier **ait**	il aurait essuyé	il eût essuyé
nous essuier **ions**	nous aurions essuyé	nous eussions essuyé
vous essuier **iez**	vous auriez essuyé	vous eussiez essuyé
ils essuier **aient**	ils auraient essuyé	ils eussent essuyé

IMPÉRATIF

Présent

essui **e** / essuy **ons** / essuy **ez**

Passé

aie essuyé / ayons essuyé / ayez essuyé

SUBJONCTIF

Présent	Imparfait	Passé	Plus-que-parfait
que j' essui **e**	que j' essuy **asse**	que j' aie essuyé	que j' eusse essuyé
que tu essui **es**	que tu essuy **asses**	que tu aies essuyé	que tu eusses essuyé
qu' il essui **e**	qu' il essuy **ât**	qu' il ait essuyé	qu' il eût essuyé
que nous essuy **ions**	que nous essuy **assions**	que n. ayons essuyé	que n. eussions essuyé
que vous essuy **iez**	que vous essuy **assiez**	que v. ayez essuyé	que v. eussiez essuyé
qu' ils essui **ent**	qu' ils essuy **assent**	qu' ils aient essuyé	qu' ils eussent essuyé

INFINITIF

Présent	Passé
essuyer	avoir essuyé

PARTICIPE

Présent	Passé
essuyant	essuyé
	ayant essuyé

GÉRONDIF

Présent	Passé
en essuyant	en ayant essuyé

11 geler / 1er groupe verbes en -eler et -eter changeant e en è devant un e muet

- Se conjuguent sur ce modèle acheter, haleter, modeler, mais aussi démanteler, harceler et quelques autres verbes – voir répertoire (j'achète, je modèle).
- La particularité de ces verbes est de ne pas doubler leur consonne l ou t devant un e muet, mais de prendre un è devant cette consonne.
- Pour les autres verbes en -eler et -eter, voir le tableau 12.
- **Radicaux**: gèl-, gel-, gèler-.

INDICATIF

Présent	Imparfait	Passé simple	Futur simple
je gèl *e*	je gel *ais*	je gel *ai*	je gèler *ai*
tu gèl *es*	tu gel *ais*	tu gel *as*	tu gèler *as*
il gèl *e*	il gel *ait*	il gel *a*	il gèler *a*
nous gel *ons*	nous gel *ions*	nous gel *âmes*	nous gèler *ons*
vous gel *ez*	vous gel *iez*	vous gel *âtes*	vous gèler *ez*
ils gèl *ent*	ils gel *aient*	ils gel *èrent*	ils gèler *ont*

Passé composé	Plus-que-parfait	Passé antérieur	Futur antérieur
j' ai gelé	j' avais gelé	j' eus gelé	j' aurai gelé
tu as gelé	tu avais gelé	tu eus gelé	tu auras gelé
il a gelé	il avait gelé	il eut gelé	il aura gelé
nous avons gelé	nous avions gelé	nous eûmes gelé	nous aurons gelé
vous avez gelé	vous aviez gelé	vous eûtes gelé	vous aurez gelé
ils ont gelé	ils avaient gelé	ils eurent gelé	ils auront gelé

CONDITIONNEL

Présent	Passé 1re forme	Passé 2e forme
je gèler *ais*	j' aurais gelé	j' eusse gelé
tu gèler *ais*	tu aurais gelé	tu eusses gelé
il gèler *ait*	il aurait gelé	il eût gelé
nous gèler *ions*	nous aurions gelé	nous eussions gelé
vous gèler *iez*	vous auriez gelé	vous eussiez gelé
ils gèler *aient*	ils auraient gelé	ils eussent gelé

IMPÉRATIF

Présent

gèl *e* / gel *ons* / gel *ez*

Passé

aie gelé / ayons gelé / ayez gelé

SUBJONCTIF

Présent	Imparfait	Passé	Plus-que-parfait
que je gèl *e*	que je gel *asse*	que j' aie gelé	que j' eusse gelé
que tu gèl *es*	que tu gel *asses*	que tu aies gelé	que tu eusses gelé
qu' il gèl *e*	qu' il gel *ât*	qu' il ait gelé	qu' il eût gelé
que nous gel *ions*	que nous gel *assions*	que n. ayons gelé	que n. eussions gelé
que vous gel *iez*	que vous gel *assiez*	que v. ayez gelé	que v. eussiez gelé
qu' ils gèl *ent*	qu' ils gel *assent*	qu' ils aient gelé	qu' ils eussent gelé

INFINITIF		PARTICIPE		GÉRONDIF	
Présent	Passé	Présent	Passé	Présent	Passé
geler	avoir gelé	gelant	gelé ayant gelé	en gelant	en ayant gelé

1er groupe
verbes en -eler et -eter doublant leur consonne devant un e muet \ jeter 12

- La plupart des verbes qui se terminent par -eler et -eter (appeler par exemple) doublent la consonne **t** ou **l** devant un **e** muet (je jetai, mais je jetterai).
- Pour les exceptions, comme le verbe geler, voir le tableau 11.
- **Radicaux**: jett-, jet-, jetter-.

INDICATIF

Présent	Imparfait	Passé simple	Futur simple
je jett *e*	je jet *ais*	je jet *ai*	je jetter *ai*
tu jett *es*	tu jet *ais*	tu jet *as*	tu jetter *as*
il jett *e*	il jet *ait*	il jet *a*	il jetter *a*
nous jet *ons*	nous jet *ions*	nous jet *âmes*	nous jetter *ons*
vous jet *ez*	vous jet *iez*	vous jet *âtes*	vous jetter *ez*
ils jett *ent*	ils jet *aient*	ils jet *èrent*	ils jetter *ont*

Passé composé	Plus-que-parfait	Passé antérieur	Futur antérieur
j' ai jeté	j' avais jeté	j' eus jeté	j' aurai jeté
tu as jeté	tu avais jeté	tu eus jeté	tu auras jeté
il a jeté	il avait jeté	il eut jeté	il aura jeté
nous avons jeté	nous avions jeté	nous eûmes jeté	nous aurons jeté
vous avez jeté	vous aviez jeté	vous eûtes jeté	vous aurez jeté
ils ont jeté	ils avaient jeté	ils eurent jeté	ils auront jeté

CONDITIONNEL

Présent	Passé 1re forme	Passé 2e forme
je jetter *ais*	j' aurais jeté	j' eusse jeté
tu jetter *ais*	tu aurais jeté	tu eusses jeté
il jetter *ait*	il aurait jeté	il eût jeté
nous jetter *ions*	nous aurions jeté	nous eussions jeté
vous jetter *iez*	vous auriez jeté	vous eussiez jeté
ils jetter *aient*	ils auraient jeté	ils eussent jeté

IMPÉRATIF

Présent
jett *e* / jet *ons* / jet *ez*

Passé
aie jeté / ayons jeté / ayez jeté

SUBJONCTIF

Présent	Imparfait	Passé	Plus-que-parfait
que je jett *e*	que je jet *asse*	que j' aie jeté	que j' eusse jeté
que tu jett *es*	que tu jet *asses*	que tu aies jeté	que tu eusses jeté
qu' il jett *e*	qu' il jet *ât*	qu' il ait jeté	qu' il eût jeté
que nous jet *ions*	que nous jet *assions*	que n. ayons jeté	que n. eussions jeté
que vous jet *iez*	que vous jet *assiez*	que v. ayez jeté	que v. eussiez jeté
qu' ils jett *ent*	qu' ils jet *assent*	qu' ils aient jeté	qu' ils eussent jeté

INFINITIF		PARTICIPE		GÉRONDIF	
Présent	Passé	Présent	Passé	Présent	Passé
jeter	avoir jeté	jetant	jeté ayant jeté	en jetant	en ayant jeté

13 lever / 1ᵉʳ groupe
verbes en -e.er, autres qu'en -eler et -eter

- Suivent ce modèle quelques verbes ayant un **e** muet dans l'avant-dernière syllabe : achever, amener, se démener, peser...
- Ces verbes changent le **e** muet en **è** devant une syllabe muette (il lève, il lèvera), y compris au futur simple et au conditionnel présent.
- Pour les verbes en -eler et -eter, voir les tableaux 11 et 12.
- **Radicaux** : lèv-, lev-, lèver-.

INDICATIF

Présent	Imparfait	Passé simple	Futur simple
je lèv *e*	je lev *ais*	je lev *ai*	je lèver *ai*
tu lèv *es*	tu lev *ais*	tu lev *as*	tu lèver *as*
il lèv *e*	il lev *ait*	il lev *a*	il lèver *a*
nous lev *ons*	nous lev *ions*	nous lev *âmes*	nous lèver *ons*
vous lev *ez*	vous lev *iez*	vous lev *âtes*	vous lèver *ez*
ils lèv *ent*	ils lev *aient*	ils lev *èrent*	ils lèver *ont*

Passé composé	Plus-que-parfait	Passé antérieur	Futur antérieur
j' ai levé	j' avais levé	j' eus levé	j' aurai levé
tu as levé	tu avais levé	tu eus levé	tu auras levé
il a levé	il avait levé	il eut levé	il aura levé
nous avons levé	nous avions levé	nous eûmes levé	nous aurons levé
vous avez levé	vous aviez levé	vous eûtes levé	vous aurez levé
ils ont levé	ils avaient levé	ils eurent levé	ils auront levé

CONDITIONNEL

Présent	Passé 1ʳᵉ forme	Passé 2ᵉ forme
je lèver *ais*	j' aurais levé	j' eusse levé
tu lèver *ais*	tu aurais levé	tu eusses levé
il lèver *ait*	il aurait levé	il eût levé
nous lèver *ions*	nous aurions levé	nous eussions levé
vous lèver *iez*	vous auriez levé	vous eussiez levé
ils lèver *aient*	ils auraient levé	ils eussent levé

IMPÉRATIF

Présent

lèv *e* / lev *ons* / lev *ez*

Passé

aie levé / ayons levé / ayez levé

SUBJONCTIF

Présent	Imparfait	Passé	Plus-que-parfait
que je lèv *e*	que je lev *asse*	que j' aie levé	que j' eusse levé
que tu lèv *es*	que tu lev *asses*	que tu aies levé	que tu eusses levé
qu' il lèv *e*	qu' il lev *ât*	qu' il ait levé	qu' il eût levé
que nous lev *ions*	que nous lev *assions*	que n. ayons levé	que n. eussions levé
que vous lev *iez*	que vous lev *assiez*	que v. ayez levé	que v. eussiez levé
qu' ils lèv *ent*	qu' ils lev *assent*	qu' ils aient levé	qu' ils eussent levé

INFINITIF

Présent	Passé
lever	avoir levé

PARTICIPE

Présent	Passé
levant	levé
	ayant levé

GÉRONDIF

Présent	Passé
en levant	en ayant levé

- Même conjugaison pour les verbes : arranger, changer, obliger, voyager...
- Prend un **e** après le **g** devant les voyelles **a** et **o** (je mangeai, qu'elle mangeât, nous mangeons).
- **Radicaux** : mang-, mange-, manger-.

INDICATIF

Présent	Imparfait	Passé simple	Futur simple
je mang **e**	je mange **ais**	je mange **ai**	je manger **ai**
tu mang **es**	tu mange **ais**	tu mange **as**	tu manger **as**
il mang **e**	il mange **ait**	il mange **a**	il manger **a**
nous mange **ons**	nous mang **ions**	nous mange **âmes**	nous manger **ons**
vous mang **ez**	vous mang **iez**	vous mange **âtes**	vous manger **ez**
ils mang **ent**	ils mange **aient**	ils mang **èrent**	ils manger **ont**

Passé composé	Plus-que-parfait	Passé antérieur	Futur antérieur
j' ai mangé	j' avais mangé	j' eus mangé	j' aurai mangé
tu as mangé	tu avais mangé	tu eus mangé	tu auras mangé
il a mangé	il avait mangé	il eut mangé	il aura mangé
nous avons mangé	nous avions mangé	nous eûmes mangé	nous aurons mangé
vous avez mangé	vous aviez mangé	vous eûtes mangé	vous aurez mangé
ils ont mangé	ils avaient mangé	ils eurent mangé	ils auront mangé

CONDITIONNEL

Présent	Passé 1re forme	Passé 2e forme
je manger **ais**	j' aurais mangé	j' eusse mangé
tu manger **ais**	tu aurais mangé	tu eusses mangé
il manger **ait**	il aurait mangé	il eût mangé
nous manger **ions**	nous aurions mangé	nous eussions mangé
vous manger **iez**	vous auriez mangé	vous eussiez mangé
ils manger **aient**	ils auraient mangé	ils eussent mangé

IMPÉRATIF

Présent

mang **e** / mange **ons** / mang **ez**

Passé

aie mangé / ayons mangé / ayez mangé

SUBJONCTIF

Présent	Imparfait	Passé	Plus-que-parfait
que je mang **e**	que je mange **asse**	que j' aie mangé	que j' eusse mangé
que tu mang **es**	que tu mange **asses**	que tu aies mangé	que tu eusses mangé
qu' il mang **e**	qu' il mange **ât**	qu' il ait mangé	qu' il eût mangé
que nous mang **ions**	que nous mange **assions**	que n. ayons mangé	que n. eussions mangé
que vous mang **iez**	que vous mange **assiez**	que v. ayez mangé	que v. eussiez mangé
qu' ils mang **ent**	qu' ils mange **assent**	qu' ils aient mangé	qu' ils eussent mangé

INFINITIF

Présent	Passé
manger	avoir mangé

PARTICIPE

Présent	Passé
mangeant	mangé
	ayant mangé

GÉRONDIF

Présent	Passé
en mangeant	en ayant mangé

15 payer / 1er groupe
verbes en -ayer

- Verbes qui admettent deux conjugaisons : **y** ou **i** devant un e muet.
- Prend un **i** après le **y** du radical à la 1re et à la 2e personne du pluriel de l'imparfait de l'indicatif et du présent du subjonctif (nous payions, que vous payiez).
- **Radicaux** : pai- ou pay-, paier- ou payer-.

INDICATIF

Présent	Imparfait	Passé simple	Futur simple
je pai **e** / pay **e**	je pay **ais**	je pay **ai**	je paier **ai** / payer **ai**
tu pai **es** / pay **es**	tu pay **ais**	tu pay **as**	tu paier **as** / payer **as**
il pai **e** / pay **e**	il pay **ait**	il pay **a**	il paier **a** / payer **a**
nous pay **ons**	nous pay **ions**	nous pay **âmes**	nous paier **ons** / payer **ons**
vous pay **ez**	vous pay **iez**	vous pay **âtes**	vous paier **ez** / payer **ez**
ils pai **ent** / pay **ent**	ils pay **aient**	ils pay **èrent**	ils paier **ont** / payer **ont**

Passé composé	Plus-que-parfait	Passé antérieur	Futur antérieur
j' ai payé	j' avais payé	j' eus payé	j' aurai payé
tu as payé	tu avais payé	tu eus payé	tu auras payé
il a payé	il avait payé	il eut payé	il aura payé
nous avons payé	nous avions payé	nous eûmes payé	nous aurons payé
vous avez payé	vous aviez payé	vous eûtes payé	vous aurez payé
ils ont payé	ils avaient payé	ils eurent payé	ils auront payé

CONDITIONNEL

Présent	Passé 1re forme	Passé 2e forme
je paier **ais** / payer **ais**	j' aurais payé	j' eusse payé
tu paier **ais** / payer **ais**	tu aurais payé	tu eusses payé
il paier **ait** / payer **ait**	il aurait payé	il eût payé
nous paier **ions** / payer **ions**	nous aurions payé	nous eussions payé
vous paier **iez** / payer **iez**	vous auriez payé	vous eussiez payé
ils paier **aient** / payer **aient**	ils auraient payé	ils eussent payé

IMPÉRATIF

Présent

pai **e** ou pay **e** /
pay **ons** / pay **ez**

Passé

aie payé / ayons
payé / ayez payé

SUBJONCTIF

Présent	Imparfait	Passé	Plus-que-parfait
que je pai **e** / pay **e**	que je pay **asse**	que j' aie payé	que j' eusse payé
que tu pai **es** / pay **es**	que tu pay **asses**	que tu aies payé	que tu eusses payé
qu' il pai **e** / pay **e**	qu' il pay **ât**	qu' il ait payé	qu' il eût payé
que n. pay **ions**	que nous pay **assions**	que n. ayons payé	que n. eussions payé
que v. pay **iez**	que vous pay **assiez**	que v. ayez payé	que v. eussiez payé
qu' ils pai **ent** / pay **ent**	qu' ils pay **asssent**	qu' ils aient payé	qu' ils eussent payé

INFINITIF

Présent	Passé
payer	avoir payé

PARTICIPE

Présent	Passé
payant	payé

GÉRONDIF

Présent	Passé
en payant	en ayant payé

- Modèle suivi par tous les verbes ayant un é à l'avant-dernière syllabe : sécher, compléter, céder, posséder, aérer, espérer, répéter...
- La particularité de ces verbes est que le é devient è devant une terminaison en e muet (je règle, mais je réglais).
- Attention : au futur simple et au conditionnel présent, ces verbes conservent le é fermé.
- **Radicaux** : règl-, régl-, régler-.

INDICATIF

Présent	Imparfait	Passé simple	Futur simple
je règl *e*	je régl *ais*	je régl *ai*	je régler *ai*
tu règl *es*	tu régl *ais*	tu régl *as*	tu régler *as*
il règl *e*	il régl *ait*	il régl *a*	il régler *a*
nous régl *ons*	nous régl *ions*	nous régl *âmes*	nous régler *ons*
vous régl *ez*	vous régl *iez*	vous régl *âtes*	vous régler *ez*
ils règl *ent*	ils régl *aient*	ils régl *èrent*	ils régler *ont*

Passé composé	Plus-que-parfait	Passé antérieur	Futur antérieur
j' ai réglé	j' avais réglé	j' eus réglé	j' aurai réglé
tu as réglé	tu avais réglé	tu eus réglé	tu auras réglé
il a réglé	il avait réglé	il eut réglé	il aura réglé
nous avons réglé	nous avions réglé	nous eûmes réglé	nous aurons réglé
vous avez réglé	vous aviez réglé	vous eûtes réglé	vous aurez réglé
ils ont réglé	ils avaient réglé	ils eurent réglé	ils auront réglé

CONDITIONNEL / IMPÉRATIF

Présent	Passé 1re forme	Passé 2e forme	Présent
je régler *ais*	j' aurais réglé	j' eusse réglé	règl *e* / régl *ons* /
tu régler *ais*	tu aurais réglé	tu eusses réglé	régl *ez*
il régler *ait*	il aurait réglé	il eût réglé	
nous régler *ions*	nous aurions réglé	nous eussions réglé	**Passé**
vous régler *iez*	vous auriez réglé	vous eussiez réglé	aie réglé / ayons réglé /
ils régler *aient*	ils auraient réglé	ils eussent réglé	ayez réglé

SUBJONCTIF

Présent	Imparfait	Passé	Plus-que-parfait
que je règl *e*	que je régl *asse*	que j' aie réglé	que j' eusse réglé
que tu règl *es*	que tu régl *asses*	que tu aies réglé	que tu eusses réglé
qu' il règl *e*	qu' il régl *ât*	qu' il ait réglé	qu' il eût réglé
que nous régl *ions*	que nous régl *assions*	que n. ayons réglé	que n. eussions réglé
que vous régl *iez*	que vous régl *assiez*	que v. ayez réglé	que v. eussiez réglé
qu' ils règl *ent*	qu' ils régl *assent*	qu' ils aient réglé	qu' ils eussent réglé

INFINITIF / PARTICIPE / GÉRONDIF

Présent	Passé	Présent	Passé	Présent	Passé
régler	avoir réglé	réglant	réglé	en réglant	en ayant réglé
			ayant réglé		

17 finir / 2ᵉ groupe verbe modèle

- Même conjugaison pour les verbes en -ir, dont le participe présent se termine en -issant.
- Les formes des indicatifs présent et passé simple sont identiques aux 3 personnes du singulier.
- Les formes des subjonctifs présent et imparfait sont identiques, sauf à la 3ᵉ personne du singulier.
- Le verbe maudire se conjugue sur ce modèle, bien que son infinitif se termine en -IRE et que son participe passé se termine par -t (maudit, maudite).
- **Radicaux** : fin-, finir-.

INDICATIF

Présent	Imparfait	Passé simple	Futur simple
je fin *is*	je fin *issais*	je fin *is*	je finir *ai*
tu fin *is*	tu fin *issais*	tu fin *is*	tu finir *as*
il fin *it*	il fin *issait*	il fin *it*	il finir *a*
nous fin *issons*	nous fin *issions*	nous fin *îmes*	nous finir *ons*
vous fin *issez*	vous fin *issiez*	vous fin *îtes*	vous finir *ez*
ils fin *issent*	ils fin *issaient*	ils fin *irent*	ils finir *ont*

Passé composé	Plus-que-parfait	Passé antérieur	Futur antérieur
j' ai fini	j' avais fini	j' eus fini	j' aurai fini
tu as fini	tu avais fini	tu eus fini	tu auras fini
il a fini	il avait fini	il eut fini	il aura fini
nous avons fini	nous avions fini	nous eûmes fini	nous aurons fini
vous avez fini	vous aviez fini	vous eûtes fini	vous aurez fini
ils ont fini	ils avaient fini	ils eurent fini	ils auront fini

CONDITIONNEL

Présent	Passé 1ʳᵉ forme	Passé 2ᵉ forme
je finir *ais*	j' aurais fini	j' eusse fini
tu finir *ais*	tu aurais fini	tu eusses fini
il finir *ait*	il aurait fini	il eût fini
nous finir *ions*	nous aurions fini	nous eussions fini
vous finir *iez*	vous auriez fini	vous eussiez fini
ils finir *aient*	ils auraient fini	ils eussent fini

IMPÉRATIF

Présent

fin *is* / fin *issons* / fin *issez*

Passé

aie fini / ayons fini / ayez fini

SUBJONCTIF

Présent	Imparfait	Passé	Plus-que-parfait
que je fin *isse*	que je fin *isse*	que j' aie fini	que j' eusse fini
que tu fin *isses*	que tu fin *isses*	que tu aies fini	que tu eusses fini
qu' il fin *isse*	qu' il fin *ît*	qu' il ait fini	qu' il eût fini
que nous fin *issions*	que nous fin *issions*	que n. ayons fini	que n. eussions fini
que vous fin *issiez*	que vous fin *issiez*	que v. ayez fini	que v. eussiez fini
qu' ils fin *issent*	qu' ils fin *issent*	qu' ils aient fini	qu' ils eussent fini

INFINITIF

Présent	Passé
finir	avoir fini

PARTICIPE

Présent	Passé
finissant	fini
	ayant fini

GÉRONDIF

Présent	Passé
en finissant	en ayant fini

- Haïr est le seul verbe de cette conjugaison.
- Il prend un tréma sur le **i** dans toute sa conjugaison sauf aux personnes du singulier du présent de l'indicatif et de l'impératif (je hais, tu hais, il hait, hais).
- Il n'y a donc pas d'accent circonflexe à l'indicatif passé simple et au subjonctif imparfait.
- Les formes des subjonctifs présent et imparfait sont identiques, sauf à la 3ᵉ personne du singulier.
- **Radicaux** : ha-, haïr-.

INDICATIF

Présent	Imparfait	Passé simple	Futur simple
je ha *is*	je ha *ïssais*	je ha *ïs*	je haïr *ai*
tu ha *is*	tu ha *ïssais*	tu ha *ïs*	tu haïr *as*
il ha *it*	il ha *ïssait*	il ha *ït*	il haïr *a*
nous ha *ïssons*	nous ha *ïssions*	nous ha *ïmes*	nous haïr *ons*
vous ha *ïssez*	vous ha *ïssiez*	vous ha *ïtes*	vous haïr *ez*
ils ha *ïssent*	ils ha *ïssaient*	ils ha *ïrent*	ils haïr *ont*

Passé composé	Plus-que-parfait	Passé antérieur	Futur antérieur
j' ai haï	j' avais haï	j' eus haï	j' aurai haï
tu as haï	tu avais haï	tu eus haï	tu auras haï
il a haï	il avait haï	il eut haï	il aura haï
nous avons haï	nous avions haï	nous eûmes haï	nous aurons haï
vous avez haï	vous aviez haï	vous eûtes haï	vous aurez haï
ils ont haï	ils avaient haï	ils eurent haï	ils auront haï

CONDITIONNEL

Présent	Passé 1ʳᵉ forme	Passé 2ᵉ forme
je haïr *ais*	j' aurais haï	j' eusse haï
tu haïr *ais*	tu aurais haï	tu eusses haï
il haïr *ait*	il aurait haï	il eût haï
nous haïr *ions*	nous aurions haï	nous eussions haï
vous haïr *iez*	vous auriez haï	vous eussiez haï
ils haïr *aient*	ils auraient haï	ils eussent haï

IMPÉRATIF

Présent

ha *is* / ha *ïssons* /
ha *ïssez*

Passé

aie haï / ayons haï /
ayez haï

SUBJONCTIF

Présent	Imparfait	Passé	Plus-que-parfait
que je ha *ïsse*	que je ha *ïsse*	que j' aie haï	que j' eusse haï
que tu ha *ïsses*	que tu ha *ïsses*	que tu aies haï	que tu eusses haï
qu' il ha *ïsse*	qu' il ha *ït*	qu' il ait haï	qu' il eût haï
que nous ha *ïssions*	que nous ha *ïssions*	que n. ayons haï	que n. eussions haï
que vous ha *ïssiez*	que vous ha *ïssiez*	que v. ayez haï	que v. eussiez haï
qu' ils ha *ïssent*	qu' ils ha *ïssent*	qu' ils aient haï	qu' ils eussent haï

INFINITIF		PARTICIPE		GÉRONDIF	
Présent	Passé	Présent	Passé	Présent	Passé
haïr	avoir haï	haïssant	haï	en haïssant	en ayant haï
			ayant haï		

19 aller / 3ᵉ groupe

- Exception des verbes se terminant par -er et n'appartenant pas au 1ᵉʳ groupe.
- L'impératif singulier prend un **s** lorsqu'il est suivi du pronom adverbial **y** (vas-y).
- Le verbe aller sert à conjuguer le futur proche (je vais partir).
- **Radicaux** : v-, all-, ir-, aill-.

INDICATIF

Présent	Imparfait	Passé simple	Futur simple
je v *ais*	j' all *ais*	j' all *ai*	j' ir *ai*
tu v *as*	tu all *ais*	tu all *as*	tu ir *as*
il v *a*	il all *ait*	il all *a*	il ir *a*
nous all *ons*	nous all *ions*	nous all *âmes*	nous ir *ons*
vous all *ez*	vous all *iez*	vous all *âtes*	vous ir *ez*
ils v *ont*	ils all *aient*	ils all *èrent*	ils ir *ont*

Passé composé	Plus-que-parfait	Passé antérieur	Futur antérieur
je suis allé	j' étais allé	je fus allé	je serai allé
tu es allé	tu étais allé	tu fus allé	tu seras allé
il est allé	il était allé	il fut allé	il sera allé
nous sommes allés	nous étions allés	nous fûmes allés	nous serons allés
vous êtes allés	vous étiez allés	vous fûtes allés	vous serez allés
ils sont allés	ils étaient allés	ils furent allés	ils seront allés

CONDITIONNEL

Présent	Passé 1ʳᵉ forme	Passé 2ᵉ forme
j' ir *ais*	je serais allé	je fusse allé
tu ir *ais*	tu serais allé	tu fusses allé
il ir *ait*	il serait allé	il fût allé
nous ir *ions*	nous serions allés	nous fussions allés
vous ir *iez*	vous seriez allés	vous fussiez allés
ils ir *aient*	ils seraient allés	ils fussent allés

IMPÉRATIF

Présent

v *a* / all *ons* / all *ez*

Passé

sois allé / soyons allés / soyez allés

SUBJONCTIF

Présent	Imparfait	Passé	Plus-que-parfait
que j' aill *e*	que j' all *asse*	que je sois allé	que je fusse allé
que tu aill *es*	que tu all *asses*	que tu sois allé	que tu fusses allé
qu' il aill *e*	qu' il all *ât*	qu' il soit allé	qu' il fût allé
que nous all *ions*	que nous all *assions*	que n. soyons allés	que n. fussions allés
que vous all *iez*	que vous all *assiez*	que v. soyez allés	que v. fussiez allés
qu' ils aill *ent*	qu' ils all *assent*	qu' ils soient allés	qu' ils fussent allés

INFINITIF

Présent	Passé
aller	être allé

PARTICIPE

Présent	Passé
allant	allé
	étant allé

GÉRONDIF

Présent	Passé
en allant	en étant allé

- Ce verbe admet deux conjugaisons. Les formes en **ie** et **ey** (j'assieds, j'asseyais) s'imposent face à celles en **oi** et **oy** (j'assois, j'assoyais).
- S'emploie avec l'auxiliaire avoir lorsqu'il est transitif et être lorsqu'il se présente sous sa forme pronominale.
- Prend un **i** après le **y** à la 1ʳᵉ personne et à la 2ᵉ personne du pluriel de l'imparfait de l'indicatif et du présent du subjonctif (nous asseyions, que vous asseyiez).
- **Radicaux** : assied-, assey-, ass-, assiér-.

INDICATIF

Présent	Imparfait	Passé simple	Futur simple
j' assied **s**	j' assey **ais**	j' ass **is**	j' assiér **ai**
tu assied **s**	tu assey **ais**	tu ass **is**	tu assiér **as**
il assied	il assey **ait**	il ass **it**	il assiér **a**
nous assey **ons**	nous assey **ions**	nous ass **îmes**	nous assiér **ons**
vous assey **ez**	vous assey **iez**	vous ass **îtes**	vous assiér **ez**
ils assey **ent**	ils assey **aient**	ils ass **irent**	ils assiér **ont**

Passé composé	Plus-que-parfait	Passé antérieur	Futur antérieur
j' ai assis	j' avais assis	j' eus assis	j' aurai assis
tu as assis	tu avais assis	tu eus assis	tu auras assis
il a assis	il avait assis	il eut assis	il aura assis
nous avons assis	nous avions assis	nous eûmes assis	nous aurons assis
vous avez assis	vous aviez assis	vous eûtes assis	vous aurez assis
ils ont assis	ils avaient assis	ils eurent assis	ils auront assis

CONDITIONNEL

Présent	Passé 1ʳᵉ forme	Passé 2ᵉ forme
j' assiér **ais**	j' aurais assis	j' eusse assis
tu assiér **ais**	tu aurais assis	tu eusses assis
il assiér **ait**	il aurait assis	il eût assis
nous assiér **ions**	nous aurions assis	nous eussions assis
vous assiér **iez**	vous auriez assis	vous eussiez assis
ils assiér **aient**	ils auraient assis	ils eussent assis

IMPÉRATIF

Présent
assied **s** / assey **ons** / assey **ez**

Passé
aie assis / ayons assis / ayez assis

SUBJONCTIF

Présent	Imparfait	Passé	Plus-que-parfait
que j' assey **e**	que j' ass **isse**	que j' aie assis	que j' eusse assis
que tu assey **es**	que tu ass **isses**	que tu aies assis	que tu eusses assis
qu' il assey **e**	qu' il ass **ît**	qu' il ait assis	qu' il eût assis
que nous assey **ions**	que nous ass **issions**	que n. ayons assis	que n. eussions assis
que vous assey **iez**	que vous ass **issiez**	que v. ayez assis	que v. eussiez assis
qu' ils assey **ent**	qu' ils ass **issent**	qu' ils aient assis	qu' ils eussent assis

INFINITIF		PARTICIPE		GÉRONDIF	
Présent	Passé	Présent	Passé	Présent	Passé
asseoir	avoir assis	asseyant	assis	en asseyant	en ayant assis
			ayant assis		

21 atteindre / 3ᵉ groupe
verbes en -indre

- Tous les verbes en -indre (-eindre, -aindre et -oindre) suivent ce modèle.
- Le **d** du radical disparaît partout, sauf au futur simple de l'indicatif (j'atteindrai) et au présent du conditionnel (j'atteindrais).
- Ne pas oublier le **i** après le **gn** à la 1ʳᵉ personne et à la 2ᵉ personne du pluriel de l'imparfait de l'indicatif et du présent du subjonctif (nous peignions, que vous peigniez).
- **Radicaux** : attein-, atteign-, atteindr-.

INDICATIF

Présent	Imparfait	Passé simple	Futur simple
j' attein **s**	j' atteign **ais**	j' atteign **is**	j' atteindr **ai**
tu attein **s**	tu atteign **ais**	tu atteign **is**	tu atteindr **as**
il attein **t**	il atteign **ait**	il atteign **it**	il atteindr **a**
nous atteign **ons**	nous atteign **ions**	nous atteign **îmes**	nous atteindr **ons**
vous atteign **ez**	vous atteign **iez**	vous atteign **îtes**	vous atteindr **ez**
ils atteign **ent**	ils atteign **aient**	ils atteign **irent**	ils atteindr **ont**

Passé composé	Plus-que-parfait	Passé antérieur	Futur antérieur
j' ai atteint	j' avais atteint	j' eus atteint	j' aurai atteint
tu as atteint	tu avais atteint	tu eus atteint	tu auras atteint
il a atteint	il avait atteint	il eut atteint	il aura atteint
nous avons atteint	nous avions atteint	nous eûmes atteint	nous aurons atteint
vous avez atteint	vous aviez atteint	vous eûtes atteint	vous aurez atteint
ils ont atteint	ils avaient atteint	ils eurent atteint	ils auront atteint

CONDITIONNEL

Présent	Passé 1ʳᵉ forme	Passé 2ᵉ forme
j' atteindr **ais**	j' aurais atteint	j' eusse atteint
tu atteindr **ais**	tu aurais atteint	tu eusses atteint
il atteindr **ait**	il aurait atteint	il eût atteint
nous atteindr **ions**	nous aurions atteint	nous eussions atteint
vous atteindr **iez**	vous auriez atteint	vous eussiez atteint
ils atteindr **aient**	ils auraient atteint	ils eussent atteint

IMPÉRATIF

Présent

attein **s** / atteign **ons** / atteign **ez**

Passé

aie atteint / ayons atteint / ayez atteint

SUBJONCTIF

Présent	Imparfait	Passé	Plus-que-parfait
que j' atteign **e**	que j' atteign **isse**	que j' aie atteint	que j' eusse atteint
que tu atteign **es**	que tu atteign **isses**	que tu aies atteint	que tu eusses atteint
qu' il atteign **e**	qu' il atteign **ît**	qu' il ait atteint	qu' il eût atteint
que nous atteign **ions**	que nous atteign **issions**	que n. ayons atteint	que n. eussions atteint
que vous atteign **iez**	que vous atteign **issiez**	que v. ayez atteint	que v. eussiez atteint
qu' ils atteign **ent**	qu' ils atteign **issent**	qu' ils aient atteint	qu' ils eussent atteint

INFINITIF

Présent	Passé
atteindre	avoir atteint

PARTICIPE

Présent	Passé
atteignant	atteint
	ayant atteint

GÉRONDIF

Présent	Passé
en atteignant	en ayant atteint

- Même conjugaison pour ses dérivés : abattre, combattre, débattre, s'ébattre, rabattre...
- Attention : bats à la 1ʳᵉ et à la 2ᵉ personne du singulier de l'indicatif présent et à la 2ᵉ personne du singulier de l'impératif présent.
- Le participe passé est en **u**, alors que le passé simple est en **i**.
- **Radicaux** : bat-, batt-, battr-.

INDICATIF

Présent	Imparfait	Passé simple	Futur simple
je bat **s**	je batt **ais**	je batt **is**	je battr **ai**
tu bat **s**	tu batt **ais**	tu batt **is**	tu battr **as**
il bat	il batt **ait**	il batt **it**	il battr **a**
nous batt **ons**	nous batt **ions**	nous batt **îmes**	nous battr **ons**
vous batt **ez**	vous batt **iez**	vous batt **îtes**	vous battr **ez**
ils batt **ent**	ils batt **aient**	ils batt **irent**	ils battr **ont**

Passé composé	Plus-que-parfait	Passé antérieur	Futur antérieur
j' ai battu	j' avais battu	j' eus battu	j' aurai battu
tu as battu	tu avais battu	tu eus battu	tu auras battu
il a battu	il avait battu	il eut battu	il aura battu
nous avons battu	nous avions battu	nous eûmes battu	nous aurons battu
vous avez battu	vous aviez battu	vous eûtes battu	vous aurez battu
ils ont battu	ils avaient battu	ils eurent battu	ils auront battu

CONDITIONNEL

Présent	Passé 1ʳᵉ forme	Passé 2ᵉ forme
je battr **ais**	j' aurais battu	j' eusse battu
tu battr **ais**	tu aurais battu	tu eusses battu
il battr **ait**	il aurait battu	il eût battu
nous battr **ions**	nous aurions battu	nous eussions battu
vous battr **iez**	vous auriez battu	vous eussiez battu
ils battr **aient**	ils auraient battu	ils eussent battu

IMPÉRATIF

Présent

bat **s** / batt **ons** / batt **ez**

Passé

aie battu / ayons battu / ayez battu

SUBJONCTIF

Présent	Imparfait	Passé	Plus-que-parfait
que je batt **e**	que je batt **isse**	que j' aie battu	que j' eusse battu
que tu batt **es**	que tu batt **isses**	que tu aies battu	que tu eusses battu
qu' il batt **e**	qu' il batt **ît**	qu' il ait battu	qu' il eût battu
que nous batt **ions**	que nous batt **issions**	que n. ayons battu	que n. eussions battu
que vous batt **iez**	que vous batt **issiez**	que v. ayez battu	que v. eussiez battu
qu' ils batt **ent**	qu' ils batt **issent**	qu' ils aient battu	qu' ils eussent battu

INFINITIF		PARTICIPE		GÉRONDIF	
Présent	Passé	Présent	Passé	Présent	Passé
battre	avoir battu	battant	battu ayant battu	en battant	en ayant battu

23 boire / 3ᵉ groupe

- Attention : bois aux deux 1ʳᵉˢ personnes du singulier du présent de l'indicatif et à la 2ᵉ personne du singulier du présent de l'impératif.
- **Radicaux** : boi-, buv-, boiv-, b-, boir-.

INDICATIF

Présent	Imparfait	Passé simple	Futur simple
je boi **s**	je buv **ais**	je b **us**	je boir **ai**
tu boi **s**	tu buv **ais**	tu b **us**	tu boir **as**
il boi **t**	il buv **ait**	il b **ut**	il boir **a**
nous buv **ons**	nous buv **ions**	nous b **ûmes**	nous boir **ons**
vous buv **ez**	vous buv **iez**	vous b **ûtes**	vous boir **ez**
ils boiv **ent**	ils buv **aient**	ils b **urent**	ils boir **ont**

Passé composé	Plus-que-parfait	Passé antérieur	Futur antérieur
j' ai bu	j' avais bu	j' eus bu	j' aurai bu
tu as bu	tu avais bu	tu eus bu	tu auras bu
il a bu	il avait bu	il eut bu	il aura bu
nous avons bu	nous avions bu	nous eûmes bu	nous aurons bu
vous avez bu	vous aviez bu	vous eûtes bu	vous aurez bu
ils ont bu	ils avaient bu	ils eurent bu	ils auront bu

CONDITIONNEL

Présent	Passé 1ʳᵉ forme	Passé 2ᵉ forme
je boir **ais**	j' aurais bu	j' eusse bu
tu boir **ais**	tu aurais bu	tu eusses bu
il boir **ait**	il aurait bu	il eût bu
nous boir **ions**	nous aurions bu	nous eussions bu
vous boir **iez**	vous auriez bu	vous eussiez bu
ils boir **aient**	ils auraient bu	ils eussent bu

IMPÉRATIF

Présent

boi **s** / buv **ons** /
buv **ez**

Passé

aie bu / ayons bu /
ayez bu

SUBJONCTIF

Présent	Imparfait	Passé	Plus-que-parfait
que je boiv **e**	que je b **usse**	que j' aie bu	que j' eusse bu
que tu boiv **es**	que tu b **usses**	que tu aies bu	que tu eusses bu
qu' il boiv **e**	qu' il b **ût**	qu' il ait bu	qu' il eût bu
que nous buv **ions**	que nous b **ussions**	que n. ayons bu	que n. eussions bu
que vous buv **iez**	que vous b **ussiez**	que v. ayez bu	que v. eussiez bu
qu' ils boiv **ent**	qu' ils b **ussent**	qu' ils aient bu	qu' ils eussent bu

INFINITIF

Présent	Passé
boire	avoir bu

PARTICIPE

Présent	Passé
buvant	bu
	ayant bu

GÉRONDIF

Présent	Passé
en buvant	en ayant bu

- La base -ill du radical se retrouve à toutes les formes, sauf aux personnes du singulier du présent de l'indicatif et de l'impératif (je bous, tu bous, il bout, bous).
- Attention : ne pas oublier le i après -ll- à la 1ʳᵉ et à la 2ᵉ personne du pluriel de l'imparfait de l'indicatif et du subjonctif présent (nous bouillions, que vous bouilliez).
- **Radicaux** : bou-, bouill-, bouillir-.

INDICATIF

Présent	Imparfait	Passé simple	Futur simple
je bou *s*	je bouill *ais*	je bouill *is*	je bouillir *ai*
tu bou *s*	tu bouill *ais*	tu bouill *is*	tu bouillir *as*
il bou *t*	il bouill *ait*	il bouill *it*	il bouillir *a*
nous bouill *ons*	nous bouill *ions*	nous bouill *îmes*	nous bouillir *ons*
vous bouill *ez*	vous bouill *iez*	vous bouill *îtes*	vous bouillir *ez*
ils bouill *ent*	ils bouill *aient*	ils bouill *irent*	ils bouillir *ont*

Passé composé	Plus-que-parfait	Passé antérieur	Futur antérieur
j' ai bouilli	j' avais bouilli	j' eus bouilli	j' aurai bouilli
tu as bouilli	tu avais bouilli	tu eus bouilli	tu auras bouilli
il a bouilli	il avait bouilli	il eut bouilli	il aura bouilli
nous avons bouilli	nous avions bouilli	nous eûmes bouilli	nous aurons bouilli
vous avez bouilli	vous aviez bouilli	vous eûtes bouilli	vous aurez bouilli
ils ont bouilli	ils avaient bouilli	ils eurent bouilli	ils auront bouilli

CONDITIONNEL

Présent	Passé 1ʳᵉ forme	Passé 2ᵉ forme
je bouillir *ais*	j' aurais bouilli	j' eusse bouilli
tu bouillir *ais*	tu aurais bouilli	tu eusses bouilli
il bouillir *ait*	il aurait bouilli	il eût bouilli
nous bouillir *ions*	nous aurions bouilli	nous eussions bouilli
vous bouillir *iez*	vous auriez bouilli	vous eussiez bouilli
ils bouillir *aient*	ils auraient bouilli	ils eussent bouilli

IMPÉRATIF

Présent

bou *s* / bouill *ons* / bouill *ez*

Passé

aie bouilli / ayons bouilli / ayez bouilli

SUBJONCTIF

Présent	Imparfait	Passé	Plus-que-parfait
que je bouill *e*	que je bouill *isse*	que j' aie bouilli	que j' eusse bouilli
que tu bouill *es*	que tu bouill *isses*	que tu aies bouilli	que tu eusses bouilli
qu' il bouill *e*	qu' il bouill *ît*	qu' il ait bouilli	qu' il eût bouilli
que nous bouill *ions*	que nous bouill *issions*	que n. ayons bouilli	que n. eussions bouilli
que vous bouill *iez*	que vous bouill *issiez*	que v. ayez bouilli	que v. eussiez bouilli
qu' ils bouill *ent*	qu' ils bouill *issent*	qu' ils aient bouilli	qu' ils eussent bouilli

INFINITIF

Présent	Passé
bouillir	avoir bouilli

PARTICIPE

Présent	Passé
bouillant	bouilli ayant bouilli

GÉRONDIF

Présent	Passé
en bouillant	en ayant bouilli

25 clore / 3ᵉ groupe

- Exemple de verbe défectif (ne possède pas, dans l'usage réel, toutes les formes).
- Un accent circonflexe est présent uniquement à la 3ᵉ personne du singulier du présent de l'indicatif (elle clôt).
- Éclore ne s'emploie qu'à la 3ᵉ personne (il éclot: sans accent circonflexe).
  Enclore possède les formes nous enclosons, vous enclosez; enclosons, enclosez (il enclot: sans accent circonflexe). Déclore ne prend pas d'accent circonflexe (il déclot).
- **Radicaux**: clo-, clô-, clor-, clos-.

INDICATIF

Présent	Imparfait	Passé simple	Futur simple
je clo **s**			je clor **ai**
tu clo **s**			tu clor **as**
il clô **t**			il clor **a**
–	–	–	nous clor **ons**
			vous clor **ez**
ils clo **sent**			ils clor **ont**

Passé composé	Plus-que-parfait	Passé antérieur	Futur antérieur
j' ai clos	j' avais clos	j' eus clos	j' aurai clos
tu as clos	tu avais clos	tu eus clos	tu auras clos
il a clos	il avait clos	il eut clos	il aura clos
nous avons clos	nous avions clos	nous eûmes clos	nous aurons clos
vous avez clos	vous aviez clos	vous eûtes clos	vous aurez clos
ils ont clos	ils avaient clos	ils eurent clos	ils auront clos

CONDITIONNEL

Présent	Passé 1ʳᵉ forme	Passé 2ᵉ forme
je clor **ais**	j' aurais clos	j' eusse clos
tu clor **ais**	tu aurais clos	tu eusses clos
il clor **ait**	il aurait clos	il eût clos
nous clor **ions**	nous aurions clos	nous eussions clos
vous clor **iez**	vous auriez clos	vous eussiez clos
ils clor **aient**	ils auraient clos	ils eussent clos

IMPÉRATIF

Présent

clos – –

Passé

aie clos / ayons clos / ayez clos

SUBJONCTIF

Présent	Imparfait	Passé	Plus-que-parfait
que je clos **e**		que j' aie clos	que j' eusse clos
que tu clos **es**		que tu aies clos	que tu eusses clos
qu' il clos **e**	–	qu' il ait clos	qu' il eût clos
que nous clos **ions**		que n. ayons clos	que n. eussions clos
que vous clos **iez**		que v. ayez clos	que v. eussiez clos
qu' ils clos **ent**		qu' ils aient clos	qu' ils eussent clos

INFINITIF

Présent	Passé
clore	avoir clos

PARTICIPE

Présent	Passé
closant	clos
	ayant clos

GÉRONDIF

Présent	Passé
en closant	en ayant clos

- À l'indicatif présent, ne pas confondre les terminaisons du 1ᵉʳ groupe (-e, -es, -e) avec celles de ce verbe (-s, -s, -t).
- Exclure a pour participe passé exclu/exclue. Inclure a pour participe passé inclus/incluse.
- **Radicaux**: conclu-, concl-, conclur-.

INDICATIF

Présent	Imparfait	Passé simple	Futur simple
je conclu **s**	je conclu **ais**	je concl **us**	je conclur **ai**
tu conclu **s**	tu conclu **ais**	tu concl **us**	tu conclur **as**
il conclu **t**	il conclu **ait**	il concl **ut**	il conclur **a**
nous conclu **ons**	nous conclu **ions**	nous concl **ûmes**	nous conclur **ons**
vous conclu **ez**	vous conclu **iez**	vous concl **ûtes**	vous conclur **ez**
ils conclu **ent**	ils conclu **aient**	ils concl **urent**	ils conclur **ont**

Passé composé	Plus-que-parfait	Passé antérieur	Futur antérieur
j' ai conclu	j' avais conclu	j' eus conclu	j' aurai conclu
tu as conclu	tu avais conclu	tu eus conclu	tu auras conclu
il a conclu	il avait conclu	il eut conclu	il aura conclu
nous avons conclu	nous avions conclu	nous eûmes conclu	nous aurons conclu
vous avez conclu	vous aviez conclu	vous eûtes conclu	vous aurez conclu
ils ont conclu	ils avaient conclu	ils eurent conclu	ils auront conclu

CONDITIONNEL

Présent	Passé 1ʳᵉ forme	Passé 2ᵉ forme
je conclur **ais**	j' aurais conclu	j' eusse conclu
tu conclur **ais**	tu aurais conclu	tu eusses conclu
il conclur **ait**	il aurait conclu	il eût conclu
nous conclur **ions**	nous aurions conclu	nous eussions conclu
vous conclur **iez**	vous auriez conclu	vous eussiez conclu
ils conclur **aient**	ils auraient conclu	ils eussent conclu

IMPÉRATIF

Présent

conclu **s** / conclu **ons** / conclu **ez**

Passé

aie conclu / ayons conclu / ayez conclu

SUBJONCTIF

Présent	Imparfait	Passé	Plus-que-parfait
que je conclu **e**	que je concl **usse**	que j' aie conclu	que j' eusse conclu
que tu conclu **es**	que tu concl **usses**	que tu aies conclu	que tu eusses conclu
qu' il conclu **e**	qu' il concl **ût**	qu' il ait conclu	qu' il eût conclu
que nous conclu **ions**	que nous concl **ussions**	que n. ayons conclu	que n. eussions conclu
que vous conclu **iez**	que vous concl **ussiez**	que v. ayez conclu	que v. eussiez conclu
qu' ils conclu **ent**	qu' ils concl **ussent**	qu' ils aient conclu	qu' ils eussent conclu

INFINITIF		PARTICIPE		GÉRONDIF	
Présent	Passé	Présent	Passé	Présent	Passé
conclure	avoir conclu	concluant	conclu	en concluant	en ayant conclu
			ayant conclu		

27 connaître / 3ᵉ groupe
verbes en -aître

- Même conjugaison pour paître, paraître et les dérivés (méconnaître, reconnaître, repaître, apparaître, comparaître, disparaître, réapparaître, reparaître, transparaître).
- Si le **i** est suivi d'un **t**, il prend un accent circonflexe.
- **Radicaux**: connai-, connaît-, connaiss-, conn-, connaîtr-.

INDICATIF

Présent	Imparfait	Passé simple	Futur simple
je connai **s**	je connaiss **ais**	je conn **us**	je connaîtr **ai**
tu connai **s**	tu connaiss **ais**	tu conn **us**	tu connaîtr **as**
il connaî **t**	il connaiss **ait**	il conn **ut**	il connaîtr **a**
nous connaiss **ons**	nous connaiss **ions**	nous conn **ûmes**	nous connaîtr **ons**
vous connaiss **ez**	vous connaiss **iez**	vous conn **ûtes**	vous connaîtr **ez**
ils connaiss **ent**	ils connaiss **aient**	ils conn **urent**	ils connaîtr **ont**

Passé composé	Plus-que-parfait	Passé antérieur	Futur antérieur
j' ai connu	j' avais connu	j' eus connu	j' aurai connu
tu as connu	tu avais connu	tu eus connu	tu auras connu
il a connu	il avait connu	il eut connu	il aura connu
nous avons connu	nous avions connu	nous eûmes connu	nous aurons connu
vous avez connu	vous aviez connu	vous eûtes connu	vous aurez connu
ils ont connu	ils avaient connu	ils eurent connu	ils auront connu

CONDITIONNEL

Présent	Passé 1ʳᵉ forme	Passé 2ᵉ forme
je connaîtr **ais**	j' aurais connu	j' eusse connu
tu connaîtr **ais**	tu aurais connu	tu eusses connu
il connaîtr **ait**	il aurait connu	il eût connu
nous connaîtr **ions**	nous aurions connu	nous eussions connu
vous connaîtr **iez**	vous auriez connu	vous eussiez connu
ils connaîtr **aient**	ils auraient connu	ils eussent connu

IMPÉRATIF

Présent

connai **s** / connaiss **ons** / connaiss **ez**

Passé

aie connu / ayons connu / ayez connu

SUBJONCTIF

Présent	Imparfait	Passé	Plus-que-parfait
que je connaiss **e**	que je conn **usse**	que j' aie connu	que j' eusse connu
que tu connaiss **es**	que tu conn **usses**	que tu aies connu	que tu eusses connu
qu' il connaiss **e**	qu' il conn **ût**	qu' il ait connu	qu' il eût connu
que nous connaiss **ions**	que nous conn **ussions**	que n. ayons connu	que n. eussions connu
que vous connaiss **iez**	que vous conn **ussiez**	que v. ayez connu	que v. eussiez connu
qu' ils connaiss **ent**	qu' ils conn **ussent**	qu' ils aient connu	qu' ils eussent connu

INFINITIF

Présent	Passé
connaître	avoir connu

PARTICIPE

Présent	Passé
connaissant	connu
	ayant connu

GÉRONDIF

Présent	Passé
en connaissant	en ayant connu

- Même conjugaison pour les verbes acquérir, s'enquérir et requérir.
- Doublement du **r** au futur simple de l'indicatif et au présent du conditionnel.
- **Radicaux**: conquier-, conquér-, conquièr-, conqu-, conquerr-.

INDICATIF

Présent	Imparfait	Passé simple	Futur simple
je conquier **s**	je conquér **ais**	je conqu **is**	je conquerr **ai**
tu conquier **s**	tu conquér **ais**	tu conqu **is**	tu conquerr **as**
il conquier **t**	il conquér **ait**	il conqu **it**	il conquerr **a**
nous conquér **ons**	nous conquér **ions**	nous conqu **îmes**	nous conquerr **ons**
vous conquér **ez**	vous conquér **iez**	vous conqu **îtes**	vous conquerr **ez**
ils conquièr **ent**	ils conquér **aient**	ils conqu **irent**	ils conquerr **ont**

Passé composé	Plus-que-parfait	Passé antérieur	Futur antérieur
j' ai conquis	j' avais conquis	j' eus conquis	j' aurai conquis
tu as conquis	tu avais conquis	tu eus conquis	tu auras conquis
il a conquis	il avait conquis	il eut conquis	il aura conquis
nous avons conquis	nous avions conquis	nous eûmes conquis	nous aurons conquis
vous avez conquis	vous aviez conquis	vous eûtes conquis	vous aurez conquis
ils ont conquis	ils avaient conquis	ils eurent conquis	ils auront conquis

CONDITIONNEL

Présent	Passé 1ʳᵉ forme	Passé 2ᵉ forme
je conquerr **ais**	j' aurais conquis	j' eusse conquis
tu conquerr **ais**	tu aurais conquis	tu eusses conquis
il conquerr **ait**	il aurait conquis	il eût conquis
nous conquerr **ions**	nous aurions conquis	nous eussions conquis
vous conquerr **iez**	vous auriez conquis	vous eussiez conquis
ils conquerr **aient**	ils auraient conquis	ils eussent conquis

IMPÉRATIF

Présent

conquier **s** / conquér **ons**
conquér **ez**

Passé

aie conquis / ayons
conquis / ayez conquis

SUBJONCTIF

Présent	Imparfait	Passé	Plus-que-parfait
que je conquièr **e**	que je conqu **isse**	que j' aie conquis	que j' eusse conquis
que tu conquièr **es**	que tu conqu **isses**	que tu aies conquis	que tu eusses conquis
qu' il conquièr **e**	qu' il conqu **ît**	qu' il ait conquis	qu' il eût conquis
que nous conquér **ions**	que nous conqu **issions**	que n. ayons conquis	que n. eussions conquis
que vous conquér **iez**	que vous conqu **issiez**	que v. ayez conquis	que v. eussiez conquis
qu' ils conquièr **ent**	qu' ils conqu **issent**	qu' ils aient conquis	qu' ils eussent conquis

INFINITIF

Présent	Passé
conquérir	avoir conquis

PARTICIPE

Présent	Passé
conquérant	conquis
	ayant conquis

GÉRONDIF

Présent	Passé
en conquérant	en ayant
	conquis

29 coudre / 3ᵉ groupe

- Même conjugaison pour ses dérivés découdre et recoudre.
- Attention à la 3ᵉ personne de l'indicatif (il coud).
- Le passé simple est en **i** alors que le participe passé est en **u**.
- Pour les verbes en -dre, voir le tableau 54.
- **Radicaux**: coud-, cous-, coudr-.

INDICATIF

Présent	Imparfait	Passé simple	Futur simple
je coud **s**	je cous **ais**	je cous **is**	je coudr **ai**
tu coud **s**	tu cous **ais**	tu cous **is**	tu coudr **as**
il coud	il cous **ait**	il cous **it**	il coudr **a**
nous cous **ons**	nous cous **ions**	nous cous **îmes**	nous coudr **ons**
vous cous **ez**	vous cous **iez**	vous cous **îtes**	vous coudr **ez**
ils cous **ent**	ils cous **aient**	ils cous **irent**	ils coudr **ont**

Passé composé	Plus-que-parfait	Passé antérieur	Futur antérieur
j' ai cousu	j' avais cousu	j' eus cousu	j' aurai cousu
tu as cousu	tu avais cousu	tu eus cousu	tu auras cousu
il a cousu	il avait cousu	il eut cousu	il aura cousu
nous avons cousu	nous avions cousu	nous eûmes cousu	nous aurons cousu
vous avez cousu	vous aviez cousu	vous eûtes cousu	vous aurez cousu
ils ont cousu	ils avaient cousu	ils eurent cousu	ils auront cousu

CONDITIONNEL

Présent	Passé 1ʳᵉ forme	Passé 2ᵉ forme
je coudr **ais**	j' aurais cousu	j' eusse cousu
tu coudr **ais**	tu aurais cousu	tu eusses cousu
il coudr **ait**	il aurait cousu	il eût cousu
nous coudr **ions**	nous aurions cousu	nous eussions cousu
vous coudr **iez**	vous auriez cousu	vous eussiez cousu
ils coudr **aient**	ils auraient cousu	ils eussent cousu

IMPÉRATIF

Présent

coud **s** / cous **ons** / cous **ez**

Passé

aie cousu / ayons cousu / ayez cousu

SUBJONCTIF

Présent	Imparfait	Passé	Plus-que-parfait
que je cous **e**	que je cous **isse**	que j' aie cousu	que j' eusse cousu
que tu cous **es**	que tu cous **isses**	que tu aies cousu	que tu eusses cousu
qu' il cous **e**	qu' il cous **ît**	qu' il ait cousu	qu' il eût cousu
que nous cous **ions**	que nous cous **issions**	que n. ayons cousu	que n. eussions cousu
que vous cous **iez**	que vous cous **issiez**	que v. ayez cousu	que v. eussiez cousu
qu' ils cous **ent**	qu' ils cous **issent**	qu' ils aient cousu	qu' ils eussent cousu

INFINITIF

Présent	Passé
coudre	avoir cousu

PARTICIPE

Présent	Passé
cousant	cousu
	ayant cousu

GÉRONDIF

Présent	Passé
en cousant	en ayant cousu

- Même conjugaison pour les dérivés : accourir, concourir, discourir, encourir, parcourir, secourir.
- Attention au doublement du **r** pour le futur simple (je courrai) et le présent du conditionnel (je courrais).
- **Radicaux** : cour-, courr-.

INDICATIF

Présent	Imparfait	Passé simple	Futur simple
je cour *s*	je cour *ais*	je cour *us*	je courr *ai*
tu cour *s*	tu cour *ais*	tu cour *us*	tu courr *as*
il cour *t*	il cour *ait*	il cour *ut*	il courr *a*
nous cour *ons*	nous cour *ions*	nous cour *ûmes*	nous courr *ons*
vous cour *ez*	vous cour *iez*	vous cour *ûtes*	vous courr *ez*
ils cour *ent*	ils cour *aient*	ils cour *urent*	ils courr *ont*

Passé composé	Plus-que-parfait	Passé antérieur	Futur antérieur
j' ai couru	j' avais couru	j' eus couru	j' aurai couru
tu as couru	tu avais couru	tu eus couru	tu auras couru
il a couru	il avait couru	il eut couru	il aura couru
nous avons couru	nous avions couru	nous eûmes couru	nous aurons couru
vous avez couru	vous aviez couru	vous eûtes couru	vous aurez couru
ils ont couru	ils avaient couru	ils eurent couru	ils auront couru

CONDITIONNEL

Présent	Passé 1ʳᵉ forme	Passé 2ᵉ forme
je courr *ais*	j' aurais couru	j' eusse couru
tu courr *ais*	tu aurais couru	tu eusses couru
il courr *ait*	il aurait couru	il eût couru
nous courr *ions*	nous aurions couru	nous eussions couru
vous courr *iez*	vous auriez couru	vous eussiez couru
ils courr *aient*	ils auraient couru	ils eussent couru

IMPÉRATIF

Présent

cour *s* / cour *ons* / cour *ez*

Passé

aie couru / ayons couru / ayez couru

SUBJONCTIF

Présent	Imparfait	Passé	Plus-que-parfait
que je cour *e*	que je cour *usse*	que j' aie couru	que j' eusse couru
que tu cour *es*	que tu cour *usses*	que tu aies couru	que tu eusses couru
qu' il cour *e*	qu' il cour *ût*	qu' il ait couru	qu' il eût couru
que nous cour *ions*	que nous cour *ussions*	que n. ayons couru	que n. eussions couru
que vous cour *iez*	que vous cour *ussiez*	que v. ayez couru	que v. eussiez couru
qu' ils cour *ent*	qu' ils cour *ussent*	qu' ils aient couru	qu' ils eussent couru

INFINITIF

Présent	Passé
courir	avoir couru

PARTICIPE

Présent	Passé
courant	couru / ayant couru

GÉRONDIF

Présent	Passé
en courant	en ayant couru

31 croire / 3ᵉ groupe

- Se conjuguent aussi sur ce modèle traire et ses dérivés, qui n'ont ni passé simple, ni subjonctif imparfait. Le participe passé du verbe traire est trait.
- Ne pas oublier le **i** après le **y** à la 1ʳᵉ et à la 2ᵉ personne du pluriel de l'imparfait de l'indicatif et du présent du subjonctif (nous croy**i**ons, que vous croy**i**ez).
- Le **i** du radical devient **y** devant une voyelle prononcée.
- **Radicaux**: croi-, croy-, cr-, croir-.

INDICATIF

Présent	Imparfait	Passé simple	Futur simple
je croi **s**	je croy **ais**	je cr **us**	je croir **ai**
tu croi **s**	tu croy **ais**	tu cr **us**	tu croir **as**
il croi **t**	il croy **ait**	il cr **ut**	il croir **a**
nous croy **ons**	nous croy **ions**	nous cr **ûmes**	nous croir **ons**
vous croy **ez**	vous croy **iez**	vous cr **ûtes**	vous croir **ez**
ils croi **ent**	ils croy **aient**	ils cr **urent**	ils croir **ont**

Passé composé	Plus-que-parfait	Passé antérieur	Futur antérieur
j' ai cru	j' avais cru	j' eus cru	j' aurai cru
tu as cru	tu avais cru	tu eus cru	tu auras cru
il a cru	il avait cru	il eut cru	il aura cru
nous avons cru	nous avions cru	nous eûmes cru	nous aurons cru
vous avez cru	vous aviez cru	vous eûtes cru	vous aurez cru
ils ont cru	ils avaient cru	ils eurent cru	ils auront cru

CONDITIONNEL

Présent	Passé 1ʳᵉ forme	Passé 2ᵉ forme
je croir **ais**	j' aurais cru	j' eusse cru
tu croir **ais**	tu aurais cru	tu eusses cru
il croir **ait**	il aurait cru	il eût cru
nous croir **ions**	nous aurions cru	nous eussions cru
vous croir **iez**	vous auriez cru	vous eussiez cru
ils croir **aient**	ils auraient cru	ils eussent cru

IMPÉRATIF

Présent

croi **s** / croy **ons** / croy **ez**

Passé

aie cru / ayons cru / ayez cru

SUBJONCTIF

Présent	Imparfait	Passé	Plus-que-parfait
que je croi **e**	que je cr **usse**	que j' aie cru	que j' eusse cru
que tu croi **es**	que tu cr **usses**	que tu aies cru	que tu eusses cru
qu' il croi **e**	qu' il cr **ût**	qu' il ait cru	qu' il eût cru
que nous croy **ions**	que nous cr **ussions**	que n. ayons cru	que n. eussions cru
que vous croy **iez**	que vous cr **ussiez**	que v. ayez cru	que v. eussiez cru
qu' ils croi **ent**	qu' ils cr **ussent**	qu' ils aient cru	qu' ils eussent cru

INFINITIF

Présent	Passé
croire	avoir cru

PARTICIPE

Présent	Passé
croyant	cru
	ayant cru

GÉRONDIF

Présent	Passé
en croyant	en ayant cru

- Se conjuguent sur ce modèle ses dérivés : accroître, décroître et recroître.
- La particularité de ce verbe est de prendre un accent circonflexe sur le **i** et le **u**
  – aux 3 personnes du singulier du présent de l'indicatif, à la 2e personne du présent de l'impératif, à toutes les personnes du passé simple et de l'imparfait du subjonctif, ainsi qu'au participe passé –, afin de le distinguer du verbe croire (cf. tableau 31).
- **Radicaux** : croî-, croît-, croiss-, cr-, croîtr-.

INDICATIF

Présent	Imparfait	Passé simple	Futur simple
je croî **s**	je croiss **ais**	je cr **ûs**	je croîtr **ai**
tu croî **s**	tu croiss **ais**	tu cr **ûs**	tu croîtr **as**
il croî **t**	il croiss **ait**	il cr **ût**	il croîtr **a**
nous croiss **ons**	nous croiss **ions**	nous cr **ûmes**	nous croîtr **ons**
vous croiss **ez**	vous croiss **iez**	vous cr **ûtes**	vous croîtr **ez**
ils croiss **ent**	ils croiss **aient**	ils cr **ûrent**	ils croîtr **ont**

Passé composé	Plus-que-parfait	Passé antérieur	Futur antérieur
j' ai crû	j' avais crû	j' eus crû	j' aurai crû
tu as crû	tu avais crû	tu eus crû	tu auras crû
il a crû	il avait crû	il eut crû	il aura crû
nous avons crû	nous avions crû	nous eûmes crû	nous aurons crû
vous avez crû	vous aviez crû	vous eûtes crû	vous aurez crû
ils ont crû	ils avaient crû	ils eurent crû	ils auront crû

CONDITIONNEL

Présent	Passé 1re forme	Passé 2e forme
je croîtr **ais**	j' aurais crû	j' eusse crû
tu croîtr **ais**	tu aurais crû	tu eusses crû
il croîtr **ait**	il aurait crû	il eût crû
nous croîtr **ions**	nous aurions crû	nous eussions crû
vous croîtr **iez**	vous auriez crû	vous eussiez crû
ils croîtr **aient**	ils auraient crû	ils eussent crû

IMPÉRATIF

Présent

croî **s** / croiss **ons** /
croiss **ez**

Passé

aie crû / ayons crû /
ayez crû

SUBJONCTIF

Présent	Imparfait	Passé	Plus-que-parfait
que je croiss **e**	que je cr **ûsse**	que j' aie crû	que j' eusse crû
que tu croiss **es**	que tu cr **ûsses**	que tu aies crû	que tu eusses crû
qu' il croiss **e**	qu' il cr **ût**	qu' il ait crû	qu' il eût crû
que nous croiss **ions**	que nous cr **ûssions**	que n. ayons crû	que n. eussions crû
que vous croiss **iez**	que vous cr **ûssiez**	que v. ayez crû	que v. eussiez crû
qu' ils croiss **ent**	qu' ils cr **ûssent**	qu' ils aient crû	qu' ils eussent crû

INFINITIF		PARTICIPE		GÉRONDIF	
Présent	Passé	Présent	Passé	Présent	Passé
croître	avoir crû	croissant	crû	en croissant	en ayant crû
			ayant crû		

33 cueillir / 3ᵉ groupe

- Même conjugaison pour ses dérivés: accueillir et recueillir.
- Les temps du futur de l'indicatif et du conditionnel présent ne sont pas formés à partir de l'infinitif, mais de l'indicatif présent (je cueille, cueillerai, cueillerais).
- Attention au **i** après ll- à la 1ʳᵉ et à la 2ᵉ personne du pluriel de l'indicatif imparfait et du subjonctif présent.
- **Radicaux**: cueill-, cueiller-.

INDICATIF

Présent	Imparfait	Passé simple	Futur simple
je cueill *e*	je cueill *ais*	je cueill *is*	je cueiller *ai*
tu cueill *es*	tu cueill *ais*	tu cueill *is*	tu cueiller *as*
il cueill *e*	il cueill *ait*	il cueill *it*	il cueiller *a*
nous cueill *ons*	nous cueill *ions*	nous cueill *îmes*	nous cueiller *ons*
vous cueill *ez*	vous cueill *iez*	vous cueill *îtes*	vous cueiller *ez*
ils cueill *ent*	ils cueill *aient*	ils cueill *irent*	ils cueiller *ont*

Passé composé	Plus-que-parfait	Passé antérieur	Futur antérieur
j' ai cueilli	j' avais cueilli	j' eus cueilli	j' aurai cueilli
tu as cueilli	tu avais cueilli	tu eus cueilli	tu auras cueilli
il a cueilli	il avait cueilli	il eut cueilli	il aura cueilli
nous avons cueilli	nous avions cueilli	nous eûmes cueilli	nous aurons cueilli
vous avez cueilli	vous aviez cueilli	vous eûtes cueilli	vous aurez cueilli
ils ont cueilli	ils avaient cueilli	ils eurent cueilli	ils auront cueilli

CONDITIONNEL

Présent	Passé 1ʳᵉ forme	Passé 2ᵉ forme
je cueiller *ais*	j' aurais cueilli	j' eusse cueilli
tu cueiller *ais*	tu aurais cueilli	tu eusses cueilli
il cueiller *ait*	il aurait cueilli	il eût cueilli
nous cueiller *ions*	nous aurions cueilli	nous eussions cueilli
vous cueiller *iez*	vous auriez cueilli	vous eussiez cueilli
ils cueiller *aient*	ils auraient cueilli	ils eussent cueilli

IMPÉRATIF

Présent

cueill *e* / cueill *ons* / cueill *ez*

Passé

aie cueilli / ayons cueilli / ayez cueilli

SUBJONCTIF

Présent	Imparfait	Passé	Plus-que-parfait
que je cueill *e*	que je cueill *isse*	que j' aie cueilli	que j' eusse cueilli
que tu cueill *es*	que tu cueill *isses*	que tu aies cueilli	que tu eusses cueilli
qu' il cueill *e*	qu' il cueill *ît*	qu' il ait cueilli	qu' il eût cueilli
que nous cueill *ions*	que nous cueill *issions*	que n. ayons cueilli	que n. eussions cueilli
que vous cueill *iez*	que vous cueill *issiez*	que v. ayez cueilli	que v. eussiez cueilli
qu' ils cueill *ent*	qu' ils cueill *issent*	qu' ils aient cueilli	qu' ils eussent cueilli

INFINITIF

Présent	Passé
cueillir	avoir cueilli

PARTICIPE

Présent	Passé
cueillant	cueilli / ayant cueilli

GÉRONDIF

Présent	Passé
en cueillant	en ayant cueilli

- Se conjuguent sur ce modèle les verbes conduire, construire, détruire, instruire, produire, séduire, traduire, luire, nuire...
- Noter les participes passés invariables : lui, relui, nui.
- **Radicaux** : cui-, cuis-, cuir-.

INDICATIF

Présent	Imparfait	Passé simple	Futur simple
je cui **s**	je cuis **ais**	je cuis **is**	je cuir **ai**
tu cui **s**	tu cuis **ais**	tu cuis **is**	tu cuir **as**
il cui **t**	il cuis **ait**	il cuis **it**	il cuir **a**
nous cuis **ons**	nous cuis **ions**	nous cuis **îmes**	nous cuir **ons**
vous cuis **ez**	vous cuis **iez**	vous cuis **îtes**	vous cuir **ez**
ils cuis **ent**	ils cuis **aient**	ils cuis **irent**	ils cuir **ont**

Passé composé	Plus-que-parfait	Passé antérieur	Futur antérieur
j' ai cuit	j' avais cuit	j' eus cuit	j' aurai cuit
tu as cuit	tu avais cuit	tu eus cuit	tu auras cuit
il a cuit	il avait cuit	il eut cuit	il aura cuit
nous avons cuit	nous avions cuit	nous eûmes cuit	nous aurons cuit
vous avez cuit	vous aviez cuit	vous eûtes cuit	vous aurez cuit
ils ont cuit	ils avaient cuit	ils eurent cuit	ils auront cuit

CONDITIONNEL

Présent	Passé 1re forme	Passé 2e forme
je cuir **ais**	j' aurais cuit	j' eusse cuit
tu cuir **ais**	tu aurais cuit	tu eusses cuit
il cuir **ait**	il aurait cuit	il eût cuit
nous cuir **ions**	nous aurions cuit	nous eussions cuit
vous cuir **iez**	vous auriez cuit	vous eussiez cuit
ils cuir **aient**	ils auraient cuit	ils eussent cuit

IMPÉRATIF

Présent

cui **s** / cuis **ons** / cuis **ez**

Passé

aie cuit / ayons cuit / ayez cuit

SUBJONCTIF

Présent	Imparfait	Passé	Plus-que-parfait
que je cuis **e**	que je cuis **isse**	que j' aie cuit	que j' eusse cuit
que tu cuis **es**	que tu cuis **isses**	que tu aies cuit	que tu eusses cuit
qu' il cuis **e**	qu' il cuis **ît**	qu' il ait cuit	qu' il eût cuit
que nous cuis **ions**	que nous cuis **issions**	que n. ayons cuit	que n. eussions cuit
que vous cuis **iez**	que vous cuis **issiez**	que v. ayez cuit	que v. eussiez cuit
qu' ils cuis **ent**	qu' ils cuis **issent**	qu' ils aient cuit	qu' ils eussent cuit

INFINITIF		PARTICIPE		GÉRONDIF	
Présent	Passé	Présent	Passé	Présent	Passé
cuire	avoir cuit	cuisant	cuit, ayant cuit	en cuisant	en ayant cuit

35 devoir / 3ᵉ groupe

- L'accent circonflexe sur le **u** du participe passé sert à le différencier de l'article partitif du. Il n'apparaît qu'au masculin singulier (dû, dus, due, dues).
- **Radicaux**: doi-, dev-, doiv-, d-, devr-.

INDICATIF

Présent	Imparfait	Passé simple	Futur simple
je doi **s**	je dev **ais**	je d **us**	je devr **ai**
tu doi **s**	tu dev **ais**	tu d **us**	tu devr **as**
il doi **t**	il dev **ait**	il d **ut**	il devr **a**
nous dev **ons**	nous dev **ions**	nous d **ûmes**	nous devr **ons**
vous dev **ez**	vous dev **iez**	vous d **ûtes**	vous devr **ez**
ils doiv **ent**	ils dev **aient**	ils d **urent**	ils devr **ont**

Passé composé	Plus-que-parfait	Passé antérieur	Futur antérieur
j' ai dû	j' avais dû	j' eus dû	j' aurai dû
tu as dû	tu avais dû	tu eus dû	tu auras dû
il a dû	il avait dû	il eut dû	il aura dû
nous avons dû	nous avions dû	nous eûmes dû	nous aurons dû
vous avez dû	vous aviez dû	vous eûtes dû	vous aurez dû
ils ont dû	ils avaient dû	ils eurent dû	ils auront dû

CONDITIONNEL

Présent	Passé 1ʳᵉ forme	Passé 2ᵉ forme
je devr **ais**	j' aurais dû	j' eusse dû
tu devr **ais**	tu aurais dû	tu eusses dû
il devr **ait**	il aurait dû	il eût dû
nous devr **ions**	nous aurions dû	nous eussions dû
vous devr **iez**	vous auriez dû	vous eussiez dû
ils devr **aient**	ils auraient dû	ils eussent dû

IMPÉRATIF

Présent

doi **s** / dev **ons** / dev **ez**

Passé

aie dû / ayons dû / ayez dû

SUBJONCTIF

Présent	Imparfait	Passé	Plus-que-parfait
que je doiv **e**	que je d **usse**	que j' aie dû	que j' eusse dû
que tu doiv **es**	que tu d **usses**	que tu aies dû	que tu eusses dû
qu' il doiv **e**	qu' il d **ût**	qu' il ait dû	qu' il eût dû
que nous dev **ions**	que nous d **ussions**	que n. ayons dû	que n. eussions dû
que vous dev **iez**	que vous d **ussiez**	que v. ayez dû	que v. eussiez dû
qu' ils doiv **ent**	qu' ils d **ussent**	qu' ils aient dû	qu' ils eussent dû

INFINITIF

Présent	Passé
devoir	avoir dû

PARTICIPE

Présent	Passé
devant	dû
	ayant dû

GÉRONDIF

Présent	Passé
en devant	en ayant dû

- Redire se conjugue sur ce modèle.
- À la 2e personne du pluriel du présent de l'indicatif et de l'impératif: (vous) dites.
- Même conjugaison pour les dérivés contredire, interdire, médire, prédire. Ces verbes ont, cependant, au présent de l'indicatif et de l'impératif, les formes: (vous) contredisez, interdisez, médisez et prédisez.
- Remarquer les formes identiques aux 3 personnes du singulier des indicatifs présent et passé simple (je dis, tu dis, il dit).
- **Radicaux**: di-, dis-, d-, dir-.

INDICATIF

Présent	Imparfait	Passé simple	Futur simple
je di **s**	je dis **ais**	je d **is**	je dir **ai**
tu di **s**	tu dis **ais**	tu d **is**	tu dir **as**
il di **t**	il dis **ait**	il d **it**	il dir **a**
nous dis **ons**	nous dis **ions**	nous d **îmes**	nous dir **ons**
vous di **tes**	vous dis **iez**	vous d **îtes**	vous dir **ez**
ils dis **ent**	ils dis **aient**	ils d **irent**	ils dir **ont**

Passé composé	Plus-que-parfait	Passé antérieur	Futur antérieur
j' ai dit	j' avais dit	j' eus dit	j' aurai dit
tu as dit	tu avais dit	tu eus dit	tu auras dit
il a dit	il avait dit	il eut dit	il aura dit
nous avons dit	nous avions dit	nous eûmes dit	nous aurons dit
vous avez dit	vous aviez dit	vous eûtes dit	vous aurez dit
ils ont dit	ils avaient dit	ils eurent dit	ils auront dit

CONDITIONNEL / IMPÉRATIF

Présent	Passé 1re forme	Passé 2e forme	Présent
je dir **ais**	j' aurais dit	j' eusse dit	di **s** / dis **ons** / di **tes**
tu dir **ais**	tu aurais dit	tu eusses dit	
il dir **ait**	il aurait dit	il eût dit	
nous dir **ions**	nous aurions dit	nous eussions dit	**Passé**
vous dir **iez**	vous auriez dit	vous eussiez dit	aie dit / ayons dit /
ils dir **aient**	ils auraient dit	ils eussent dit	ayez dit

SUBJONCTIF

Présent	Imparfait	Passé	Plus-que-parfait
que je dis **e**	que je d **isse**	que j' aie dit	que j' eusse dit
que tu dis **es**	que tu d **isses**	que tu aies dit	que tu eusses dit
qu' il dis **e**	qu' il d **ît**	qu' il ait dit	qu' il eût dit
que nous dis **ions**	que nous d **issions**	que n. ayons dit	que n. eussions dit
que vous dis **iez**	que vous d **issiez**	que v. ayez dit	que v. eussiez dit
qu' ils dis **ent**	qu' ils d **issent**	qu' ils aient dit	qu' ils eussent dit

INFINITIF / PARTICIPE / GÉRONDIF

Présent	Passé	Présent	Passé	Présent	Passé
dire	avoir dit	disant	dit	en disant	en ayant dit
			ayant dit		

37 écrire / 3ᵉ groupe

- Se conjuguent sur ce modèle décrire et récrire, ainsi que tous les composés en -scrire (inscrire, transcrire...).
- **Radicaux**: écri-, écriv-, écrir-.

INDICATIF

Présent	Imparfait	Passé simple	Futur simple
j' écri **s**	j' écriv **ais**	j' écriv **is**	j' écrir **ai**
tu écri **s**	tu écriv **ais**	tu écriv **is**	tu écrir **as**
il écri **t**	il écriv **ait**	il écriv **it**	il écrir **a**
nous écriv **ons**	nous écriv **ions**	nous écriv **îmes**	nous écrir **ons**
vous écriv **ez**	vous écriv **iez**	vous écriv **îtes**	vous écrir **ez**
ils écriv **ent**	ils écriv **aient**	ils écriv **irent**	ils écrir **ont**

Passé composé	Plus-que-parfait	Passé antérieur	Futur antérieur
j' ai écrit	j' avais écrit	j' eus écrit	j' aurai écrit
tu as écrit	tu avais écrit	tu eus écrit	tu auras écrit
il a écrit	il avait écrit	il eut écrit	il aura écrit
nous avons écrit	nous avions écrit	nous eûmes écrit	nous aurons écrit
vous avez écrit	vous aviez écrit	vous eûtes écrit	vous aurez écrit
ils ont écrit	ils avaient écrit	ils eurent écrit	ils auront écrit

CONDITIONNEL

Présent	Passé 1ʳᵉ forme	Passé 2ᵉ forme
j' écrir **ais**	j' aurais écrit	j' eusse écrit
tu écrir **ais**	tu aurais écrit	tu eusses écrit
il écrir **ait**	il aurait écrit	il eût écrit
nous écrir **ions**	nous aurions écrit	nous eussions écrit
vous écrir **iez**	vous auriez écrit	vous eussiez écrit
ils écrir **aient**	ils auraient écrit	ils eussent écrit

IMPÉRATIF

Présent

écri **s** / écriv **ons** / écriv **ez**

Passé

aie écrit / ayons écrit / ayez écrit

SUBJONCTIF

Présent	Imparfait	Passé	Plus-que-parfait
que j' écriv **e**	que j' écriv **isse**	que j' aie écrit	que j' eusse écrit
que tu écriv **es**	que tu écriv **isses**	que tu aies écrit	que tu eusses écrit
qu' il écriv **e**	qu' il écriv **ît**	qu' il ait écrit	qu' il eût écrit
que nous écriv **ions**	que nous écriv **issions**	que n. ayons écrit	que n. eussions écrit
que vous écriv **iez**	que vous écriv **issiez**	que v. ayez écrit	que v. eussiez écrit
qu' ils écriv **ent**	qu' ils écriv **issent**	qu' ils aient écrit	qu' ils eussent écrit

INFINITIF

Présent	Passé
écrire	avoir écrit

PARTICIPE

Présent	Passé
écrivant	écrit
	ayant écrit

GÉRONDIF

Présent	Passé
en écrivant	en ayant écrit

- Se conjuguent sur ce modèle mouvoir (son participe passé prend un accent circonflexe : mû), et promouvoir (participe passé : promu).
- **Radicaux** : émeu-, émouv-, émeuv-, ém-, émouvr-.

INDICATIF

Présent	Imparfait	Passé simple	Futur simple
j' émeu **s**	j' émouv **ais**	j' ém **us**	j' émouvr **ai**
tu émeu **s**	tu émouv **ais**	tu ém **us**	tu émouvr **as**
il émeu **t**	il émouv **ait**	il ém **ut**	il émouvr **a**
nous émouv **ons**	nous émouv **ions**	nous ém **ûmes**	nous émouvr **ons**
vous émouv **ez**	vous émouv **iez**	vous ém **ûtes**	vous émouvr **ez**
ils émeuv **ent**	ils émouv **aient**	ils ém **urent**	ils émouvr **ont**

Passé composé	Plus-que-parfait	Passé antérieur	Futur antérieur
j' ai ému	j' avais ému	j' eus ému	j' aurai ému
tu as ému	tu avais ému	tu eus ému	tu auras ému
il a ému	il avait ému	il eut ému	il aura ému
nous avons ému	nous avions ému	nous eûmes ému	nous aurons ému
vous avez ému	vous aviez ému	vous eûtes ému	vous aurez ému
ils ont ému	ils avaient ému	ils eurent ému	ils auront ému

CONDITIONNEL

Présent	Passé 1ʳᵉ forme	Passé 2ᵉ forme
j' émouvr **ais**	j' aurais ému	j' eusse ému
tu émouvr **ais**	tu aurais ému	tu eusses ému
il émouvr **ait**	il aurait ému	il eût ému
nous émouvr **ions**	nous aurions ému	nous eussions ému
vous émouvr **iez**	vous auriez ému	vous eussiez ému
ils émouvr **aient**	ils auraient ému	ils eussent ému

IMPÉRATIF

Présent

émeu **s** / émouv **ons** / émouv **ez**

Passé

aie ému / ayons ému / ayez ému

SUBJONCTIF

Présent	Imparfait	Passé	Plus-que-parfait
que j' émeuv **e**	que j' ém **usse**	que j' aie ému	que j' eusse ému
que tu émeuv **es**	que tu ém **usses**	que tu aies ému	que tu eusses ému
qu' il émeuv **e**	qu' il ém **ût**	qu' il ait ému	qu' il eût ému
que nous émouv **ions**	que nous ém **ussions**	que n. ayons ému	que n. eussions ému
que vous émouv **iez**	que vous ém **ussiez**	que v. ayez ému	que v. eussiez ému
qu' ils émeuv **ent**	qu' ils ém **ussent**	qu' ils aient ému	qu' ils eussent ému

INFINITIF

Présent	Passé
émouvoir	avoir ému

PARTICIPE

Présent	Passé
émouvant	ému
	ayant ému

GÉRONDIF

Présent	Passé
en émouvant	en ayant ému

39 faire / ³ᵉ groupe

- Même conjugaison pour les dérivés : contrefaire, défaire, refaire, satisfaire...
- Forme impersonnelle : il fait froid, il fait bon...
- À la 2ᵉ personne du pluriel du présent de l'indicatif et de l'impératif : (vous) faites.
- Attention à la prononciation : dans nous faisons, je faisais, faisant, **ai** se prononce [ə] (comme dans **f**enêtre).
- **Radicaux** : fai-, fais-, f-, fer-, fass-.

INDICATIF

Présent	Imparfait	Passé simple	Futur simple
je fai **s**	je fais **ais**	je f **is**	je fer **ai**
tu fai **s**	tu fais **ais**	tu f **is**	tu fer **as**
il fai **t**	il fais **ait**	il f **it**	il fer **a**
nous fais **ons**	nous fais **ions**	nous f **îmes**	nous fer **ons**
vous fai **tes**	vous fais **iez**	vous f **îtes**	vous fer **ez**
ils f **ont**	ils fais **aient**	ils f **irent**	ils fer **ont**

Passé composé	Plus-que-parfait	Passé antérieur	Futur antérieur
j' ai fait	j' avais fait	j' eus fait	j' aurai fait
tu as fait	tu avais fait	tu eus fait	tu auras fait
il a fait	il avait fait	il eut fait	il aura fait
nous avons fait	nous avions fait	nous eûmes fait	nous aurons fait
vous avez fait	vous aviez fait	vous eûtes fait	vous aurez fait
ils ont fait	ils avaient fait	ils eurent fait	ils auront fait

CONDITIONNEL

Présent	Passé 1ʳᵉ forme	Passé 2ᵉ forme
je fer **ais**	j' aurais fait	j' eusse fait
tu fer **ais**	tu aurais fait	tu eusses fait
il fer **ait**	il aurait fait	il eût fait
nous fer **ions**	nous aurions fait	nous eussions fait
vous fer **iez**	vous auriez fait	vous eussiez fait
ils fer **aient**	ils auraient fait	ils eussent fait

IMPÉRATIF

Présent

fai **s** / fais **ons** /
fai **tes**

Passé

aie fait / ayons fait /
ayez fait

SUBJONCTIF

Présent	Imparfait	Passé	Plus-que-parfait
que je fass **e**	que je f **isse**	que j' aie fait	que j' eusse fait
que tu fass **es**	que tu f **isses**	que tu aies fait	que tu eusses fait
qu' il fass **e**	qu' il f **ît**	qu' il ait fait	qu' il eût fait
que nous fass **ions**	que nous f **issions**	que n. ayons fait	que n. eussions fait
que vous fass **iez**	que vous f **issiez**	que v. ayez fait	que v. eussiez fait
qu' ils fass **ent**	qu' ils f **issent**	qu' ils aient fait	qu' ils eussent fait

INFINITIF

Présent	Passé
faire	avoir fait

PARTICIPE

Présent	Passé
faisant	fait
	ayant fait

GÉRONDIF

Présent	Passé
en faisant	en ayant fait

- Verbe impersonnel, se conjugue uniquement à la 3ᵉ personne du singulier.
- Pas de participe présent ni d'impératif.
- Participe passé invariable.
- **Radicaux**: fau-, fall-, faudr-, faill-.

INDICATIF

Présent	Imparfait	Passé simple	Futur simple
il fau *t*	il fall *ait*	il fall *ut*	il faudr *a*

Passé composé	Plus-que-parfait	Passé antérieur	Futur antérieur
il a fallu	il avait fallu	il eut fallu	il aura fallu

CONDITIONNEL

Présent	Passé 1ʳᵉ forme	Passé 2ᵉ forme
il faudr *ait*	il aurait fallu	il eût fallu

IMPÉRATIF

Présent
–

Passé
–

SUBJONCTIF

Présent	Imparfait	Passé	Plus-que-parfait
qu' il faill *e*	qu' il fall *ût*	qu' il ait fallu	qu' il eût fallu

INFINITIF

Présent	Passé
falloir	–

PARTICIPE

Présent	Passé
–	fallu
ayant fallu

GÉRONDIF

Présent	Passé
–	–

41 fuir / 3ᵉ groupe

- Seul le verbe s'enfuir se conjugue sur ce modèle.
- Le **i** devient **y** devant une voyelle prononcée.
- Ne pas oublier le **i** après le **y** à la 1ʳᵉ et à la 2ᵉ personne du pluriel de l'imparfait de l'indicatif et du présent du subjonctif (nous fuy**i**ons, que vous fuy**i**ez).
- Remarquer les formes identiques des 3 personnes du singulier du présent et du passé simple de l'indicatif.
- **Radicaux** : fui-, fuy-, fu-, fuir-.

INDICATIF

Présent	Imparfait	Passé simple	Futur simple
je fui **s**	je fuy **ais**	je fu **is**	je fuir **ai**
tu fui **s**	tu fuy **ais**	tu fu **is**	tu fuir **as**
il fui **t**	il fuy **ait**	il fu **it**	il fuir **a**
nous fuy **ons**	nous fuy **ions**	nous fu **îmes**	nous fuir **ons**
vous fuy **ez**	vous fuy **iez**	vous fu **îtes**	vous fuir **ez**
ils fui **ent**	ils fuy **aient**	ils fu **irent**	ils fuir **ont**

Passé composé	Plus-que-parfait	Passé antérieur	Futur antérieur
j' ai fui	j' avais fui	j' eus fui	j' aurai fui
tu as fui	tu avais fui	tu eus fui	tu auras fui
il a fui	il avait fui	il eut fui	il aura fui
nous avons fui	nous avions fui	nous eûmes fui	nous aurons fui
vous avez fui	vous aviez fui	vous eûtes fui	vous aurez fui
ils ont fui	ils avaient fui	ils eurent fui	ils auront fui

CONDITIONNEL

Présent	Passé 1ʳᵉ forme	Passé 2ᵉ forme
je fuir **ais**	j' aurais fui	j' eusse fui
tu fuir **ais**	tu aurais fui	tu eusses fui
il fuir **ait**	il aurait fui	il eût fui
nous fuir **ions**	nous aurions fui	nous eussions fui
vous fuir **iez**	vous auriez fui	vous eussiez fui
ils fuir **aient**	ils auraient fui	ils eussent fui

IMPÉRATIF

Présent

fui **s** / fuy **ons** /
fuy **ez**

Passé

aie fui / ayons fui /
ayez fui

SUBJONCTIF

Présent	Imparfait	Passé	Plus-que-parfait
que je fui **e**	que je fu **isse**	que j' aie fui	que j' eusse fui
que tu fui **es**	que tu fu **isses**	que tu aies fui	que tu eusses fui
qu' il fui **e**	qu' il fu **ît**	qu' il ait fui	qu' il eût fui
que nous fuy **ions**	que nous fu **issions**	que n. ayons fui	que n. eussions fui
que vous fuy **iez**	que vous fu **issiez**	que v. ayez fui	que v. eussiez fui
qu' ils fui **ent**	qu' ils fu **issent**	qu' ils aient fui	qu' ils eussent fui

INFINITIF

Présent	Passé
fuir	avoir fui

PARTICIPE

Présent	Passé
fuyant	fui
	ayant fui

GÉRONDIF

Présent	Passé
en fuyant	en ayant fui

- Même conjugaison pour les dérivés relire, élire, réélire.
- **Radicaux**: li-, lis-, l-, lir-.

INDICATIF

Présent	Imparfait	Passé simple	Futur simple
je li **s**	je lis **ais**	je l **us**	je lir **ai**
tu li **s**	tu lis **ais**	tu l **us**	tu lir **as**
il li **t**	il lis **ait**	il l **ut**	il lir **a**
nous lis **ons**	nous lis **ions**	nous l **ûmes**	nous lir **ons**
vous lis **ez**	vous lis **iez**	vous l **ûtes**	vous lir **ez**
ils lis **ent**	ils lis **aient**	ils l **urent**	ils lir **ont**

Passé composé	Plus-que-parfait	Passé antérieur	Futur antérieur
j' ai lu	j' avais lu	j' eus lu	j' aurai lu
tu as lu	tu avais lu	tu eus lu	tu auras lu
il a lu	il avait lu	il eut lu	il aura lu
nous avons lu	nous avions lu	nous eûmes lu	nous aurons lu
vous avez lu	vous aviez lu	vous eûtes lu	vous aurez lu
ils ont lu	ils avaient lu	ils eurent lu	ils auront lu

CONDITIONNEL

Présent	Passé 1ʳᵉ forme	Passé 2ᵉ forme
je lir **ais**	j' aurais lu	j' eusse lu
tu lir **ais**	tu aurais lu	tu eusses lu
il lir **ait**	il aurait lu	il eût lu
nous lir **ions**	nous aurions lu	nous eussions lu
vous lir **iez**	vous auriez lu	vous eussiez lu
ils lir **aient**	ils auraient lu	ils eussent lu

IMPÉRATIF

Présent

li **s** / lis **ons** /
lis **ez**

Passé

aie lu / ayons lu /
ayez lu

SUBJONCTIF

Présent	Imparfait	Passé	Plus-que-parfait
que je lis **e**	que je l **usse**	que j' aie lu	que j' eusse lu
que tu lis **es**	que tu l **usses**	que tu aies lu	que tu eusses lu
qu' il lis **e**	qu' il l **ût**	qu' il ait lu	qu' il eût lu
que nous lis **ions**	que nous l **ussions**	que n. ayons lu	que n. eussions lu
que vous lis **iez**	que vous l **ussiez**	que v. ayez lu	que v. eussiez lu
qu' ils lis **ent**	qu' ils l **ussent**	qu' ils aient lu	qu' ils eussent lu

INFINITIF

Présent	Passé
lire	avoir lu

PARTICIPE

Présent	Passé
lisant	lu
	ayant lu

GÉRONDIF

Présent	Passé
en lisant	en ayant lu

43 mentir / 3ᵉ groupe
verbes en -tir, dormir et servir

- Modèle pour presque tous les verbes qui se terminent par -tir (sauf vêtir et ses dérivés) : partir, sentir, sortir, se repentir, ressentir, démentir et pour les dérivés de dormir et servir. (Attention : il dort ; il sert à la 3ᵉ personne du présent de l'indicatif.)
- Ces verbes perdent la consonne finale de leur radical aux deux 1ʳᵉˢ personnes du singulier de l'indicatif présent et à la 2ᵉ personne du singulier de l'impératif (je mens, mais nous mentirons ; je dors mais nous dormirons ; je sers mais nous servirons) et la conservent partout ailleurs.
- **Radicaux** : men-, ment-, mentir-.

INDICATIF

Présent		Imparfait		Passé simple		Futur simple	
je	men **s**	je	ment **ais**	je	ment **is**	je	mentir **ai**
tu	men **s**	tu	ment **ais**	tu	ment **is**	tu	mentir **as**
il	men **t**	il	ment **ait**	il	ment **it**	il	mentir **a**
nous	ment **ons**	nous	ment **ions**	nous	ment **îmes**	nous	mentir **ons**
vous	ment **ez**	vous	ment **iez**	vous	ment **îtes**	vous	mentir **ez**
ils	ment **ent**	ils	ment **aient**	ils	ment **irent**	ils	mentir **ont**

Passé composé		Plus-que-parfait		Passé antérieur		Futur antérieur	
j'	ai menti	j'	avais menti	j'	eus menti	j'	aurai menti
tu	as menti	tu	avais menti	tu	eus menti	tu	auras menti
il	a menti	il	avait menti	il	eut menti	il	aura menti
nous	avons menti	nous	avions menti	nous	eûmes menti	nous	aurons menti
vous	avez menti	vous	aviez menti	vous	eûtes menti	vous	aurez menti
ils	ont menti	ils	avaient menti	ils	eurent menti	ils	auront menti

CONDITIONNEL

Présent		Passé 1ʳᵉ forme		Passé 2ᵉ forme	
je	mentir **ais**	j'	aurais menti	j'	eusse menti
tu	mentir **ais**	tu	aurais menti	tu	eusses menti
il	mentir **ait**	il	aurait menti	il	eût menti
nous	mentir **ions**	nous	aurions menti	nous	eussions menti
vous	mentir **iez**	vous	auriez menti	vous	eussiez menti
ils	mentir **aient**	ils	auraient menti	ils	eussent menti

IMPÉRATIF

Présent

men **s** / ment **ons** / ment **ez**

Passé

aie menti / ayons menti / ayez menti

SUBJONCTIF

Présent		Imparfait		Passé		Plus-que-parfait	
que je	ment **e**	que je	ment **isse**	que j'	aie menti	que j'	eusse menti
que tu	ment **es**	que tu	ment **isses**	que tu	aies menti	que tu	eusses menti
qu' il	ment **e**	qu' il	ment **ît**	qu' il	ait menti	qu' il	eût menti
que nous	ment **ions**	que nous	ment **issions**	que n.	ayons menti	que n.	eussions menti
que vous	ment **iez**	que vous	ment **issiez**	que v.	ayez menti	que v.	eussiez menti
qu' ils	ment **ent**	qu' ils	ment **issent**	qu' ils	aient menti	qu' ils	eussent menti

INFINITIF

Présent	Passé
mentir	avoir menti

PARTICIPE

Présent	Passé
mentant	menti / ayant menti

GÉRONDIF

Présent	Passé
en mentant	en ayant menti

- Même conjugaison pour ses dérivés : admettre, commettre, compromettre, démettre, émettre, s'entremettre, omettre, permettre, promettre, remettre, soumettre, transmettre.
- **Mets** : aux 2 premières personnes du singulier du présent de l'indicatif et à la 2e personne du singulier du présent de l'impératif.
- **Radicaux** : met-, mett-, m-, mettr-.

INDICATIF

Présent	Imparfait	Passé simple	Futur simple
je met **s**	je mett **ais**	je m **is**	je mettr **ai**
tu met **s**	tu mett **ais**	tu m **is**	tu mettr **as**
il met	il mett **ait**	il m **it**	il mettr **a**
nous mett **ons**	nous mett **ions**	nous m **îmes**	nous mettr **ons**
vous mett **ez**	vous mett **iez**	vous m **îtes**	vous mettr **ez**
ils mett **ent**	ils mett **aient**	ils m **irent**	ils mettr **ont**

Passé composé	Plus-que-parfait	Passé antérieur	Futur antérieur
j' ai mis	j' avais mis	j' eus mis	j' aurai mis
tu as mis	tu avais mis	tu eus mis	tu auras mis
il a mis	il avait mis	il eut mis	il aura mis
nous avons mis	nous avions mis	nous eûmes mis	nous aurons mis
vous avez mis	vous aviez mis	vous eûtes mis	vous aurez mis
ils ont mis	ils avaient mis	ils eurent mis	ils auront mis

CONDITIONNEL

Présent	Passé 1re forme	Passé 2e forme
je mettr **ais**	j' aurais mis	j' eusse mis
tu mettr **ais**	tu aurais mis	tu eusses mis
il mettr **ait**	il aurait mis	il eût mis
nous mettr **ions**	nous aurions mis	nous eussions mis
vous mettr **iez**	vous auriez mis	vous eussiez mis
ils mettr **aient**	ils auraient mis	ils eussent mis

IMPÉRATIF

Présent

met **s** / mett **ons** / mett **ez**

Passé

aie mis / ayons mis / ayez mis

SUBJONCTIF

Présent	Imparfait	Passé	Plus-que-parfait
que je mett **e**	que je m **isse**	que j' aie mis	que j' eusse mis
que tu mett **es**	que tu m **isses**	que tu aies mis	que tu eusses mis
qu' il mett **e**	qu' il m **ît**	qu' il ait mis	qu' il eût mis
que nous mett **ions**	que nous m **issions**	que n. ayons mis	que n. eussions mis
que vous mett **iez**	que vous m **issiez**	que v. ayez mis	que v. eussiez mis
qu' ils mett **ent**	qu' ils m **issent**	qu' ils aient mis	qu' ils eussent mis

INFINITIF		PARTICIPE		GÉRONDIF	
Présent	Passé	Présent	Passé	Présent	Passé
mettre	avoir mis	mettant	mis, ayant mis	en mettant	en ayant mis

45 moudre /3ᵉ groupe

- Se conjuguent sur ce modèle les verbes remoudre et émoudre.
- Pour les autres verbes en -dre, voir le tableau 54.
- **Radicaux**: moud-, moul-, moudr-.

INDICATIF

Présent	Imparfait	Passé simple	Futur simple
je moud **s**	je moul **ais**	je moul **us**	je moudr **ai**
tu moud **s**	tu moul **ais**	tu moul **us**	tu moudr **as**
il moud	il moul **ait**	il moul **ut**	il moudr **a**
nous moul **ons**	nous moul **ions**	nous moul **ûmes**	nous moudr **ons**
vous moul **ez**	vous moul **iez**	vous moul **ûtes**	vous moudr **ez**
ils moul **ent**	ils moul **aient**	ils moul **urent**	ils moudr **ont**

Passé composé	Plus-que-parfait	Passé antérieur	Futur antérieur
j' ai moulu	j' avais moulu	j' eus moulu	j' aurai moulu
tu as moulu	tu avais moulu	tu eus moulu	tu auras moulu
il a moulu	il avait moulu	il eut moulu	il aura moulu
nous avons moulu	nous avions moulu	nous eûmes moulu	nous aurons moulu
vous avez moulu	vous aviez moulu	vous eûtes moulu	vous aurez moulu
ils ont moulu	ils avaient moulu	ils eurent moulu	ils auront moulu

CONDITIONNEL

Présent	Passé 1ʳᵉ forme	Passé 2ᵉ forme
je moudr **ais**	j' aurais moulu	j' eusse moulu
tu moudr **ais**	tu aurais moulu	tu eusses moulu
il moudr **ait**	il aurait moulu	il eût moulu
nous moudr **ions**	nous aurions moulu	nous eussions moulu
vous moudr **iez**	vous auriez moulu	vous eussiez moulu
ils moudr **aient**	ils auraient moulu	ils eussent moulu

IMPÉRATIF

Présent

moud **s** / moul **ons** / moul **ez**

Passé

aie moulu / ayons moulu / ayez moulu

SUBJONCTIF

Présent	Imparfait	Passé	Plus-que-parfait
que je moul **e**	que je moul **usse**	que j' aie moulu	que j' eusse moulu
que tu moul **es**	que tu moul **usses**	que tu aies moulu	que tu eusses moulu
qu' il moul **e**	qu' il moul **ût**	qu' il ait moulu	qu' il eût moulu
que nous moul **ions**	que nous moul **ussions**	que n. ayons moulu	que n. eussions moulu
que vous moul **iez**	que vous moul **ussiez**	que v. ayez moulu	que v. eussiez moulu
qu' ils moul **ent**	qu' ils moul **ussent**	qu' ils aient moulu	qu' ils eussent moulu

INFINITIF

Présent	Passé
moudre	avoir moulu

PARTICIPE

Présent	Passé
moulant	moulu
	ayant moulu

GÉRONDIF

Présent	Passé
en moulant	en ayant moulu

- Attention au doublement du **r** au futur simple de l'indicatif (je mourrai) et au présent du conditionnel (je mourrais).
- Se conjugue avec l'auxiliaire être, donc le participe passé est variable.
- **Radicaux** : meur-, mour-, mourr-.

INDICATIF

Présent	Imparfait	Passé simple	Futur simple
je meur **s**	je mour **ais**	je mour **us**	je mourr **ai**
tu meur **s**	tu mour **ais**	tu mour **us**	tu mourr **as**
il meur **t**	il mour **ait**	il mour **ut**	il mourr **a**
nous mour **ons**	nous mour **ions**	nous mour **ûmes**	nous mourr **ons**
vous mour **ez**	vous mour **iez**	vous mour **ûtes**	vous mourr **ez**
ils meur **ent**	ils mour **aient**	ils mour **urent**	ils mourr **ont**

Passé composé	Plus-que-parfait	Passé antérieur	Futur antérieur
je suis mort	j' étais mort	je fus mort	je serai mort
tu es mort	tu étais mort	tu fus mort	tu seras mort
il est mort	il était mort	il fut mort	il sera mort
nous sommes morts	nous étions morts	nous fûmes morts	nous serons morts
vous êtes morts	vous étiez morts	vous fûtes morts	vous serez morts
ils sont morts	ils étaient morts	ils furent morts	ils seront morts

CONDITIONNEL

Présent	Passé 1ʳᵉ forme	Passé 2ᵉ forme
je mourr **ais**	je serais mort	je fusse mort
tu mourr **ais**	tu serais mort	tu fusses mort
il mourr **ait**	il serait mort	il fût mort
nous mourr **ions**	nous serions morts	nous fussions morts
vous mourr **iez**	vous seriez morts	vous fussiez morts
ils mourr **aient**	ils seraient morts	ils fussent morts

IMPÉRATIF

Présent

meur **s** / mour **ons** / mour **ez**

Passé

sois mort / soyons morts / soyez morts

SUBJONCTIF

Présent	Imparfait	Passé	Plus-que-parfait
que je meur **e**	que je mour **usse**	que je sois mort	que je fusse mort
que tu meur **es**	que tu mour **usses**	que tu sois mort	que tu fusses mort
qu' il meur **e**	qu' il mour **ût**	qu' il soit mort	qu' il fût mort
que nous mour **ions**	que nous mour **ussions**	que nous soyons morts	que nous fussions morts
que vous mour **iez**	que vous mour **ussiez**	que v. soyez morts	que v. fussiez morts
qu' ils meur **ent**	qu' ils mour **ussent**	qu' ils soient morts	qu' ils fussent morts

INFINITIF

Présent	Passé
mourir	être mort

PARTICIPE

Présent	Passé
mourant	mort
	étant mort

GÉRONDIF

Présent	Passé
en mourant	en étant mort

47 naître / 3ᵉ groupe

- L'accent circonflexe est maintenu sur le **i**, lorsqu'il est suivi d'un **t**.
- Pour les autres verbes en -aître, voir le tableau 27.
- **Radicaux**: nai-, naît-, naiss-, naqu-, naîtr-.

INDICATIF

Présent	Imparfait	Passé simple	Futur simple
je nai **s**	je naiss **ais**	je naqu **is**	je naîtr **ai**
tu nai **s**	tu naiss **ais**	tu naqu **is**	tu naîtr **as**
il naît	il naiss **ait**	il naqu **it**	il naîtr **a**
nous naiss **ons**	nous naiss **ions**	nous naqu **îmes**	nous naîtr **ons**
vous naiss **ez**	vous naiss **iez**	vous naqu **îtes**	vous naîtr **ez**
ils naiss **ent**	ils naiss **aient**	ils naqu **irent**	ils naîtr **ont**

Passé composé	Plus-que-parfait	Passé antérieur	Futur antérieur
je suis né	j' étais né	je fus né	je serai né
tu es né	tu étais né	tu fus né	tu seras né
il est né	il était né	il fut né	il sera né
nous sommes nés	nous étions nés	nous fûmes nés	nous serons nés
vous êtes nés	vous étiez nés	vous fûtes nés	vous serez nés
ils sont nés	ils étaient nés	ils furent nés	ils seront nés

CONDITIONNEL

IMPÉRATIF

Présent	Passé 1ʳᵉ forme	Passé 2ᵉ forme	Présent
je naîtr **ais**	je serais né	je fusse né	nai **s** / naiss **ons** /
tu naîtr **ais**	tu serais né	tu fusses né	naiss **ez**
il naîtr **ait**	il serait né	il fût né	
nous naîtr **ions**	nous serions nés	nous fussions nés	**Passé**
vous naîtr **iez**	vous seriez nés	vous fussiez nés	sois né / soyons nés /
ils naîtr **aient**	ils seraient nés	ils fussent nés	soyez nés

SUBJONCTIF

Présent	Imparfait	Passé	Plus-que-parfait
que je naiss **e**	que je naqu **isse**	que je sois né	que je fusse né
que tu naiss **es**	que tu naqu **isses**	que tu sois né	que tu fusses né
qu' il naiss **e**	qu' il naqu **ît**	qu' il soit né	qu' il fût né
que nous naiss **ions**	que nous naqu **issions**	que nous soyons nés	que n. fussions nés
que vous naiss **iez**	que vous naqu **issiez**	que vous soyez nés	que v. fussiez nés
qu' ils naiss **ent**	qu' ils naqu **issent**	qu' ils soient nés	qu' ils fussent nés

INFINITIF

Présent	Passé
naître	être né

PARTICIPE

Présent	Passé
naissant	né
	étant né

GÉRONDIF

Présent	Passé
en naissant	en étant né

- Même conjugaison pour souffrir, couvrir, ouvrir et leurs dérivés, ainsi que pour assaillir et tressaillir (verbes dont le participe passé est en **i**).
- Remarquer l'analogie des terminaisons du présent de l'indicatif et de l'impératif avec celles des verbes du 1er groupe.
- **Radicaux**: offr-, offrir-.

INDICATIF

Présent	Imparfait	Passé simple	Futur simple
j' offr **e**	j' offr **ais**	j' offr **is**	j' offrir **ai**
tu offr **es**	tu offr **ais**	tu offr **is**	tu offrir **as**
il offr **e**	il offr **ait**	il offr **it**	il offrir **a**
nous offr **ons**	nous offr **ions**	nous offr **îmes**	nous offrir **ons**
vous offr **ez**	vous offr **iez**	vous offr **îtes**	vous offrir **ez**
ils offr **ent**	ils offr **aient**	ils offr **irent**	ils offrir **ont**

Passé composé	Plus-que-parfait	Passé antérieur	Futur antérieur
j' ai offert	j' avais offert	j' eus offert	j' aurai offert
tu as offert	tu avais offert	tu eus offert	tu auras offert
il a offert	il avait offert	il eut offert	il aura offert
nous avons offert	nous avions offert	nous eûmes offert	nous aurons offert
vous avez offert	vous aviez offert	vous eûtes offert	vous aurez offert
ils ont offert	ils avaient offert	ils eurent offert	ils auront offert

CONDITIONNEL

Présent	Passé 1re forme	Passé 2e forme
j' offrir **ais**	j' aurais offert	j' eusse offert
tu offrir **ais**	tu aurais offert	tu eusses offert
il offrir **ait**	il aurait offert	il eût offert
nous offrir **ions**	nous aurions offert	nous eussions offert
vous offrir **iez**	vous auriez offert	vous eussiez offert
ils offrir **aient**	ils auraient offert	ils eussent offert

IMPÉRATIF

Présent

offr **e** / offr **ons** / offr **ez**

Passé

aie offert / ayons offert/ ayez offert

SUBJONCTIF

Présent	Imparfait	Passé	Plus-que-parfait
que j' offr **e**	que j' offr **isse**	que j' aie offert	que j' eusse offert
que tu offr **es**	que tu offr **isses**	que tu aies offert	que tu eusses offert
qu' il offr **e**	qu' il offr **ît**	qu' il ait offert	qu' il eût offert
que nous offr **ions**	que nous offr **issions**	que n. ayons offert	que n. eussions offert
que vous offr **iez**	que vous offr **issiez**	que v. ayez offert	que v. eussiez offert
qu' ils offr **ent**	qu' ils offr **issent**	qu' ils aient offert	qu' ils eussent offert

INFINITIF

Présent	Passé
offrir	avoir offert

PARTICIPE

Présent	Passé
offrant	offert / ayant offert

GÉRONDIF

Présent	Passé
en offrant	en ayant offert

49 plaire / 3ᵉ groupe

- Même conjugaison pour complaire, déplaire et taire.
- Participe passé invariable (elles se sont plu à Cabourg).
- Attention à l'accent circonflexe sur le **i** à la 3ᵉ personne du singulier de l'indicatif présent.
- Taire ne prend pas d'accent circonflexe à la 3ᵉ personne de l'indicatif présent (il tait) et a un participe passé variable (elles se sont tues).
- **Radicaux** : plai-, plaî-, plais-, pl-, plair-.

INDICATIF

Présent	Imparfait	Passé simple	Futur simple
je plai **s**	je plais **ais**	je pl **us**	je plair **ai**
tu plai **s**	tu plais **ais**	tu pl **us**	tu plair **as**
il plaî **t**	il plais **ait**	il pl **ut**	il plair **a**
nous plais **ons**	nous plais **ions**	nous pl **ûmes**	nous plair **ons**
vous plais **ez**	vous plais **iez**	vous pl **ûtes**	vous plair **ez**
ils plais **ent**	ils plais **aient**	ils pl **urent**	ils plair **ont**

Passé composé	Plus-que-parfait	Passé antérieur	Futur antérieur
j' ai plu	j' avais plu	j' eus plu	j' aurai plu
tu as plu	tu avais plu	tu eus plu	tu auras plu
il a plu	il avait plu	il eut plu	il aura plu
nous avons plu	nous avions plu	nous eûmes plu	nous aurons plu
vous avez plu	vous aviez plu	vous eûtes plu	vous aurez plu
ils ont plu	ils avaient plu	ils eurent plu	ils auront plu

CONDITIONNEL

Présent	Passé 1ʳᵉ forme	Passé 2ᵉ forme
je plair **ais**	j' aurais plu	j' eusse plu
tu plair **ais**	tu aurais plu	tu eusses plu
il plair **ait**	il aurait plu	il eût plu
nous plair **ions**	nous aurions plu	nous eussions plu
vous plair **iez**	vous auriez plu	vous eussiez plu
ils plair **aient**	ils auraient plu	ils eussent plu

IMPÉRATIF

Présent

plai **s** / plais **ons** / plais **ez**

Passé

aie plu / ayons plu / ayez plu

SUBJONCTIF

Présent	Imparfait	Passé	Plus-que-parfait
que je plais **e**	que je pl **usse**	que j' aie plu	que j' eusse plu
que tu plais **es**	que tu pl **usses**	que tu aies plu	que tu eusses plu
qu' il plais **e**	qu' il pl **ût**	qu' il ait plu	qu' il eût plu
que nous plais **ions**	que nous pl **ussions**	que n. ayons plu	que n. eussions plu
que vous plais **iez**	que vous pl **ussiez**	que v. ayez plu	que v. eussiez plu
qu' ils plais **ent**	qu' ils pl **ussent**	qu' ils aient plu	qu' ils eussent plu

INFINITIF

Présent	Passé
plaire	avoir plu

PARTICIPE

Présent	Passé
plaisant	plu
	ayant plu

GÉRONDIF

Présent	Passé
en plaisant	en ayant plu

- Verbe impersonnel, se conjugue uniquement à la 3ᵉ personne du singulier.
- Au sens figuré, pleuvoir est parfois employé au pluriel (les mauvaises notes pleuvent).
- **Radicaux**: pleu-, pleuv-, pleuvr-.

INDICATIF

Présent	Imparfait	Passé simple	Futur simple
il pleu *t*	il pleuv *ait*	il pl *ut*	il pleuvr *a*

Passé composé	Plus-que-parfait	Passé antérieur	Futur antérieur
il a plu	il avait plu	il eut plu	il aura plu

CONDITIONNEL

Présent	Passé 1ʳᵉ forme	Passé 2ᵉ forme
il pleuvr *ait*	il aurait plu	il eût plu

IMPÉRATIF

Présent

–

Passé

–

SUBJONCTIF

Présent	Imparfait	Passé	Plus-que-parfait
qu' il pleuv *e*	qu' il pl *ût*	qu' il ait plu	qu' il eût plu

INFINITIF

Présent	Passé
pleuvoir	avoir plu

PARTICIPE

Présent	Passé
pleuvant	plu ayant plu

GÉRONDIF

Présent	Passé
–	–

51 pouvoir / 3ᵉ groupe

- À la 1ʳᵉ et la 2ᵉ personne du singulier du présent de l'indicatif, la terminaison est **x** et non **s**.
- À la forme interrogative, la 1ʳᵉ personne du singulier du présent de l'indicatif est puis et non peux (puis-je).
- Doublement du **r** au futur simple de l'indicatif et au présent du conditionnel.
- **Radicaux**: peu-, pouv-, peuv-, p-, pourr-, puiss-.

INDICATIF

Présent	Imparfait	Passé simple	Futur simple
je peu **x** / p **uis**	je pouv **ais**	je p **us**	je pourr **ai**
tu peu **x**	tu pouv **ais**	tu p **us**	tu pourr **as**
il peu **t**	il pouv **ait**	il p **ut**	il pourr **a**
nous pouv **ons**	nous pouv **ions**	nous p **ûmes**	nous pourr **ons**
vous pouv **ez**	vous pouv **iez**	vous p **ûtes**	vous pourr **ez**
ils peuv **ent**	ils pouv **aient**	ils p **urent**	ils pourr **ont**

Passé composé	Plus-que-parfait	Passé antérieur	Futur antérieur
j' ai pu	j' avais pu	j' eus pu	j' aurai pu
tu as pu	tu avais pu	tu eus pu	tu auras pu
il a pu	il avait pu	il eut pu	il aura pu
nous avons pu	nous avions pu	nous eûmes pu	nous aurons pu
vous avez pu	vous aviez pu	vous eûtes pu	vous aurez pu
ils ont pu	ils avaient pu	ils eurent pu	ils auront pu

CONDITIONNEL

Présent	Passé 1ʳᵉ forme	Passé 2ᵉ forme
je pourr **ais**	j' aurais pu	j' eusse pu
tu pourr **ais**	tu aurais pu	tu eusses pu
il pourr **ait**	il aurait pu	il eût pu
nous pourr **ions**	nous aurions pu	nous eussions pu
vous pourr **iez**	vous auriez pu	vous eussiez pu
ils pourr **aient**	ils auraient pu	ils eussent pu

IMPÉRATIF

Présent

—

Passé

—

SUBJONCTIF

Présent	Imparfait	Passé	Plus-que-parfait
que je puiss **e**	que je p **usse**	que j' aie pu	que j' eusse pu
que tu puiss **es**	que tu p **usses**	que tu aies pu	que tu eusses pu
qu' il puiss **e**	qu' il p **ût**	qu' il ait pu	qu' il eût pu
que nous puiss **ions**	que nous p **ussions**	que n. ayons pu	que n. eussions pu
que vous puiss **iez**	que vous p **ussiez**	que v. ayez pu	que v. eussiez pu
qu' ils puiss **ent**	qu' ils p **ussent**	qu' ils aient pu	qu' ils eussent pu

INFINITIF

Présent	Passé
pouvoir	avoir pu

PARTICIPE

Présent	Passé
pouvant	pu
	ayant pu

GÉRONDIF

Présent	Passé
en pouvant	en ayant pu

- Même conjugaison pour ses dérivés: apprendre, comprendre, se déprendre, désapprendre, entreprendre, s'éprendre, se méprendre, réapprendre, reprendre, surprendre.
- Doublement du **n** devant un **e** muet.
- Cette conjugaison est une exception aux verbes en -dre présentés dans le tableau 54.
- **Radicaux**: prend-, pren-, prenn-, pr-, prendr-.

INDICATIF

Présent	Imparfait	Passé simple	Futur simple
je prend **s**	je pren **ais**	je pr **is**	je prendr **ai**
tu prend **s**	tu pren **ais**	tu pr **is**	tu prendr **as**
il prend	il pren **ait**	il pr **it**	il prendr **a**
nous pren **ons**	nous pren **ions**	nous pr **îmes**	nous prendr **ons**
vous pren **ez**	vous pren **iez**	vous pr **îtes**	vous prendr **ez**
ils prenn **ent**	ils pren **aient**	ils pr **irent**	ils prendr **ont**

Passé composé	Plus-que-parfait	Passé antérieur	Futur antérieur
j' ai pris	j' avais pris	j' eus pris	j' aurai pris
tu as pris	tu avais pris	tu eus pris	tu auras pris
il a pris	il avait pris	il eut pris	il aura pris
nous avons pris	nous avions pris	nous eûmes pris	nous aurons pris
vous avez pris	vous aviez pris	vous eûtes pris	vous aurez pris
ils ont pris	ils avaient pris	ils eurent pris	ils auront pris

CONDITIONNEL

Présent	Passé 1ʳᵉ forme	Passé 2ᵉ forme
je prendr **ais**	j' aurais pris	j' eusse pris
tu prendr **ais**	tu aurais pris	tu eusses pris
il prendr **ait**	il aurait pris	il eût pris
nous prendr **ions**	nous aurions pris	nous eussions pris
vous prendr **iez**	vous auriez pris	vous eussiez pris
ils prendr **aient**	ils auraient pris	ils eussent pris

IMPÉRATIF

Présent

prend **s** / pren **ons** / pren **ez**

Passé

aie pris / ayons pris / ayez pris

SUBJONCTIF

Présent	Imparfait	Passé	Plus-que-parfait
que je prenn **e**	que je pr **isse**	que j' aie pris	que j' eusse pris
que tu prenn **es**	que tu pr **isses**	que tu aies pris	que tu eusses pris
qu' il prenn **e**	qu' il pr **ît**	qu' il ait pris	qu' il eût pris
que nous pren **ions**	que nous pr **issions**	que n. ayons pris	que n. eussions pris
que vous pren **iez**	que vous pr **issiez**	que v. ayez pris	que v. eussiez pris
qu' ils prenn **ent**	qu' ils pr **issent**	qu' ils aient pris	qu' ils eussent pris

INFINITIF		PARTICIPE		GÉRONDIF	
Présent	Passé	Présent	Passé	Présent	Passé
prendre	avoir pris	prenant	pris / ayant pris	en prenant	en ayant pris

53 recevoir / 3ᵉ groupe
verbes en -cevoir

- Se conjuguent sur ce modèle apercevoir, concevoir, décevoir et percevoir.
- La cédille apparaît sous le **c**, devant un **o** ou un **u**.
- **Radicaux**: reçoi-, recev-, reçoiv-, reç-, recevr-.

INDICATIF

Présent	Imparfait	Passé simple	Futur simple
je reçoi **s**	je recev **ais**	je reç **us**	je recevr **ai**
tu reçoi **s**	tu recev **ais**	tu reç **us**	tu recevr **as**
il reçoi **t**	il recev **ait**	il reç **ut**	il recevr **a**
nous recev **ons**	nous recev **ions**	nous reç **ûmes**	nous recevr **ons**
vous recev **ez**	vous recev **iez**	vous reç **ûtes**	vous recevr **ez**
ils reçoiv **ent**	ils recev **aient**	ils reç **urent**	ils recevr **ont**

Passé composé	Plus-que-parfait	Passé antérieur	Futur antérieur
j' ai reçu	j' avais reçu	j' eus reçu	j' aurai reçu
tu as reçu	tu avais reçu	tu eus reçu	tu auras reçu
il a reçu	il avait reçu	il eut reçu	il aura reçu
nous avons reçu	nous avions reçu	nous eûmes reçu	nous aurons reçu
vous avez reçu	vous aviez reçu	vous eûtes reçu	vous aurez reçu
ils ont reçu	ils avaient reçu	ils eurent reçu	ils auront reçu

CONDITIONNEL

Présent	Passé 1ʳᵉ forme	Passé 2ᵉ forme
je recevr **ais**	j' aurais reçu	j' eusse reçu
tu recevr **ais**	tu aurais reçu	tu eusses reçu
il recevr **ait**	il aurait reçu	il eût reçu
nous recevr **ions**	nous aurions reçu	nous eussions reçu
vous recevr **iez**	vous auriez reçu	vous eussiez reçu
ils recevr **aient**	ils auraient reçu	ils eussent reçu

IMPÉRATIF

Présent

reçoi **s** / recev **ons**
recev **ez**

Passé

aie reçu / ayons reçu / ayez reçu

SUBJONCTIF

Présent	Imparfait	Passé	Plus-que-parfait
que je reçoiv **e**	que je reç **usse**	que j' aie reçu	que j' eusse reçu
que tu reçoiv **es**	que tu reç **usses**	que tu aies reçu	que tu eusses reçu
qu' il reçoiv **e**	qu' il reç **ût**	qu' il ait reçu	qu' il eût reçu
que nous recev **ions**	que nous reç **ussions**	que n. ayons reçu	que n. eussions reçu
que vous recev **iez**	que vous reç **ussiez**	que v. ayez reçu	que v. eussiez reçu
qu' ils reçoiv **ent**	qu' ils reç **ussent**	qu' ils aient reçu	qu' ils eussent reçu

INFINITIF

Présent	Passé
recevoir	avoir reçu

PARTICIPE

Présent	Passé
recevant	reçu
	ayant reçu

GÉRONDIF

Présent	Passé
en recevant	en ayant reçu

3ᵉ groupe
verbes en -dre \ rendre 54

- Verbes en -andre, -endre, -ondre, -erdre, -ordre.
- Même conjugaison pour rompre, corrompre et interrompre, dont la seule particularité est de prendre un **t** après le **p** à la 3ᵉ personne du singulier de l'indicatif présent (il rompt, il corrompt, il interrompt).
- Attention : prendre et ses dérivés ne suivent pas cette règle (cf. tableau 52).
- Ces verbes conservent la consonne finale de leur radical à tous les temps.
- **Radicaux** : rend-, rendr-.

INDICATIF

Présent	Imparfait	Passé simple	Futur simple
je rend *s*	je rend *ais*	je rend *is*	je rendr *ai*
tu rend *s*	tu rend *ais*	tu rend *is*	tu rendr *as*
il rend	il rend *ait*	il rend *it*	il rendr *a*
nous rend *ons*	nous rend *ions*	nous rend *îmes*	nous rendr *ons*
vous rend *ez*	vous rend *iez*	vous rend *îtes*	vous rendr *ez*
ils rend *ent*	ils rend *aient*	ils rend *irent*	ils rendr *ont*

Passé composé	Plus-que-parfait	Passé antérieur	Futur antérieur
j' ai rendu	j' avais rendu	j' eus rendu	j' aurai rendu
tu as rendu	tu avais rendu	tu eus rendu	tu auras rendu
il a rendu	il avait rendu	il eut rendu	il aura rendu
nous avons rendu	nous avions rendu	nous eûmes rendu	nous aurons rendu
vous avez rendu	vous aviez rendu	vous eûtes rendu	vous aurez rendu
ils ont rendu	ils avaient rendu	ils eurent rendu	ils auront rendu

CONDITIONNEL

Présent	Passé 1ʳᵉ forme	Passé 2ᵉ forme
je rendr *ais*	j' aurais rendu	j' eusse rendu
tu rendr *ais*	tu aurais rendu	tu eusses rendu
il rendr *ait*	il aurait rendu	il eût rendu
nous rendr *ions*	nous aurions rendu	nous eussions rendu
vous rendr *iez*	vous auriez rendu	vous eussiez rendu
ils rendr *aient*	ils auraient rendu	ils eussent rendu

IMPÉRATIF

Présent

rend *s* / rend *ons* / rend *ez*

Passé

aie rendu / ayons rendu / ayez rendu

SUBJONCTIF

Présent	Imparfait	Passé	Plus-que-parfait
que je rend *e*	que je rend *isse*	que j' aie rendu	que j' eusse rendu
que tu rend *es*	que tu rend *isses*	que tu aies rendu	que tu eusses rendu
qu' il rend *e*	qu' il rend *ît*	qu' il ait rendu	qu' il eût rendu
que nous rend *ions*	que nous rend *issions*	que n. ayons rendu	que n. eussions rendu
que vous rend *iez*	que vous rend *issiez*	que v. ayez rendu	que v. eussiez rendu
qu' ils rend *ent*	qu' ils rend *issent*	qu' ils aient rendu	qu' ils eussent rendu

INFINITIF

Présent	Passé
rendre	avoir rendu

PARTICIPE

Présent	Passé
rendant	rendu / ayant rendu

GÉRONDIF

Présent	Passé
en rendant	en ayant rendu

55 résoudre / 3ᵉ groupe
verbes en -soudre

- Se conjuguent sur ce modèle les verbes absoudre et dissoudre, cependant ceux-ci n'ont pas de passé simple, ni d'imparfait du subjonctif. Leurs participes passés sont absous, absoute et dissous, dissoute.
- Deux participes passés pour le verbe résoudre : résolu(e) et résous / résoute (terme technique de chimie).
- Ces verbes perdent le **d** de leur radical à tous les temps, sauf au futur simple et au conditionnel présent.
- **Radicaux** : résou-, résolv-, résol-, résoudr-.

INDICATIF

Présent	Imparfait	Passé simple	Futur simple
je résou **s**	je résolv **ais**	je résol **us**	je résoudr **ai**
tu résou **s**	tu résolv **ais**	tu résol **us**	tu résoudr **as**
il résou **t**	il résolv **ait**	il résol **ut**	il résoudr **a**
nous résolv **ons**	nous résolv **ions**	nous résol **ûmes**	nous résoudr **ons**
vous résolv **ez**	vous résolv **iez**	vous résol **ûtes**	vous résoudr **ez**
ils résolv **ent**	ils résolv **aient**	ils résol **urent**	ils résoudr **ont**

Passé composé	Plus-que-parfait	Passé antérieur	Futur antérieur
j' ai résolu	j' avais résolu	j' eus résolu	j' aurai résolu
tu as résolu	tu avais résolu	tu eus résolu	tu auras résolu
il a résolu	il avait résolu	il eut résolu	il aura résolu
nous avons résolu	nous avions résolu	nous eûmes résolu	nous aurons résolu
vous avez résolu	vous aviez résolu	vous eûtes résolu	vous aurez résolu
ils ont résolu	ils avaient résolu	ils eurent résolu	ils auront résolu

CONDITIONNEL

Présent	Passé 1ʳᵉ forme	Passé 2ᵉ forme
je résoudr **ais**	j' aurais résolu	j' eusse résolu
tu résoudr **ais**	tu aurais résolu	tu eusses résolu
il résoudr **ait**	il aurait résolu	il eût résolu
nous résoudr **ions**	nous aurions résolu	nous eussions résolu
vous résoudr **iez**	vous auriez résolu	vous eussiez résolu
ils résoudr **aient**	ils auraient résolu	ils eussent résolu

IMPÉRATIF

Présent
résou **s** / résolv **ons** / résolv **ez**

Passé
aie résolu / ayons résolu / ayez résolu

SUBJONCTIF

Présent	Imparfait	Passé	Plus-que-parfait
que je résolv **e**	que je résol **usse**	que j' aie résolu	que j' eusse résolu
que tu résolv **es**	que tu résol **usses**	que tu aies résolu	que tu eusses résolu
qu' il résolv **e**	qu' il résol **ût**	qu' il ait résolu	qu' il eût résolu
que nous résolv **ions**	que nous résol **ussions**	que n. ayons résolu	que n. eussions résolu
que vous résolv **iez**	que vous résol **ussiez**	que v. ayez résolu	que v. eussiez résolu
qu' ils résolv **ent**	qu' ils résol **ussent**	qu' ils aient résolu	qu' ils eussent résolu

INFINITIF

Présent	Passé
résoudre	avoir résolu

PARTICIPE

Présent	Passé
résolvant	résolu / ayant résolu

GÉRONDIF

Présent	Passé
en résolvant	en ayant résolu

- Sourire se conjugue sur ce modèle.
- Participe passé invariable (elles se sont ri de nous).
- Attention, doublement du **i** à la 1ʳᵉ et à la 2ᵉ personne du pluriel de l'imparfait de l'indicatif et du présent du subjonctif (nous riions, que vous riiez).
- Mêmes formes pour le présent de l'indicatif et le passé simple (je ris, tu ris, elle rit), aux 3 personnes du singulier.
- **Radicaux** : ri-, r-, rir-.

INDICATIF

Présent	Imparfait	Passé simple	Futur simple
je ri **s**	je ri **ais**	je r **is**	je rir **ai**
tu ri **s**	tu ri **ais**	tu r **is**	tu rir **as**
il ri **t**	il ri **ait**	il r **it**	il rir **a**
nous ri **ons**	nous ri **ions**	nous r **îmes**	nous rir **ons**
vous ri **ez**	vous ri **iez**	vous r **îtes**	vous rir **ez**
ils ri **ent**	ils ri **aient**	ils r **irent**	ils rir **ont**

Passé composé	Plus-que-parfait	Passé antérieur	Futur antérieur
j' ai ri	j' avais ri	j' eus ri	j' aurai ri
tu as ri	tu avais ri	tu eus ri	tu auras ri
il a ri	il avait ri	il eut ri	il aura ri
nous avons ri	nous avions ri	nous eûmes ri	nous aurons ri
vous avez ri	vous aviez ri	vous eûtes ri	vous aurez ri
ils ont ri	ils avaient ri	ils eurent ri	ils auront ri

CONDITIONNEL

Présent	Passé 1ʳᵉ forme	Passé 2ᵉ forme
je rir **ais**	j' aurais ri	j' eusse ri
tu rir **ais**	tu aurais ri	tu eusses ri
il rir **ait**	il aurait ri	il eût ri
nous rir **ions**	nous aurions ri	nous eussions ri
vous rir **iez**	vous auriez ri	vous eussiez ri
ils rir **aient**	ils auraient ri	ils eussent ri

IMPÉRATIF

Présent

ri **s** / ri **ons** /
ri **ez**

Passé

aie ri / ayons ri /
ayez ri

SUBJONCTIF

Présent	Imparfait	Passé	Plus-que-parfait
que je ri **e**	que je r **isse**	que j' aie ri	que j' eusse ri
que tu ri **es**	que tu r **isses**	que tu aies ri	que tu eusses ri
qu' il ri **e**	qu' il r **ît**	qu' il ait ri	qu' il eût ri
que nous ri **ions**	que nous r **issions**	que n. ayons ri	que n. eussions ri
que vous ri **iez**	que vous r **issiez**	que v. ayez ri	que v. eussiez ri
qu' ils ri **ent**	qu' ils r **issent**	qu' ils aient ri	qu' ils eussent ri

INFINITIF

Présent	Passé
rire	avoir ri

PARTICIPE

Présent	Passé
riant	ri
	ayant ri

GÉRONDIF

Présent	Passé
en riant	en ayant ri

57 savoir /3ᵉ groupe

- Le présent du subjonctif ainsi que l'impératif présent et le participe présent ont conservé une base archaïsante (que je sache, que nous sachions, sache, sachant).
- **Radicaux** : sai-, sav-, s-, saur-, sach-.

INDICATIF

Présent	Imparfait	Passé simple	Futur simple
je sai **s**	je sav **ais**	je s **us**	je saur **ai**
tu sai **s**	tu sav **ais**	tu s **us**	tu saur **as**
il sai **t**	il sav **ait**	il s **ut**	il saur **a**
nous sav **ons**	nous sav **ions**	nous s **ûmes**	nous saur **ons**
vous sav **ez**	vous sav **iez**	vous s **ûtes**	vous saur **ez**
ils sav **ent**	ils sav **aient**	ils s **urent**	ils saur **ont**

Passé composé	Plus-que-parfait	Passé antérieur	Futur antérieur
j' ai su	j' avais su	j' eus su	j' aurai su
tu as su	tu avais su	tu eus su	tu auras su
il a su	il avait su	il eut su	il aura su
nous avons su	nous avions su	nous eûmes su	nous aurons su
vous avez su	vous aviez su	vous eûtes su	vous aurez su
ils ont su	ils avaient su	ils eurent su	ils auront su

CONDITIONNEL

Présent	Passé 1ʳᵉ forme	Passé 2ᵉ forme
je saur **ais**	j' aurais su	j' eusse su
tu saur **ais**	tu aurais su	tu eusses su
il saur **ait**	il aurait su	il eût su
nous saur **ions**	nous aurions su	nous eussions su
vous saur **iez**	vous auriez su	vous eussiez su
ils saur **aient**	ils auraient su	ils eussent su

IMPÉRATIF

Présent

sach **e** / sach **ons** / sach **ez**

Passé

aie su / ayons su / ayez su

SUBJONCTIF

Présent	Imparfait	Passé	Plus-que-parfait
que je sach **e**	que je s **usse**	que j' aie su	que j' eusse su
que tu sach **es**	que tu s **usses**	que tu aies su	que tu eusses su
qu' il sach **e**	qu' il s **ût**	qu' il ait su	qu' il eût su
que nous sach **ions**	que nous s **ussions**	que n. ayons su	que n. eussions su
que vous sach **iez**	que vous s **ussiez**	que v. ayez su	que v. eussiez su
qu' ils sach **ent**	qu' ils s **ussent**	qu' ils aient su	qu' ils eussent su

INFINITIF

Présent	Passé
savoir	avoir su

PARTICIPE

Présent	Passé
sachant	su
	ayant su

GÉRONDIF

Présent	Passé
en sachant	en ayant su

- Participe passé invariable : suffi.
- Même conjugaison pour circoncire (participe passé, circoncis), confire (confit), déconfire (déconfit) et frire (frit).
- Mêmes formes pour le présent de l'indicatif et le passé simple (je suffis, tu suffis, elle suffit) aux 3 personnes du singulier.
- **Radicaux** : suffi-, suffis-, suff-, suffir-.

INDICATIF

Présent	Imparfait	Passé simple	Futur simple
je suffi **s**	je suffis **ais**	je suff **is**	je suffir **ai**
tu suffi **s**	tu suffis **ais**	tu suff **is**	tu suffir **as**
il suffi **t**	il suffis **ait**	il suff **it**	il suffir **a**
nous suffis **ons**	nous suffis **ions**	nous suff **îmes**	nous suffir **ons**
vous suffis **ez**	vous suffis **iez**	vous suff **îtes**	vous suffir **ez**
ils suffis **ent**	ils suffis **aient**	ils suff **irent**	ils suffir **ont**

Passé composé	Plus-que-parfait	Passé antérieur	Futur antérieur
j' ai suffi	j' avais suffi	j' eus suffi	j' aurai suffi
tu as suffi	tu avais suffi	tu eus suffi	tu auras suffi
il a suffi	il avait suffi	il eut suffi	il aura suffi
nous avons suffi	nous avions suffi	nous eûmes suffi	nous aurons suffi
vous avez suffi	vous aviez suffi	vous eûtes suffi	vous aurez suffi
ils ont suffi	ils avaient suffi	ils eurent suffi	ils auront suffi

CONDITIONNEL

Présent	Passé 1re forme	Passé 2e forme
je suffir **ais**	j' aurais suffi	j' eusse suffi
tu suffir **ais**	tu aurais suffi	tu eusses suffi
il suffir **ait**	il aurait sutti	il eût suffi
nous suffir **ions**	nous aurions suffi	nous eussions suffi
vous suffir **iez**	vous auriez suffi	vous eussiez suffi
ils suffir **aient**	ils auraient suffi	ils eussent suffi

IMPÉRATIF

Présent

suffi **s** / suffis **ons** / suffis **ez**

Passé

aie suffi / ayons suffi / ayez suffi

SUBJONCTIF

Présent	Imparfait	Passé	Plus-que-parfait
que je suffis **e**	que je suff **isse**	que j' aie suffi	que j' eusse suffi
que tu suffis **es**	que tu suff **isses**	que tu aies suffi	que tu eusses suffi
qu' il suffis **e**	qu' il suff **ît**	qu' il ait suffi	qu' il eût suffi
que nous suffis **ions**	que nous suff **issions**	que n. ayons suffi	que n. eussions suffi
que vous suffis **iez**	que vous suff **issiez**	que v. ayez suffi	que v. eussiez suffi
qu' ils suffis **ent**	qu' ils suff **issent**	qu' ils aient suffi	qu' ils eussent suffi

INFINITIF

Présent	Passé
suffir	avoir suffi

PARTICIPE

Présent	Passé
suffisant	suffi
	ayant suffi

GÉRONDIF

Présent	Passé
en suffisant	en ayant suffi

59 suivre / 3ᵉ groupe

- Se conjuguent sur ce modèle les verbes s'ensuivre et poursuivre.
- Attention : les premières personnes du singulier du présent de l'indicatif du verbe suivre et du verbe être sont identiques (je suis).
- **Radicaux** : sui-, suiv-, suivr-.

INDICATIF

Présent	Imparfait	Passé simple	Futur simple
je sui **s**	je suiv **ais**	je suiv **is**	je suivr **ai**
tu sui **s**	tu suiv **ais**	tu suiv **is**	tu suivr **as**
il sui **t**	il suiv **ait**	il suiv **it**	il suivr **a**
nous suiv **ons**	nous suiv **ions**	nous suiv **îmes**	nous suivr **ons**
vous suiv **ez**	vous suiv **iez**	vous suiv **îtes**	vous suivr **ez**
ils suiv **ent**	ils suiv **aient**	ils suiv **irent**	ils suivr **ont**

Passé composé	Plus-que-parfait	Passé antérieur	Futur antérieur
j' ai suivi	j' avais suivi	j' eus suivi	j' aurai suivi
tu as suivi	tu avais suivi	tu eus suivi	tu auras suivi
il a suivi	il avait suivi	il eut suivi	il aura suivi
nous avons suivi	nous avions suivi	nous eûmes suivi	nous aurons suivi
vous avez suivi	vous aviez suivi	vous eûtes suivi	vous aurez suivi
ils ont suivi	ils avaient suivi	ils eurent suivi	ils auront suivi

CONDITIONNEL

Présent	Passé 1ʳᵉ forme	Passé 2ᵉ forme
je suivr **ais**	j' aurais suivi	j' eusse suivi
tu suivr **ais**	tu aurais suivi	tu eusses suivi
il suivr **ait**	il aurait suivi	il eût suivi
nous suivr **ions**	nous aurions suivi	nous eussions suivi
vous suivr **iez**	vous auriez suivi	vous eussiez suivi
ils suivr **aient**	ils auraient suivi	ils eussent suivi

IMPÉRATIF

Présent

sui **s** / suiv **ons** / suiv **ez**

Passé

aie suivi / ayons suivi / ayez suivi

SUBJONCTIF

Présent	Imparfait	Passé	Plus-que-parfait
que je suiv **e**	que je suiv **isse**	que j' aie suivi	que j' eusse suivi
que tu suiv **es**	que tu suiv **isses**	que tu aies suivi	que tu eusses suivi
qu' il suiv **e**	qu' il suiv **ît**	qu' il ait suivi	qu' il eût suivi
que nous suiv **ions**	que nous suiv **issions**	que n. ayons suivi	que n. eussions suivi
que vous suiv **iez**	que vous suiv **issiez**	que v. ayez suivi	que v. eussiez suivi
qu' ils suiv **ent**	qu' ils suiv **issent**	qu' ils aient suivi	qu' ils eussent suivi

INFINITIF

Présent	Passé
suivre	avoir suivi

PARTICIPE

Présent	Passé
suivant	suivi
	ayant suivi

GÉRONDIF

Présent	Passé
en suivant	en ayant suivi

- Le verbe convaincre se conjugue sur ce modèle.
- Attention, pas de **t** final à la 3ᵉ personne du singulier du présent de l'indicatif (il vainc).
- Si le **c** du radical est devant une voyelle (sauf **u**), il se transforme en **qu** (nous vainquons).
- Le passé simple est en **i** alors que le participe passé est en **u**.
- **Radicaux** : vainc-, vainqu-, vaincr-.

INDICATIF

Présent	Imparfait	Passé simple	Futur simple
je vainc **s**	je vainqu **ais**	je vainqu **is**	je vaincr **ai**
tu vainc **s**	tu vainqu **ais**	tu vainqu **is**	tu vaincr **as**
il vainc	il vainqu **ait**	il vainqu **it**	il vaincr **a**
nous vainqu **ons**	nous vainqu **ions**	nous vainqu **îmes**	nous vaincr **ons**
vous vainqu **ez**	vous vainqu **iez**	vous vainqu **îtes**	vous vaincr **ez**
ils vainqu **ent**	ils vainqu **aient**	ils vainqu **irent**	ils vaincr **ont**

Passé composé	Plus-que-parfait	Passé antérieur	Futur antérieur
j' ai vaincu	j' avais vaincu	j' eus vaincu	j' aurai vaincu
tu as vaincu	tu avais vaincu	tu eus vaincu	tu auras vaincu
il a vaincu	il avait vaincu	il eut vaincu	il aura vaincu
nous avons vaincu	nous avions vaincu	nous eûmes vaincu	nous aurons vaincu
vous avez vaincu	vous aviez vaincu	vous eûtes vaincu	vous aurez vaincu
ils ont vaincu	ils avaient vaincu	ils eurent vaincu	ils auront vaincu

CONDITIONNEL

Présent	Passé 1ʳᵉ forme	Passé 2ᵉ forme
je vaincr **ais**	j' aurais vaincu	j' eusse vaincu
tu vaincr **ais**	tu aurais vaincu	tu eusses vaincu
il vaincr **ait**	il aurait vaincu	il eut vaincu
nous vaincr **ions**	nous aurions vaincu	nous eussions vaincu
vous vaincr **iez**	vous auriez vaincu	vous eussiez vaincu
ils vaincr **aient**	ils auraient vaincu	ils eussent vaincu

IMPÉRATIF

Présent

vainc **s** / vainqu **ons** / vainqu **ez**

Passé

aie vaincu / ayons vaincu / ayez vaincu

SUBJONCTIF

Présent	Imparfait	Passé	Plus-que-parfait
que je vainqu **e**	que je vainqu **isse**	que j' aie vaincu	que j' eusse vaincu
que tu vainqu **es**	que tu vainqu **isses**	que tu aies vaincu	que tu eusses vaincu
qu' il vainqu **e**	qu' il vainqu **ît**	qu' il ait vaincu	qu' il eût vaincu
que nous vainqu **ions**	que nous vainqu **issions**	que n. ayons vaincu	que n. eussions vaincu
que vous vainqu **iez**	que vous vainqu **issiez**	que v. ayez vaincu	que v. eussiez vaincu
qu' ils vainqu **ent**	qu' ils vainqu **issent**	qu' ils aient vaincu	qu' ils eussent vaincu

INFINITIF

Présent	Passé
vaincre	avoir vaincu

PARTICIPE

Présent	Passé
vainquant	vaincu / ayant vaincu

GÉRONDIF

Présent	Passé
en vainquant	en ayant vaincu

61 valoir / 3ᵉ groupe

- Même conjugaison pour équivaloir, prévaloir et revaloir. (Au subjonctif présent, prévaloir fait : que je prévale..., que nous prévalions...)
- À la 1ʳᵉ et à la 2ᵉ personne du singulier du présent de l'indicatif, la terminaison est **x** et non **s**.
- Accord du participe passé à la forme pronominale (elle s'est prévalue de ses droits).
- **Radicaux** : vau-, val-, vaudr-, vaill-.

INDICATIF

Présent	Imparfait	Passé simple	Futur simple
je vau **x**	je val **ais**	je val **us**	je vaudr **ai**
tu vau **x**	tu val **ais**	tu val **us**	tu vaudr **as**
il vau **t**	il val **ait**	il val **ut**	il vaudr **a**
nous val **ons**	nous val **ions**	nous val **ûmes**	nous vaudr **ons**
vous val **ez**	vous val **iez**	vous val **ûtes**	vous vaudr **ez**
ils val **ent**	ils val **aient**	ils val **urent**	ils vaudr **ont**

Passé composé	Plus-que-parfait	Passé antérieur	Futur antérieur
j' ai valu	j' avais valu	j' eus valu	j' aurai valu
tu as valu	tu avais valu	tu eus valu	tu auras valu
il a valu	il avait valu	il eut valu	il aura valu
nous avons valu	nous avions valu	nous eûmes valu	nous aurons valu
vous avez valu	vous aviez valu	vous eûtes valu	vous aurez valu
ils ont valu	ils avaient valu	ils eurent valu	ils auront valu

CONDITIONNEL

Présent	Passé 1ʳᵉ forme	Passé 2ᵉ forme
je vaudr **ais**	j' aurais valu	j' eusse valu
tu vaudr **ais**	tu aurais valu	tu eusses valu
il vaudr **ait**	il aurait valu	il eût valu
nous vaudr **ions**	nous aurions valu	nous eussions valu
vous vaudr **iez**	vous auriez valu	vous eussiez valu
ils vaudr **aient**	ils auraient valu	ils eussent valu

IMPÉRATIF

Présent

vau **x** / val **ons** / val **ez**

Passé

aie valu / ayons valu / ayez valu

SUBJONCTIF

Présent	Imparfait	Passé	Plus-que-parfait
que je vaill **e**	que je val **usse**	que j' aie valu	que j' eusse valu
que tu vaill **es**	que tu val **usses**	que tu aies valu	que tu eusses valu
qu' il vaill **e**	qu' il val **ût**	qu' il ait valu	qu' il eût valu
que nous val **ions**	que nous val **ussions**	que n. ayons valu	que n. eussions valu
que vous val **iez**	que vous val **ussiez**	que v. ayez valu	que v. eussiez valu
qu' ils vaill **ent**	qu' ils val **ussent**	qu' ils aient valu	qu' ils eussent valu

INFINITIF

Présent	Passé
valoir	avoir valu

PARTICIPE

Présent	Passé
valant	valu
	ayant valu

GÉRONDIF

Présent	Passé
en valant	en ayant valu

- Les dérivés de venir se conjuguent sur ce modèle : circonvenir, convenir, devenir, se souvenir. (Advenir n'est employé qu'aux 3es personnes du singulier et du pluriel.) Même conjugaison pour tenir et ses dérivés (s'abstenir, appartenir, contenir, entretenir, maintenir, obtenir...).
- Doublement du **n** devant un **e** muet.
- Le verbe venir sert à former le futur proche (je viens d'arriver).
- **Radicaux** : vien-, ven-, vienn-, v-, viendr-.

INDICATIF

Présent	Imparfait	Passé simple	Futur simple
je vien **s**	je ven **ais**	je v **ins**	je viendr **ai**
tu vien **s**	tu ven **ais**	tu v **ins**	tu viendr **as**
il vien **t**	il ven **ait**	il v **int**	il viendr **a**
nous ven **ons**	nous ven **ions**	nous v **înmes**	nous viendr **ons**
vous ven **ez**	vous ven **iez**	vous v **întes**	vous viendr **ez**
ils vienn **ent**	ils ven **aient**	ils v **inrent**	ils viendr **ont**

Passé composé	Plus-que-parfait	Passé antérieur	Futur antérieur
je suis venu	j' étais venu	je fus venu	je serai venu
tu es venu	tu étais venu	tu fus venu	tu seras venu
il est venu	il était venu	il fut venu	il sera venu
nous sommes venus	nous étions venus	nous fûmes venus	nous serons venus
vous êtes venus	vous étiez venus	vous fûtes venus	vous serez venus
ils sont venus	ils étaient venus	ils furent venus	ils seront venus

CONDITIONNEL

Présent	Passé 1re forme	Passé 2e forme
je viendr **ais**	je serais venu	je fusse venu
tu viendr **ais**	tu serais venu	tu fusses venu
il viendr **ait**	il serait venu	il fût venu
nous viendr **ions**	nous serions venus	nous fussions venus
vous viendr **iez**	vous seriez venus	vous fussiez venus
ils viendr **aient**	ils seraient venus	ils fussent venus

IMPÉRATIF

Présent

vien **s** / ven **ons** /
ven **ez**

Passé

sois venu / soyons
venus / soyez venus

SUBJONCTIF

Présent	Imparfait	Passé	Plus-que-parfait
que je vienn **e**	que je v **insse**	que je sois venu	que je fusse venu
que tu vienn **es**	que tu v **insses**	que tu sois venu	que tu fusses venu
qu' il vienn **e**	qu' il v **înt**	qu' il soit venu	qu' il fût venu
que nous ven **ions**	que nous v **inssions**	que n. soyons venus	que n. fussions venus
que vous ven **iez**	que vous v **inssiez**	que v. soyez venus	que v. fussiez venus
qu' ils vienn **ent**	qu' ils v **inssent**	qu' ils soient venus	qu' ils fussent venus

INFINITIF

Présent	Passé
venir	être venu

PARTICIPE

Présent	Passé
venant	venu
	étant venu

GÉRONDIF

Présent	Passé
en venant	en étant venu

63 vêtir / 3ᵉ groupe
exception des verbes en -tir

- Même conjugaison pour ses dérivés dévêtir, revêtir et survêtir.
- Ce verbe est une exception à la règle générale des verbes en -tir, comme mentir (cf. tableau 43), puisque le **t** de son radical est maintenu partout.
- Remarque : l'accent circonflexe est maintenu partout aussi (puisqu'il apparaît toujours devant un **t**).
- **Radicaux** : vêt-, vêtir-.

INDICATIF

Présent	Imparfait	Passé simple	Futur simple
je vêt **s**	je vêt **ais**	je vêt **is**	je vêtir **ai**
tu vêt **s**	tu vêt **ais**	tu vêt **is**	tu vêtir **as**
il vêt	il vêt **ait**	il vêt **it**	il vêtir **a**
nous vêt **ons**	nous vêt **ions**	nous vêt **îmes**	nous vêtir **ons**
vous vêt **ez**	vous vêt **iez**	vous vêt **îtes**	vous vêtir **ez**
ils vêt **ent**	ils vêt **aient**	ils vêt **irent**	ils vêtir **ont**

Passé composé	Plus-que-parfait	Passé antérieur	Futur antérieur
j' ai vêtu	j' avais vêtu	j' eus vêtu	j' aurai vêtu
tu as vêtu	tu avais vêtu	tu eus vêtu	tu auras vêtu
il a vêtu	il avait vêtu	il eut vêtu	il aura vêtu
nous avons vêtu	nous avions vêtu	nous eûmes vêtu	nous aurons vêtu
vous avez vêtu	vous aviez vêtu	vous eûtes vêtu	vous aurez vêtu
ils ont vêtu	ils avaient vêtu	ils eurent vêtu	ils auront vêtu

CONDITIONNEL

Présent	Passé 1ʳᵉ forme	Passé 2ᵉ forme
je vêtir **ais**	j' aurais vêtu	j' eusse vêtu
tu vêtir **ais**	tu aurais vêtu	tu eusses vêtu
il vêtir **ait**	il aurait vêtu	il eût vêtu
nous vêtir **ions**	nous aurions vêtu	nous eussions vêtu
vous vêtir **iez**	vous auriez vêtu	vous eussiez vêtu
ils vêtir **aient**	ils auraient vêtu	ils eussent vêtu

IMPÉRATIF

Présent

vêt **s** / vêt **ons** /
vêt **ez**

Passé

aie vêtu / ayons vêtu /
ayez vêtu

SUBJONCTIF

Présent	Imparfait	Passé	Plus-que-parfait
que je vêt **e**	que je vêt **isse**	que j' aie vêtu	que j' eusse vêtu
que tu vêt **es**	que tu vêt **isses**	que tu aies vêtu	que tu eusses vêtu
qu' il vêt **e**	qu' il vêt **ît**	qu' il ait vêtu	qu' il eût vêtu
que nous vêt **ions**	que nous vêt **issions**	que n. ayons vêtu	que n. eussions vêtu
que vous vêt **iez**	que vous vêt **issiez**	que v. ayez vêtu	que v. eussiez vêtu
qu' ils vêt **ent**	qu' ils vêt **issent**	qu' ils aient vêtu	qu' ils eussent vêtu

INFINITIF

Présent	Passé
vêtir	avoir vêtu

PARTICIPE

Présent	Passé
vêtant	vêtu
	ayant vêtu

GÉRONDIF

Présent	Passé
en vêtant	en ayant vêtu

- Même conjugaison pour ses dérivés revivre et survivre (mais le participe passé de survivre est invariable).
- Attention : les formes des 3 personnes du singulier de l'indicatif présent sont identiques à celles des 3 personnes du singulier du passé simple du verbe **voir** (je vis, tu vis, il vit).
- **Radicaux** : vi-, viv-, véc-, vivr-.

INDICATIF

Présent	Imparfait	Passé simple	Futur simple
je vi **s**	je viv **ais**	je véc **us**	je vivr **ai**
tu vi **s**	tu viv **ais**	tu véc **us**	tu vivr **as**
il vi **t**	il viv **ait**	il véc **ut**	il vivr **a**
nous viv **ons**	nous viv **ions**	nous véc **ûmes**	nous vivr **ons**
vous viv **ez**	vous viv **iez**	vous véc **ûtes**	vous vivr **ez**
ils viv **ent**	ils viv **aient**	ils véc **urent**	ils vivr **ont**

Passé composé	Plus-que-parfait	Passé antérieur	Futur antérieur
j' ai vécu	j' avais vécu	j' eus vécu	j' aurai vécu
tu as vécu	tu avais vécu	tu eus vécu	tu auras vécu
il a vécu	il avait vécu	il eut vécu	il aura vécu
nous avons vécu	nous avions vécu	nous eûmes vécu	nous aurons vécu
vous avez vécu	vous aviez vécu	vous eûtes vécu	vous aurez vécu
ils ont vécu	ils avaient vécu	ils eurent vécu	ils auront vécu

CONDITIONNEL

Présent	Passé 1ʳᵉ forme	Passé 2ᵉ forme
je vivr **ais**	j' aurais vécu	j' eusse vécu
tu vivr **ais**	tu aurais vécu	tu eusses vécu
il vivr **ait**	il aurait vécu	il eût vécu
nous vivr **ions**	nous aurions vécu	nous eussions vécu
vous vivr **iez**	vous auriez vécu	vous eussiez vécu
ils vivr **aient**	ils auraient vécu	ils eussent vécu

IMPÉRATIF

Présent

vi **s** / viv **ons** /
viv **ez**

Passé

aie vécu / ayons vécu /
ayez vécu

SUBJONCTIF

Présent	Imparfait	Passé	Plus-que-parfait
que je viv **e**	que je véc **usse**	que j' aie vécu	que j' eusse vécu
que tu viv **es**	que tu véc **usses**	que tu aies vécu	que tu eusses vécu
qu' il viv **e**	qu' il véc **ût**	qu' il ait vécu	qu' il eût vécu
que nous viv **ions**	que nous véc **ussions**	que n. ayons vécu	que n. eussions vécu
que vous viv **iez**	que vous véc **ussiez**	que v. ayez vécu	que v. eussiez vécu
qu' ils viv **ent**	qu' ils véc **ussent**	qu' ils aient vécu	qu' ils eussent vécu

INFINITIF		PARTICIPE		GÉRONDIF	
Présent	Passé	Présent	Passé	Présent	Passé
vivre	avoir vécu	vivant	vécu	en vivant	en ayant vécu
			ayant vécu		

65 voir / 3ᵉ groupe

- Même conjugaison pour entrevoir, prévoir, pourvoir et revoir. (Attention : prévoir : je prévoirai... et je prévoirais... / pourvoir : je pourvoirai..., je pourvoirais..., je pourvus... et que je pourvusse...
- Le **i** du radical devient **y** devant une voyelle prononcée. Ne pas oublier le **i** après le **y** aux 1ʳᵉ et 2ᵉ personnes du pluriel de l'imparfait de l'indicatif et du présent du subjonctif.
- Le **r** est doublé au futur simple de l'indicatif et au présent du conditionnel.
- Les formes des 3 personnes du singulier du passé simple de l'indicatif du verbe voir sont identiques à celles des 3 personnes du singulier du présent de l'indicatif du verbe vivre (je vis, tu vis, il vit).
- **Radicaux** : voi-, voy-, v-, verr-.

INDICATIF

Présent	Imparfait	Passé simple	Futur simple
je voi **s**	je voy **ais**	je v **is**	je verr **ai**
tu voi **s**	tu voy **ais**	tu v **is**	tu verr **as**
il voi **t**	il voy **ait**	il v **it**	il verr **a**
nous voy **ons**	nous voy **ions**	nous v **îmes**	nous verr **ons**
vous voy **ez**	vous voy **iez**	vous v **îtes**	vous verr **ez**
ils voi **ent**	ils voy **aient**	ils v **irent**	ils verr **ont**

Passé composé	Plus-que-parfait	Passé antérieur	Futur antérieur
j' ai vu	j' avais vu	j' eus vu	j' aurai vu
tu as vu	tu avais vu	tu eus vu	tu auras vu
il a vu	il avait vu	il eut vu	il aura vu
nous avons vu	nous avions vu	nous eûmes vu	nous aurons vu
vous avez vu	vous aviez vu	vous eûtes vu	vous aurez vu
ils ont vu	ils avaient vu	ils eurent vu	ils auront vu

CONDITIONNEL

Présent	Passé 1ʳᵉ forme	Passé 2ᵉ forme
je verr **ais**	j' aurais vu	j' eusse vu
tu verr **ais**	tu aurais vu	tu eusses vu
il verr **ait**	il aurait vu	il eût vu
nous verr **ions**	nous aurions vu	nous eussions vu
vous verr **iez**	vous auriez vu	vous eussiez vu
ils verr **aient**	ils auraient vu	ils eussent vu

IMPÉRATIF

Présent

voi **s** / voy **ons** / voy **ez**

Passé

aie vu / ayons vu / ayez vu

SUBJONCTIF

Présent	Imparfait	Passé	Plus-que-parfait
que je voi **e**	que je v **isse**	que j' aie vu	que j' eusse vu
que tu voi **es**	que tu v **isses**	que tu aies vu	que tu eusses vu
qu' il voi **e**	qu' il v **ît**	qu' il ait vu	qu' il eût vu
que nous voy **ions**	que nous v **issions**	que n. ayons vu	que n. eussions vu
que vous voy **iez**	que vous v **issiez**	que v. ayez vu	que v. eussiez vu
qu' ils voi **ent**	qu' ils v **issent**	qu' ils aient vu	qu' ils eussent vu

INFINITIF		PARTICIPE		GÉRONDIF	
Présent	Passé	Présent	Passé	Présent	Passé
voir	avoir vu	voyant	vu	en voyant	en ayant vu
			ayant vu		

- Les 1ʳᵉ et 2ᵉ personnes du singulier se terminent par **x** et non par **s** (je peux).
- Il existe une forme atténuée à l'impératif, couramment employée dans les formules de politesse (veuillez m'excuser).
  Radicaux: veu-, voul-, veul-, voudr-, veuill-.

INDICATIF

Présent	Imparfait	Passé simple	Futur simple
je veu **x**	je voul **ais**	je voul **us**	je voudr **ai**
tu veu **x**	tu voul **ais**	tu voul **us**	tu voudr **as**
il veu **t**	il voul **ait**	il voul **ut**	il voudr **a**
nous voul **ons**	nous voul **ions**	nous voul **ûmes**	nous voudr **ons**
vous voul **ez**	vous voul **iez**	vous voul **ûtes**	vous voudr **ez**
ils veul **ent**	ils voul **aient**	ils voul **urent**	ils voudr **ont**

Passé composé	Plus-que-parfait	Passé antérieur	Futur antérieur
j' ai voulu	j' avais voulu	j' eus voulu	j' aurai voulu
tu as voulu	tu avais voulu	tu eus voulu	tu auras voulu
il a voulu	il avait voulu	il eut voulu	il aura voulu
nous avons voulu	nous avions voulu	nous eûmes voulu	nous aurons voulu
vous avez voulu	vous aviez voulu	vous eûtes voulu	vous aurez voulu
ils ont voulu	ils avaient voulu	ils eurent voulu	ils auront voulu

CONDITIONNEL

Présent	Passé 1ʳᵉ forme	Passé 2ᵉ forme
je voudr **ais**	j' aurais voulu	j' eusse voulu
tu voudr **ais**	tu aurais voulu	tu eusses voulu
il voudr **ait**	il aurait voulu	il eût voulu
nous voudr **ions**	nous aurions voulu	nous eussions voulu
vous voudr **iez**	vous auriez voulu	vous eussiez voulu
ils voudr **aient**	ils auraient voulu	ils eussent voulu

IMPÉRATIF

Présent

veu **x** ou veuill **e** / voul **ons** / voul **ez** ou veuill **ez**

Passé

aie voulu / ayons voulu / ayez voulu

SUBJONCTIF

Présent	Imparfait	Passé	Plus-que-parfait
que je veuill **e**	que je voul **usse**	que j' aie voulu	que j' eusse voulu
que tu veuill **es**	que tu voul **usses**	que tu aies voulu	que tu eusses voulu
qu' il veuill **e**	qu' il voul **ût**	qu' il ait voulu	qu' il eût voulu
que nous voul **ions**	que nous voul **ussions**	que n. ayons voulu	que n. eussions voulu
que vous voul **iez**	que vous voul **ussiez**	que v. ayez voulu	que v. eussiez voulu
qu' ils veuill **ent**	qu' ils voul **ussent**	qu' ils aient voulu	qu' ils eussent voulu

INFINITIF

Présent	Passé
vouloir	avoir voulu

PARTICIPE

Présent	Passé
voulant	voulu
	ayant voulu

GÉRONDIF

Présent	Passé
en voulant	en ayant voulu

- Chapitre 3 -

Répertoire
des verbes courants

Ce répertoire des verbes courants nous indique à quel tableau se reporter afin de conjuguer chaque verbe.
(N.B. Le *s'* ou *se* entre parenthèses après le verbe signale que celui-ci est toujours pronominal.)

f

S

t

QUATRIÈME PARTIE

Dictées pour progresser

par Mélanie Lamarre

Illustrations : Alice de Miramon

Note de l'auteur

L'orthographe peut être un véritable cauchemar... Sensation désagréable de ne rien contrôler, mauvaises notes en dictée, découragement... Et pourtant, il existe des moyens simples et fiables de savoir bien écrire la langue française : les règles. Des règles que l'on a souvent déjà apprises mais que l'on a oubliées, des règles qui, une fois bien comprises, seront des guides infaillibles pour l'exercice de la dictée et, plus généralement, pour la maîtrise de l'orthographe.

C'est pourquoi nous avons choisi de composer un livre de dictées, à l'usage des moins assurés et de leurs parents, qui serait aussi un petit manuel éclairant certains points d'orthographe et de grammaire.

En effet, une dictée ne peut être fructueuse que si elle a été préparée. Chaque dictée est ainsi centrée sur une difficulté précise dont la règle est auparavant expliquée. Nous vous conseillons de bien lire cette règle avec l'élève et de voir s'il est capable d'en expliquer de nouveau les exemples, avant de commencer la dictée. Puis lisez-lui le texte une première fois en vous assurant qu'il en a bien compris le sens. N'hésitez pas à vous arrêter en cours de lecture pour être sûr que la signification d'un mot ou d'une phrase ne lui échappe pas car l'orthographe découle bien souvent de la compréhension. Dictez ensuite le texte avec la ponctuation et n'oubliez pas d'épeler les noms propres. Puis laissez à l'élève un temps de relecture. Enfin, corrigez la dictée avec lui et faites-lui réécrire les mots incorrects. Il serait bon qu'il se constitue un petit carnet d'orthographe dans lequel il consignera tous les mots qui lui étaient étrangers et se les appropriera en les relisant afin d'en conserver la bonne image.

Si l'élève a vraiment de très grosses difficultés, vous pouvez aussi choisir de le mettre en confiance en lui faisant d'abord lire le texte et en lui faisant souligner les mots dont l'orthographe lui semble difficile.

Les mots en italique renvoient à la difficulté traitée dans la règle, et l'objectif à atteindre est de ne faire aucune faute sur ces mots.

Chaque dictée est suivie de commentaires renvoyant aux mots en gras dans le texte. Ils sont composés de remarques grammaticales et lexicales et sont destinés aux parents. Les remarques lexicales donnent le sens en contexte des mots qui nous ont semblé difficiles. Elles faciliteront le travail d'explication du texte en évitant d'avoir recours au dictionnaire. Les remarques portant sur l'orthographe et la grammaire serviront plutôt lors de la correction, pour expliquer à l'élève certaines de ses fautes ne portant pas sur la règle de la leçon.

Enfin, nous avons choisi de transcrire les sons en suivant l'alphabet phonétique international qui attribue un symbole à la prononciation d'un son. Ainsi, pour savoir ce que signifie ce signe : [y], reportez-vous à l'alphabet phonétique en fin d'ouvrage ; vous verrez qu'il sert à noter le son « u » de « nuage », par exemple.

Nous avons organisé ce livre comme un parcours progressif et méthodique, une sorte de randonnée en montagne qui doit donner à l'élève les meilleurs réflexes et le conduire au sommet des difficultés orthographiques. Mais l'on pourra aussi faire les dictées dans le désordre, en fonction de ses motivations et de ses faiblesses.

Nous avons choisi des textes courts, afin de l'aider à bien se concentrer sur la difficulté étudiée, et éviter qu'il ne se décourage. Nous avons tenté de sélectionner des extraits variés, puisés dans la littérature française comme dans la littérature étrangère, classique ou contemporaine, mais aussi dans des textes philosophiques, des documents, et même dans… un livre de cuisine, pour tenter d'éveiller sa curiosité. Car on ne le répétera jamais assez : l'orthographe ne s'acquiert qu'en lisant…

En attendant, nous espérons que vous trouverez ce petit guide utile et qu'il accompagnera en toute confiance votre progression.

Vous pouvez aussi vous aider des Librio déjà parus dans la série Mémo comme : *Grammaire française* (voir deuxième partie), *Conjugaison française* (voir troisième partie), *Orthographe française* (voir première partie) et *Difficultés du français* (n° 642).

Bonne route !

Chapitre 1

Quelques rappels de base

On commence en douceur sur terrain plat

Leçon n° 1

La ponctuation

La ponctuation n'est pas un élément facultatif mais indispensable au texte. Elle permet de le structurer et d'en faciliter la lecture et la compréhension. Il ne faut donc pas la négliger.

On rappelle les principaux signes de ponctuation et leur fonction[1] :

- pour finir une phrase : le point /./, le point d'interrogation /?/, le point d'exclamation /!/, les points de suspension /.../.

- à l'intérieur d'une phrase : la virgule /,/, le point-virgule /;/, les deux points /:/.

- pour citer une parole : les guillemets /« »/.

- pour annoncer un changement d'énonciateur dans le discours direct : le tiret /—/ employé seul.

- pour encadrer une information secondaire : les parenthèses /( )/, les crochets /[ ]/.

- pour encadrer une information et la mettre en relief : le tiret répété /– –/ [que l'on ne répète pas toutefois si le groupe qu'il isole coïncide avec la fin de la phrase].

⚠ Ne pas oublier la majuscule après les signes de ponctuation suivants quand ceux-ci terminent une phrase : /./, /?/, /!/, /.../ et lorsqu'il y a un changement d'énonciateur dans le discours direct (donc après /: «/ et /–/). C'est important !

Cf. dictée 1

---

1. Pour plus de détail sur l'utilisation des différents signes de ponctuation, voir p. 26 à 29.

Leçon n° 2

Les consonnes finales muettes

En français, un certain nombre de consonnes finales ne se prononcent pas : on dit qu'elles sont « muettes ». Ainsi, pour écrire correctement un mot, on peut penser :

- à sa forme féminine s'il s'agit d'un adjectif : blanc/blanche, grand/grande, amoureux/amoureuse...

- à des mots de la même famille s'il s'agit d'un nom : un fusil/fusiller, le respect/respecter, le mépris/mépriser...

Cf. dictée 2

Leçon n° 3

Les consonnes doubles

• Les mots commençant par **ac-** ou **oc-** prennent généralement deux *c* : accompagner, accorder, accueillir, accrocher, occuper, occulter, occasion...

Exceptions : académie, acacia, acompte, acariâtre, oculaire, ocre, etc.

• Les mots commençant par **ap-** prennent souvent deux *p* : appétit, apprendre, apprivoiser, appareiller...

Exceptions : apercevoir, aplatir, aplanir, apaiser, apitoyer...

• Les mots commençant par **sup-** prennent aussi généralement deux *p* : supplémentaire, supplice, supporter...

Exceptions : suprême, suprématie, superlatif...

• Les mots commençant par **at-** prennent souvent deux *t* : attirer, attendre, attaquer...

Exceptions : atelier, atroce, atermoiements...

Cf. dictée 3

Leçon n° 4

Les noms féminins en -té ou -tié

Les noms féminins se terminant par le son [e][1] s'écrivent -ée pour la majorité d'entre eux : une idée, une cheminée, une giroflée, une raclée...

Exception : une clé.

⚠ Les noms féminins en **-té** ou **-tié** se terminent par -é : une qualité, la pitié, la bonté...

Exceptions :

– des noms exprimant le contenu : une charretée = le contenu d'une charrette, une brouettée = le contenu d'une brouette...

– et des exceptions : la dictée, la montée, la pâtée, la jetée, la portée, la butée.

Cf. dictées 4 et 5

---

1. Cf. tableau phonétique en fin d'ouvrage.

Dictée n° 1

Cf. leçon 1, p. 314

Le sort d'un vieux chien fidèle

Lire une fois le texte à l'élève en insistant sur les pauses, les intonations et les changements de voix indiqués par la ponctuation. Puis dicter le texte en dictant aussi la ponctuation.

Un paysan avait un chien fidèle qui [...] avait perdu toutes ses dents, si bien qu'il ne pouvait plus rien mordre. Et un jour, devant sa porte, le paysan dit à sa femme :

— Demain matin, je prends le fusil et je vais tuer le vieux Sultan qui n'est plus bon à rien.

La femme s'émut de compassion pour la bonne vieille bête fidèle et dit :

— Lui qui nous a [été si fidèle] [...] pendant de si longues années, nous pourrions bien **lui accorder le pain de la grâce** !

— **Eh** quoi ? dit l'homme, tu n'y penses pas ! Il n'a plus aucune dent dans la gueule et aucun voleur n'a peur de lui ; c'est bien son heure de partir à présent. [...]

Le pauvre vieux chien, couché au soleil non loin de là, entendit tout et fut bien triste d'apprendre qu'il devait mourir le lendemain matin.

Jacob Grimm, *Le Vieux Sultan*,
dans *Blanche-Neige et autres contes*, Librio n° 248.

Commentaires

• **lui accorder le pain de la grâce :** image pour dire que le couple de paysans pourrait épargner la mort au vieux chien. Ne pas oublier l'accent circonflexe sur le mot *grâce*.

• **Eh :** interjection que l'on ne doit pas écrire *et* (de même que dans l'expression *eh bien*). Attention à ne pas la confondre avec l'interjection *hé* qu'on utilise souvent pour interpeller quelqu'un ou avant de faire un reproche.

Dictée n° 2

Cf. leçon 2, p. 315

Une découverte macabre

« Mon Dieu ! **m'écriai-je**, qu'est-il donc arrivé ? »
Je m'approchai du lit et soulevai le *corps* du *malheureux* jeune homme ; il était déjà raide et *froid*. Ses *dents* serrées et sa figure *noircie* exprimaient les plus affreuses angoisses. Il paraissait assez que sa *mort* avait été violente et son agonie terrible. **Nulle** trace de *sang* cependant sur ses habits. J'écartai sa chemise et vis sur sa poitrine une **empreinte** livide qui se prolongeait sur les côtes et le *dos*. On [aurait] dit qu'il avait été *étreint* dans un cercle de fer. Mon pied **posa sur quelque chose de dur** qui se trouvait sur le *tapis* ; je me baissai et vis la bague de *diamants*.

Prosper Mérimée, *La Vénus d'Ille*, Librio n° 236.

Commentaires

• **Les consonnes finales muettes de la dictée :**

– **Les noms :**
Cor**p**s/cor**p**ulent ; dent**s**/dent**i**ste ; mor**t**/mor**t**el ; diaman**t**s/ diaman**t**aire ; san**g**/san**gu**inolent, do**s**/do**ss**ier, s'ado**ss**er ; tapi**s**/ tapi**ss**er, tapi**ss**erie.

– **Les adjectifs :**
Malheureu**x**/malheureu**se**, froi**d**/froi**de**, noirci**e**/noirc**i**, étrein**t**/ étrein**te**.

• **m'écriai-je :** verbe au passé simple, comme tous les verbes conjugués à la 1re personne du singulier dans ce texte. Ils rendent compte d'actions situées dans le passé, bien délimitées dans le temps et précisément datables. Le signaler à l'élève si on voit que celui-ci confond avec l'imparfait.
• **Nulle :** déterminant indéfini qui s'accorde avec le nom auquel il se rapporte (à la manière d'un adjectif), ici « trace », féminin singulier.
• **empreinte :** attention ! s'écrit *e.i.n* à la différence des mots de la même famille que le verbe *emprunter*.
• **posa sur quelque chose :** même sens que *se posa sur quelque chose*.

Dictée n° 3

Cf. leçon 3, p. 316

Les hommes veulent attaquer les dieux, Zeus décide de se défendre

Ils s'*attaquèrent* aux dieux [...].

Alors **Zeus** et les autres dieux se demandèrent quel parti prendre : ils étaient bien embarrassés. Ils ne pouvaient en effet les tuer, et détruire leur espèce en les foudroyant comme les **Géants**, car c'était perdre complètement les honneurs et les *offrandes* qui leur venaient des hommes [...]. Après avoir laborieusement réfléchi, Zeus parla : « Je crois, dit-il, tenir un moyen pour qu'il puisse y avoir des hommes et que pourtant ils renoncent à leur indiscipline : c'est de les rendre plus faibles. Je vais maintenant, dit-il, couper par moitié chacun d'eux. Ils seront ainsi plus faibles, et en même temps ils nous *rapporteront* **davantage**, puisque leur nombre aura grandi. »

Platon, Le Banquet, Librio n° 76.

Commentaires

• **Zeus :** Zeus est le roi de l'Olympe (mont où résidaient les dieux de la mythologie grecque).

• **Géants :** le nom prend ici une majuscule parce qu'il renvoie aux Géants de la mythologie grecque, et est donc considéré comme un nom propre. Fils de Gaia, la déesse de la Terre, les Géants déclenchèrent une guerre terrible contre Zeus au début de son règne.

• **davantage :** cet adverbe – invariable comme tous les adverbes – s'écrit en un seul mot. Il ne faut pas le confondre avec le groupe nominal *d'avantages*, contraction de *des avantages* (exemple : Il a obtenu plus d'avantages que lui).

Dictée n° 4

Cf. leçon 4, p. 317

Pour la reine de la fête

La *beauté* de mon choix réunit facilement tous les **suffrages**; on adora en elle la faveur et l'innocence, qui a bien aussi sa *majesté*. Les heureux parents de Mina s'attribuaient les respects que l'on rendait à leur fille. **Quant** à moi, j'étais dans une ivresse difficile à décrire. Sur la fin du repas, je fis apporter dans deux bassins couverts toutes les perles, tous les bijoux, tous les diamants dont j'avais autrefois fait **emplette** pour me débarrasser d'une partie de mon or, et je les fis distribuer, au nom de la reine, à toutes ses compagnes et à toutes les dames.

Adelbert de Chamisso,
L'Étrange Histoire de Peter Schlemihl, Librio n° 615.

Commentaires

- **suffrages** : deux *f.*
- **Quant** : dans l'expression *quant à moi*, *quant* s'écrit avec un *t.* L'expression signifie « en ce qui me concerne ».
- **emplette** : toujours au singulier dans l'expression *faire emplette de* qui signifie *acheter*.

Dictée n° 5

Cf. leçon 4, p. 317

Les douleurs de la passion

Je lui déclarai un jour que [...] ce qui empoisonnait la *félicité* de mes jours, c'était l'appréhension d'**entraîner** après moi dans l'**abîme** celle qui était, à mes yeux, l'ange consolateur de ma destinée. Elle pleurait de me voir malheureux. Loin de reculer devant les sacrifices de l'amour, elle [aurait] volontiers donné toute son existence pour racheter une seule de mes larmes.

Adelbert de Chamisso,
L'Étrange Histoire de Peter Schlemihl, Librio n° 615.

Commentaires

• **entraîner:** ne pas oublier l'accent circonflexe sur le *i* de ce mot de la même famille que *traîner*, à toutes les personnes et à tous les temps.
• **abîme:** ne pas oublier l'accent circonflexe sur le *i*.

Chapitre 2

Rappel de quelques désinences temporelles

Un peu de faux plat au milieu des champs

Leçon n° 1

Les désinences de la 1re personne du singulier du présent de l'indicatif

On rappelle que la désinence d'un verbe est sa terminaison : elle est variable en fonction des temps et des personnes et elle s'ajoute à son radical. À la première personne du présent de l'indicatif, ce n'est pas très compliqué...

- Les verbes du 1er groupe, en *-er*, prennent un **-e** :
Exemple : monter : je monte cette côte avec courage.

- Les autres verbes prennent un **-s** :
Exemple : finir : je finis cette montée et je fais une pause.

Exceptions :

– Certains verbes prennent un **-x** : vouloir > je veux, pouvoir > je peux, valoir > je vaux.

– Certains verbes en *-ir* prennent un **-e** comme les verbes en *-er* : cueillir > je cueille, ouvrir > j'ouvre, offrir > j'offre, assaillir > j'assaille...

– Le verbe *avoir* : **j'ai**.

– Le verbe *aller*, irrégulier, prend un **-s** : je vais.

Cf. dictée 6

Leçon n° 2

Les désinences de la 3ᵉ personne du singulier du présent de l'indicatif

Pour savoir comment se termine un verbe à la 3ᵉ personne du singulier de l'indicatif, se souvenir que les verbes se divisent en deux grandes catégories :

• Les verbes du 1ᵉʳ groupe, en *-er*, prennent un **-e**.
Exemple : prier : il prie pour avoir des bottes de cow-boy à Noël.

• Les autres verbes prennent un **-t** ou un **-d** (les verbes prenant un *-d* étant ceux qui en possèdent déjà un dans leur radical).
Exemple : prendre : il prend son lasso.
Exemple : tendre : il tend les rênes.
Exemple : finir : il finit de ramener les vaches au ranch.

⚠ Les verbes en *-indre*, *-oindre*, *-soudre* perdent le *-d* et prennent un **-t**.
Exemple : il joint à cette lettre un chèque de cent mille dollars.

Exceptions :
– *Avoir :* il a.
– *Aller :* il va.
– *Cueillir, ouvrir, offrir, assaillir,* et *tressaillir* se conjuguent comme les verbes en *-er* [ouvrir > j'ouvre].
– *Vaincre :* il vainc.
Il n'y a donc que trois désinences possibles : *-e*, *-t*, et *-d* (à part pour *avoir*, *aller* et *vaincre*).

Remarques :
– Les verbes en **-yer** changent leur *y* en *i* devant le *e* muet.
Exemple : s'ennuyer > je m'ennuie.
– Mais pour certains verbes en **-yer**, cette transformation est facultative. C'est l'usage qui prévaut.
Exemple : balayer > je balaie ou je balaye ; payer > je paie ou je paye.
On préfère en général la terminaison en *-aie*. Et quelle que soit l'orthographe, il est recommandé de ne pas faire entendre le *e* muet final.

Cf. dictée 7

Leçon n° 3

Les désinences du passé simple

Les désinences du passé simple se répartissent en 3 groupes :

• Pour les verbes du 1er groupe et certains verbes du 3e groupe, on a :
ai, as, a, âmes, âtes, èrent
Exemple : aimer [1er groupe] : j'aimai, tu aimas, il aima, nous aimâmes, vous aimâtes, ils aimèrent.
Exemple : aller [3e groupe] : j'allai, tu allas, il alla, nous allâmes, vous allâtes, ils allèrent.

• Pour les verbes du 2e groupe et certains verbes du 3e groupe, on a :
is, is, it, îmes, îtes, irent
Exemple : finir [2e groupe] : je finis, tu finis, il finit, nous finîmes, vous finîtes, ils finirent.
Exemple : dire [3e groupe] : je dis, tu dis, il dit, nous dîmes, vous dîtes, ils dirent.

• Pour les autres verbes du 3e groupe, on a :
us, us, ut, ûmes, ûtes, urent
Exemple : lire : je lus, tu lus, il lut, nous lûmes, vous lûtes, ils lurent.

Exceptions : les verbes *tenir* et *venir* et leurs composés, qui ont une sonorité en [ĩ] :
ins, ins, int, înmes, întes, inrent
Exemple : obtenir : j'obtins, tu obtins, il obtint, nous obtînmes, vous obtîntes, ils obtinrent.

Remarques :
– Certains verbes n'ont pas de passé simple : absoudre, dissoudre, traire, paître, clore, frire.
– Ne pas oublier l'accent circonflexe sur les 1re et 2e personnes du pluriel. En revanche, on ne trouve jamais d'accent circonflexe sur la 3e personne du singulier.

Cf. dictée 8

Leçon n° 4

Verbes en *-ger* et en *-guer*

• Les verbes en **-ger** (exemple : nager, voyager, partager...) prennent un *e* muet après le *g* et devant *a* et *o* pour conserver le son [ʒ].
Exemple : Je *nageais*, nous *nageons* mais nous *nagions*.

⚠ Les verbes en *-anger* s'écrivent tous a.n.g.e.r sauf *venger* (exemple : ranger, changer, mélanger, manger...).

• Les verbes en **-guer** (exemple : naviguer, distinguer, fatiguer...) sont réguliers : ils conservent le *u* de leur radical à toutes les personnes et à tous les temps de leur conjugaison.
Exemple : Je *distinguai*, nous *distinguons*, nous *distinguions*.

Cf. dictée 9

Leçon n° 5

Verbes en *-eler* et en *-eter*

• En général, les verbes en **-eler** (exemple : appeler) et en **-eter** (exemple : jeter) prennent deux *l* ou deux *t* devant un *e* muet. Le *e* qui précède la consonne est alors un *e* ouvert (il se prononce comme le *e* de *mer*).
Exemple : j'appelle   *mais*   j'appelais
Exemple : je jette   *mais*   je jetais

⚠ Certains verbes en *-eler* (exemple : geler) et en *-eter* (exemple : acheter) ne redoublent pas le *l* ou le *t* devant un *e* muet : ils prennent un accent grave sur l'*e* pour marquer la différence de prononciation.
Exemple : je gèle   *mais*   nous gelons
Exemple : j'achète   *mais*   nous achetons

• Voici les principaux (auxquels il faut ajouter leurs composés) :

acheter	geler
celer	haleter
ciseler	marteler
démanteler	modeler
écarteler	peler
fureter	

Cf. dictée 10

Leçon n° 6

L'impératif présent

L'impératif est un mode qui sert principalement à exprimer l'ordre (exemple : Mange ta soupe !), ou la défense (employé dans une phrase négative, exemple : Ne fais pas ça !).

Il ne possède que trois personnes : la deuxième personne du singulier [*mange*], la deuxième personne du pluriel [*mangeons*] et la troisième personne du pluriel [*mangez*]. Pour les autres personnes, on utilise le subjonctif : *que je mange, qu'il mange, qu'ils mangent.*

• Pour bien orthographier la 2ᵉ personne du singulier de l'impératif présent :

– Les verbes du 1ᵉʳ groupe se terminent en **-e**, ainsi que quelques verbes du 3ᵉ groupe terminés par un e muet : chante [chanter], sache [savoir], ouvre [ouvrir], cueille [cueillir].

– Les autres verbes se terminent en **-s** : finis, lis, prends, viens, fais, etc.

Exceptions : aller > va, avoir > aie.

– Les verbes ne se terminant normalement pas en -s prennent un **-s** lorsqu'ils sont suivis des pronoms *y* ou *en* pour faciliter la liaison : manges-en, vas-y.

• Les pronoms personnels qui complètent le verbe à l'impératif se placent tous après le verbe, et sont liés à lui et entre eux (s'il y en a plusieurs) par un **trait d'union** : finis-la, donne-le-moi.

Cf. dictée 11

Dictée n° 6

Cf. leçon 1, p. 324

Doutes et interrogations

— **Oh !** Est-ce que je me *trouve* vraiment dans une seule dimension ? dit-il. Et toi ?

— Pourquoi tout ce que je *dis* est faux ?

— Tout ce que tu dis est faux ? reprit-il.

— Je *crois* que je me suis trompé de **voie**.

— Tu penses peut-être à l'immobilier ? dit-il.

— L'immobilier ou les assurances.

— Il y a de l'avenir dans l'immobilier, si c'est un avenir que tu veux.

— D'accord. Je *m'excuse*, dis-je. Je ne *veux* pas d'avenir. J'aimerais autant devenir un bon vieux maître du monde de l'illusion. Dans une semaine peut-être ?

— Écoute, Richard, j'*espère* bien que ce ne sera pas si long !

Richard Bach, *Le Messie récalcitrant*,
traduit par Guy Casaril, Librio n° 315.
© Richard Bach and Leslie Parrish, Bade, 1977.
© Flammarion, 1978, pour la traduction française.

Commentaires

• **Oh ! :** cette interjection exprimant ici la surprise (mais pouvant aussi exprimer l'indignation ou renforcer le sens de la phrase) est toujours suivie d'un point d'exclamation. Il ne faut pas la confondre avec *ho !* qui exprime uniquement la surprise ou l'indignation.

• **voie :** ne pas confondre la *voie* = la route, le chemin, et la *voix* pour chanter.

Dictée n° 7

Cf. leçon 2, p. 325

Les débuts de Kennedy

Avec la mort de son frère aîné, John Kennedy est devenu le porteur des ambitions politiques de son père. Cela ne l'*emballe* pas, mais il *est* résigné. Il *confie* à un ami : « Voilà mon vieux qui *travaille* à l'avenir ; maintenant c'est mon tour, et il *va* falloir que j'y aille. » [...] Dès Noël 1944, en effet, Joseph Kennedy *prend* ses dispositions : il *paie* les lourdes dettes du député **corrompu** [...] à condition qu'il ne *se représente* pas aux élections législatives de novembre 1946.

[...] John y *met* du sien. Il *parcourt* **assidûment** une ville qu'il **connaît** mal, puisqu'il n'y *a* plus habité depuis l'âge de dix ans, et qu'il n'*a* jamais mis les pieds dans les quartiers populaires. [...] Il *est* debout du matin au soir et ne *dort* que quatre heures par nuit pendant des mois.

Claude Moisy, *John F. Kennedy [1917-1963]*, Librio n° 607.

Commentaires

- **corrompu :** prend deux *r*, comme *corruption* et *corruptible*.
- **assidûment :** cet adverbe en *-ment* porte un accent circonflexe sur le *u* : lors de sa formation, on a remplacé le *-e* final de l'adjectif féminin par un accent circonflexe (cf. leçon : Les adverbes en *-ment*, p. 385).
- **connaît :** le *i* prend un accent circonflexe chaque fois qu'il est placé devant un *t*.

Dictée n° 8

Cf. leçon 3, p. 326

Une bataille de boules de neige

La fête *se termina* à minuit et **demi**. Nous *récupérâmes* nos manteaux. [...]

Quand nous *sortîmes*, la rue et les voitures étaient blanches et la neige, comme dans un conte de Noël, tombait à gros flocons.

— Comment je vais marcher, moi ? *gémit* Gladys.

Elle avait aux pieds de fins souliers à hauts talons. Marc Alby lui *présenta* son dos. Elle *monta* dessus et nous *dit* de faire pareil. Il y avait un cheval de trop puisque nous étions cinq. Je *dis* que je prenais le deuxième tour et qu'en attendant je **compterais** les points. Anna *s'agrippa* au cou de Patrick et *se souleva*. [...] Je *donnai* le départ. Patrick *reçut* la boule de neige de Gladys en pleine figure et, avec une expression d'intense perplexité, *tomba* à genoux devant un réverbère.

Patrick Besson, *Lettre à un ami perdu*, Librio n° 218.
© Fayard, 2004.

Commentaires

• **demi** : *demi* placé après un nom s'accorde en genre avec ce nom (cf. leçon : L'accord des adjectifs, p. 337). *Minuit* étant de genre masculin, on écrit *demi*.

• **compterais** : conditionnel présent qui joue un rôle de futur dans le passé (cf. leçon : Futur ou conditionnel présent, p. 373). Terminaison : *-ais*.

• **s'agrippa** : un *g* et deux *p*.

Dictée n° 9

Cf. leçon 4, p. 327

Un étrange rayon de lumière

Le rayon arriva à notre hauteur et nous éclaboussa de lumière. Je craignis qu'il me **brûle** la peau, mais il ne *dégageait* aucune chaleur. Il nous dépassa, *s'allongea* sur les dalles du porche, gravit le panneau de la porte monumentale et termina sa course sur la serrure. [...]

Le rayon continua de s'élever et se jeta dans l'ensemble formé par les autres lignes lumineuses. J'eus la sensation d'admirer une constellation dont on aurait relié les points. Je reconnus, ou crus **reconnaître**, des oiseaux superposés dans l'enchevêtrement de traits et de courbes. Mais cela resta confus jusqu'à ce que les rayons se mettent de nouveau à *bouger* [...]. [...] subitement, l'éclat des rayons s'estompa et je ne *distinguai* plus que la coupole lumineuse qui coiffait Guillestre et les environs.

Pierre Bordage, *Nuits-lumière, mystères en Guillestrois*,
Librio n° 564.

Commentaires

• **brûle :** le verbe *brûler* prend un accent circonflexe sur le *u* à toutes les personnes et à tous les temps.

• **reconnaître :** le *i* prend un accent circonflexe chaque fois qu'il est placé devant un *t*.

Dictée n° 10

Cf. leçon 5, p. 328

Un couple fascinant

C'étaient un homme et une femme, tous deux de haute taille, et qui, dès le premier regard que je leur *jetai*, me firent l'effet d'appartenir aux rangs élevés du monde **parisien**. Ils n'étaient jeunes ni l'un ni l'autre, mais néanmoins parfaitement beaux. L'homme **devait s'en aller** vers quarante-sept ans et **davantage**, et la femme vers quarante et plus... [...] L'homme [...] portait des cheveux courts, qui n'empêchaient nullement de voir briller à ses oreilles deux **saphirs** d'un bleu sombre, qui me *rappelèrent* les deux émeraudes que Sbogar portait à la même place... [...] Elle était grande comme lui. Sa tête atteignait presque la sienne.

Jules Barbey d'Aurevilly, *Le Bonheur dans le crime*, Librio n° 196.

Commentaires

• **C'étaient :** ici, on a accordé le verbe *être* avec le groupe nominal pluriel qui le suit, *un homme et une femme*. Mais on peut aussi choisir de ne pas l'accorder et écrire *c'était*.

• **parisien :** employé comme adjectif, ce nom d'habitant ne prend pas de majuscule.

• **devait s'en aller vers :** *devait avoir environ*.

• **davantage :** cet adverbe – invariable comme tous les adverbes – s'écrit en un seul mot. Il ne faut pas le confondre avec le groupe nominal *d'avantages*, contraction de *des avantages* (exemple : Il a obtenu plus d'avantages que lui).

• **saphirs :** pierres précieuses de couleur bleue.

Dictée n° 11
Cf. leçon 6, p. 329

La pomme

Plus loin, dans d'immenses paniers d'**osier**, **s'entassaient** des citrons doux, des oranges [...]. Un garçonnet leur donnait du luisant en soufflant dessus et en les essuyant avec un chiffon. Les deux mains croisées sur son ventre, le propriétaire le regardait faire d'un œil complaisant.

— Qui me **paiera** une pomme ? s'écria Okkasionne.

— *Donne*-lui une pomme, dit l'homme sans décroiser les bras.

— Non, c'est moi qui la choisirai !

Le montreur cueillit à la surface du panier un fruit velouté et du plus bel **incarnat**.

— *Tiens*, c'est pour toi, fit-il, la tendant à Saddika, elle te donnera des couleurs.

Elle la prit sans rien dire.

— *Mange*-la...

— Je ne **pourrais** pas... [...] À cause de mes dents, finit-elle par ajouter.

— Alors, *rends*-la-moi.

Andrée Chedid, *Le Sixième Jour*, Librio n° 47.
© Flammarion, 1986.

Commentaires

• **osier :** petit arbre aux branches flexibles à partir desquelles on tresse des paniers.

• **s'entasser :** deux *s* pour faire le son [s]. Penser au mot de base, *tas*, à partir duquel le verbe a été formé.

• **paiera :** on peut écrire aussi *payera*.

• **incarnat :** rouge clair et vif.

• **pourrais :** le verbe est au conditionnel parce qu'il exprime une hypothèse rejetée (on peut sous-entendre : « même si je le voulais, je ne le pourrais pas ») (cf. leçon : Futur ou conditionnel présent, p. 373).

Chapitre 3

L'accord des adjectifs et des noms composés

Première côte dans les sous-bois :
attention à ne pas se prendre les pieds dans les racines !

Leçon n° 1

L'accord des adjectifs

• L'adjectif qualificatif s'accorde en genre (masculin/féminin) et en nombre (singulier/pluriel) avec le nom auquel il se rapporte.

Exemple 1 : <u>Le gâteau</u> est *bon.*
Exemple 2 : <u>La tarte</u> est *bonne.*
Exemple 3 : <u>Les cakes et les gâteaux</u> sont *bons.*
Exemple 4 : <u>Les chouquettes et les tartes</u> sont *bonnes.*
Exemple 5 : <u>Les gâteaux et les tartes</u> sont *bons.*

– Si l'adjectif se rapporte à plusieurs noms de même genre, il prend leur genre (exemples 3 et 4).

– Si l'adjectif se rapporte à plusieurs noms de genres différents, il se met au masculin (exemple 5).

• Les adjectifs *demi* et *nu* placés devant un nom sont invariables. Placés après, ils s'accordent en genre et en nombre avec le nom auquel ils se rapportent.

Exemple : une demi-heure   *mais*   une heure et demie.
Exemple : nu-pieds   *mais*   les pieds nus.

• Les adjectifs numéraux cardinaux sont invariables (sauf vingt et cent quand ils indiquent des vingtaines et des centaines entières).

Exemple : vingt-quatre   *mais*   quatre-vingts.
Exemple : deux cent cinq   *mais*   deux cents.

• Les adjectifs numéraux ordinaux sont variables.
Exemple : sa première dent.
Exemple : les trois cinquièmes.

Remarque : *mille*, adjectif numéral, est invariable, mais *millier*, *million*, *milliard*, qui sont des noms, sont variables.
Exemple : mille tartes au chocolat   *mais*   deux millions de tartes au chocolat.

Cf. dictée 12

Leçon n° 2

L'accord des adjectifs de couleur

• Généralement, l'adjectif de couleur suit la règle d'accord de l'adjectif qualificatif : il s'accorde en genre et en nombre avec le nom auquel il se rapporte.

Exemple : des paquets jaunes, des rideaux roses, une chemise bleue.

• Mais il ne s'accorde pas s'il s'agit d'un nom commun employé comme adjectif. Pour s'aider à les reconnaître, on peut sous-entendre « couleur » avant l'adjectif.

Exemple : une robe [couleur] chocolat, une étoffe [couleur] indigo, des boîtes [couleur] ivoire.

Exceptions : écarlate, fauve, incarnat, rose, mauve et pourpre varient (avec l'usage, on les a assimilés à de véritables adjectifs de couleur).

• De même l'adjectif est invariable :

– Lorsque l'adjectif est un mot composé, que les mots soient réunis par un trait d'union ou pas : des tapis vert bouteille, une robe bleu roi, des cheveux poivre et sel, une couverture lie-de-vin, une mer bleu-vert.

– Lorsqu'un adjectif est accompagné d'un autre adjectif le modifiant : des cheveux blond clair, une laine brun jaunâtre.

Remarque : on écrira *des tartelettes roses et rouges* si certaines sont roses et d'autres rouges. En revanche, on écrira *des tartelettes rose et rouge* si chaque tartelette est à la fois rose et rouge.

Cf. dictée 13

Leçon n° 3

Le pluriel des noms composés

Les noms composés sont formés de deux mots reliés entre eux par un trait d'union ou une préposition, exemple : chou-fleur, boîte aux lettres. Ces deux mots peuvent être :

- un nom + un nom : un timbre-poste
- un nom + un adjectif : un coffre-fort
- un adjectif + un nom : un rouge-gorge
- un verbe + un nom : un cache-pot
- un verbe + un verbe : un jeu de cache-cache
- une préposition + un nom : une arrière-boutique
- un adverbe + un nom : un à-côté.

Pour former leur pluriel :

• Seuls les noms et les adjectifs peuvent prendre la marque du pluriel, et si le sens le permet.
Exemple : un chef-lieu > des chefs-lieux (nom + nom), un coffre-fort > des coffres-forts (nom + adjectif).

• Mais si le second nom a la fonction de complément du premier, qu'il soit introduit ou non par une préposition, il reste invariable.
Exemple : un timbre-poste (« de la poste ») > des timbres-poste, un arc-en-ciel (« du ciel ») > des arcs-en-ciel.

• Enfin, si l'un des éléments est un verbe, une préposition ou un adverbe, cet élément ne varie pas.
Exemple : un couvre-lit (verbe + nom) > des couvre-lits, un à-côté (préposition + nom) > des à-côtés, une arrière-boutique (adverbe + nom) > des arrière-boutiques.

Cf. dictée 14

Dictée n° 12

Cf. leçon 1, p. 337

La télévision, objet de fascination

Durant les repas, Thomas, lui, ne résistait pas au défilé des images. Au début, lorsqu'elles lui semblaient trop *rudes*, trop *brutales* pour l'enfant, il zappait pour quelques instants.

Martin lui paraissant, **chaque** fois, *indifférent* ou *distrait*, il avait renoncé à ces *brefs* intervalles. Thomas estimait qu'il fallait se tenir au courant de ce qui agitait le *vaste* monde. Toutes ces nouvelles finissaient par s'absorber avec impassibilité et sagesse. [...] Thomas, comme tant d'autres, avait ses soucis *personnels*, ses *propres* inquiétudes, **auxquels** il fallait faire face avant de se **préoccuper** du reste. [...]

Le dessin animé venait de céder la place à une publicité qu'Agnès appréciait particulièrement. De *ravissants* bébés nageaient sous l'eau, s'élevaient dans les airs, composaient un **ballet** *enchanteur*.

Andrée Chedid, *Arrêt sur image,*
dans *Inventons la paix*, Librio n° 338.

Commentaires

- **chaque**: toujours au singulier (comme *chacun*).
- **auxquels**: pronom relatif qui s'accorde avec le nom auquel il se rapporte (ici *ses soucis personnels*, *ses propres inquiétudes*: accord au masculin pluriel).
- **se préoccuper**: deux *c* et un *p*.
- **ballet**: il ne faut pas confondre le *ballet*, qui est un spectacle de danse, et le *balai* pour balayer par terre...

Dictée n° 13

Cf. leçon 2, p. 338

Un jardin merveilleux

Les arbres de ce jardin étaient **tout** chargés de fruits extraordinaires. Chaque arbre en portait de différentes couleurs : il y avait des fruits *blancs*, et d'autres luisants et transparents comme le cristal ; des *rouges*, des *carmin*, des *cerise*, des *pourpres*, les uns plus chargés, les autres moins ; des *verts*, des *bleus*, des *violets*, des *dorés*, des *argentés*, et de plusieurs autres sortes de couleurs. Les fruits *blancs* étaient des perles ; les luisants et transparents des diamants ; les *rouge foncé* des rubis ; les *verts* des émeraudes ; et ainsi des autres. Et ces fruits étaient tous d'une grosseur et d'une perfection à quoi **on n'**avait encore rien vu de pareil dans le monde.

D'après *Les Mille et Une Nuits*,
Aladdin ou la Lampe merveilleuse,
traduit par Antoine Galland, Librio n° 191.

Commentaires

• **Quelques adjectifs de couleur de la dictée :** carmin = nom commun employé comme adjectif, invariable ; cerise = nom commun employé comme adjectif, invariable ; pourpres = variable (cf. exceptions de la leçon p. 338) ; rouge foncé = *rouge* est modifié par *foncé*, les deux adjectifs sont invariables.

• **tout :** *tout* est ici invariable car il est employé comme adverbe. Il modifie l'adjectif *chargés* et il signifie « entièrement » (cf. leçon : tout, p. 381).

• **on n' :** pour ne pas oublier la négation *n'*, il faut remplacer *on* par *nous*. ***Nous n'**avons encore rien vu de pareil* : on entend le son [n], donc on écrit *on n'* (cf. leçon : on *et* on n', p. 348).

Dictée n° 14

Cf. leçon 3, p. 339

Au bord de l'eau

Nous avons mis les mots composés de cette dictée au pluriel pour les nécessités de l'exercice.

Sur de petites *plates-formes*, les nageurs se pressent pour piquer leur tête. Ils sont longs comme des **échalas**, ronds comme des citrouilles, noueux comme des branches d'olivier, courbés en avant ou rejetés en arrière par l'ampleur du ventre, et, invariablement laids, ils sautent dans l'eau qui rejaillit jusque sur les buveurs du café.

Malgré les arbres immenses penchés sur la maison flottante et malgré le voisinage de l'eau, une chaleur suffocante emplissait ce lieu. Les **émanations** des liqueurs répandues se mêlaient à l'odeur des corps et à celle des parfums violents dont la peau des marchandes d'amour était pénétrée et qui s'évaporaient dans cette fournaise. [...]

Le spectacle était sur le fleuve, où les *va-et-vient* incessants des barques tiraient les yeux.

Guy de Maupassant, *La Femme de Paul*, dans
Une partie de campagne et autres nouvelles, Librio n° 29.

Commentaires

- **échalas** : bâton qu'on enfonce dans le sol au pied d'un petit arbre pour le soutenir lors de sa croissance.
- **émanations** : odeurs, effluves.

Chapitre 4

Les homophones[1] les plus courants

Deuxième côte dans les sous-bois : il vaut mieux savoir distinguer un champignon comestible d'un champignon vénéneux...

---

1. Les homophones sont des mots qui se prononcent de la même façon mais qui n'ont pas la même orthographe.

Leçon n° 1

et *ou* est

Il ne faut pas confondre *et*, conjonction de coordination qui sert à relier deux phrases ou deux éléments d'une phrase, et *est*, verbe *être* conjugué à la troisième personne du singulier du présent de l'indicatif.

Pour les distinguer, retenir qu'on peut remplacer :
> **et** *par* **et puis**
> **est** *par* **était**

Exemple 1 : Il aime le miel **et** le chocolat. / Il aime le miel **et puis** le chocolat.

Exemple 2 : Il **est** très gourmand. / Il **était** très gourmand.

Exemple 3 : Elle **est** partie en vacances **et est** rentrée deux jours plus tard. / Elle **était** partie en vacances **et puis était** rentrée deux jours plus tard.

Cf. dictée 15

Leçon n° 2

a *et* à

Il ne faut pas confondre **à**, préposition, et **a**, verbe *avoir* conjugué à la troisième personne du singulier du présent de l'indicatif.

Pour les distinguer, on peut tenter de remplacer la forme qui pose problème par *avait*. Si c'est possible, on est alors en présence du verbe *avoir* et on écrit **a**.

Exemple 1 : Il mange un yaourt **à** l'abricot : préposition, on ne peut pas la remplacer par *avait* [~~Il mange un yaourt *avait* l'abricot~~].

Exemple 2 : Il **a** un yaourt dans son frigidaire : verbe *avoir* conjugué à la troisième personne du présent de l'indicatif, on peut le remplacer par *avait* [Il *avait* un yaourt dans son frigidaire].

Cf. dictée 16

Leçon n° 3

ou *et* où

Il ne faut pas confondre **ou**, conjonction de coordination qui sert à relier deux phrases ou deux éléments d'une phrase, et **où**, adverbe interrogatif ou adverbe relatif.

• ***Ou*** sans accent grave s'emploie pour coordonner deux termes. Il exprime l'alternative.
Exemple 1 : Tu choisis un gâteau ou une tarte.

• ***Où*** avec un accent grave exprime le lieu. Il s'emploie :

– dans une interrogation, il est alors adverbe interrogatif :
Exemple 2 : Où est la tarte ? [interrogation directe]
Exemple 3 : Je ne sais pas où elle est. [interrogation indirecte]

– dans une proposition subordonnée relative, il est alors adverbe relatif :
Exemple 4 : La tarte est là où elle est.

À retenir : si l'on peut remplacer *ou* par *ou bien*, on écrit *ou* sans accent grave. Sinon on l'écrit avec un accent grave.
Exemple 1 : Tu choisis un gâteau ou bien une tarte : on écrit *ou*.
Exemple 2 : Ou bien est la tarte ? : ne fonctionne pas : on écrit *où*.

Cf. dictée 17

Leçon n° 4

ce *et* se, c'est *et* s'est, c'était *et* s'était

• *Ce* peut être :
– un déterminant démonstratif qui se place devant un nom.
Exemple 1 : Ce <u>vélo</u> est à moi.
– un pronom démonstratif employé devant un pronom relatif (*que, qui, dont*).
Exemple 2 : Je sais ce <u>que</u> je veux.
– employé de manière abrégée devant le verbe être. On l'écrit *c'*.
Exemple 3 : C'<u>est</u> son vélo.
Exemple 4 : C'<u>était</u> une belle journée de printemps.

• *Se* est un pronom personnel réfléchi ; il s'emploie uniquement devant un verbe.
Exemple 5 : <u>Il</u> s'était levé de bonne heure.
Exemple 6 : <u>Elle</u> s'est cassé la jambe.

À retenir :

– Employé devant un nom, on peut remplacer *ce* par *le*.
Exemple 1 : Le <u>vélo</u> est à moi.

– Employé devant un pronom relatif (*que, qui, dont*), on peut remplacer *ce* par *cette chose*.
Exemple 2 : Je sais <u>que</u> je veux cette chose.

– Abrégé en *c'* devant le verbe être, on peut remplacer *ce* par *ceci*.
Exemple 3 : Ceci <u>est</u> son vélo.
Exemple 4 : Ceci <u>était</u> une belle journée de printemps.

– On peut remplacer *se* par un autre pronom personnel réfléchi comme *me* (en changeant le pronom personnel sujet du verbe de la phrase).
Exemple 5 : <u>Je</u> m'étais levé de bonne heure.
Exemple 6 : <u>Je</u> me suis cassé la jambe.

Cf. dictée 18

Leçon n° 5

on *et* on n'

À l'oreille, il est difficile de distinguer **on** + mot commençant par une voyelle et **on n'** + mot commençant par une voyelle. Or la différence est importante puisque, dans le second cas, *on* est suivi de l'adverbe *ne* (abrégé en *n'*), premier élément d'une négation à deux termes [*ne... pas*, *ne... que*, *ne... personne*].

• Observez ces exemples :

Exemple 1 : On aime les pâtes !
Exemple 2 : On n'aime pas les pâtes !
Exemple 3 : On n'aime que les pâtes fraîches !
Exemple 4 : On n'a trouvé personne pour faire des pâtes fraîches.
Exemple 5 : On entend peu l'eau bouillir.

• Pour savoir si l'on est en présence d'une négation, il suffit de remplacer le pronom *on* par un autre pronom personnel, comme *nous*. Si le son [n] subsiste, il faut écrire *on n'*.

Exemple 3 : Nous n'aimons que les pâtes fraîches ! : on entend la négation, on écrit *on n'*.
Exemple 5 : Nous entendons peu l'eau bouillir : on est sûr qu'il n'y a pas de négation, on écrit *on*.

Cf. dictées 19 et 20

Dictée n° 15

Cf. leçon 1, p. 344

Les devoirs d'un ami dévoué

La cane et le rat d'eau discutent. Le rat d'eau vient de déclarer qu'il n'existe selon lui rien de plus rare qu'une amitié dévouée...

— Et **quelle** *est*, je vous prie, votre idée des devoirs d'un ami dévoué ? demanda une **linotte** verte perchée sur un saule tordu *et* qui avait écouté la conversation.

— Oui, *c'est* justement ce que je voudrais savoir, fit la **cane**, *et* elle nagea vers l'**extrémité** du réservoir *et* piqua sa tête pour donner à ses enfants le bon exemple.

— Quelle question niaise ! cria le rat d'eau. J'entends que mon ami dévoué me soit dévoué, **parbleu** !

— *Et* que ferez-vous en retour ? dit le petit oiseau, s'agitant sur une **ramille** argentée *et* battant de ses petites ailes.

— Je ne vous comprends pas, répondit le rat d'eau.

— Laissez-moi vous conter une histoire à ce sujet, dit la linotte.

Oscar Wilde, *L'Ami dévoué* dans *Le Fantôme de Canterville suivi de Le Prince heureux, Le Géant égoïste et autres contes*, traduit par Albert Savine, Librio n° 600.

Commentaires

• **quelle** : déterminant interrogatif qui s'accorde avec le nom sur lequel il interroge, ici *idée*, féminin singulier (cf. leçon : quel[le][s] *et* qu'elle[s], p. 387).

• **linotte** : petit oiseau, comme cela est dit quelques lignes plus bas.

• **cane** : s'écrit avec un seul *n*, à la différence de la *canne* pour marcher, à pêche, à sucre...

• **extrémité** : s'écrit avec un accent aigu, à la différence de *extrême* qui porte un accent circonflexe.

• **parbleu** : juron issu d'une atténuation de *par dieu* et qui exprime l'évidence.

• **ramille** : toute petite branche d'arbre.

Dictée n° 16

Cf. leçon 2, p. 345

Une nouvelle enquête pour Sherlock Holmes

Lestrade se mit à rire.

— Décidément, monsieur Holmes, il n'y *a* rien *à* vous cacher. Oui, il y *a* bien quelque chose qui me préoccupe, et pourtant, c'est si absurde que j'hésite *à* vous en infliger le récit ; d'un autre côté, l'**événement**, tout en ne sortant pas de la banalité, **paraît** cependant assez bizarre. Je sais, il est vrai, que vous avez un goût marqué pour ce qui sort de l'ordinaire, mais, *à* mon avis, cette affaire paraît plutôt ressortir du domaine du Dr Watson que du **vôtre**.

[...]

Croiriez-vous qu'il existe, de nos jours, un homme qui nourrit une telle haine contre Napoléon Ier qu'il brise impitoyablement toutes les statues qui le représentent ?

Holmes s'enfonça dans sa chaise.

— Cela ne me regarde pas, dit-il.

Sir Arthur Conan Doyle, *Les Six Napoléons*,
traduit par Henry Evie, Librio n° 84.

Commentaires

- **événement :** si autrefois l'accent aigu sur le second *e* était de rigueur, aujourd'hui l'accent grave est toléré.
- **paraît :** ce verbe prend un accent circonflexe sur le *i* chaque fois que celui-ci est devant un *t*.
- **vôtre :** pronom possessif, il prend un accent circonflexe sur le *o*, à la différence de *votre*, déterminant possessif, qui accompagne un nom (exemple : votre maison a été cambriolée).

Dictée n° 17

Cf. leçon 3, p. 346

La fée du logis

Il y avait un énorme foyer qui se trouvait en n'importe quel endroit *où* il vous plaisait d'allumer le feu. [...]

[Wendy] ne levait pas le nez des casseroles, pour ainsi dire, et préparait toutes sortes de plats exotiques, à base d'**ignames**, de noix de coco, de **sapotilles** et j'en passe. Mais l'on ne savait jamais si l'on allait faire un vrai repas *ou* se contenter d'un repas pour rire : tout dépendait de l'humeur du capitaine. [...]

[Elle] attendait que tout le monde soit couché pour **ravauder**. Alors, disait-elle, elle pouvait souffler. Elle leur taillait de nouveaux pantalons, *ou* renforçait les anciens avec des doubles pièces, car tous se montraient durs pour les genoux. Et lorsqu'elle s'asseyait avec sa corbeille pleine de chaussettes aux talons troués, elle levait les bras au ciel en soupirant : « Mon Dieu ! il y a des jours *où* l'on envierait les vieilles filles ! », et son visage rayonnait.

James M. Barrie, *Peter Pan*, traduit
par Yvette Métral, Librio n° 591.
© Flammarion, 1982, pour la traduction française.

Commentaires

- **ignames** : tubercules que l'on mange dans les pays tropicaux.
- **sapotilles** : gros fruits rouges, très savoureux.
- **ravauder** : raccommoder à la main de vieux vêtements.

Dictée n° 18

Cf. leçon 4, p. 347

Préparatifs avant l'expédition

Il est bien clair en effet que l'on ne *s'*embarque pas pour une expédition semblable sans prendre **quelques** précautions. Il faut savoir où l'on va, que diable !, et ne pas partir comme un oiseau...

Avant toutes choses, le **Tarasconnais** voulut lire les récits des grands touristes **africains** [...].

Là, il vit que *ces* intrépides voyageurs, avant de chausser leurs sandales pour les excursions lointaines, *s'*étaient préparés de longue main à supporter la faim, la soif, les marches forcées, les privations de toutes sortes. Tartarin voulut faire comme eux, et, à partir de *ce* **jour-là**, ne *se* nourrit plus que d'eau bouillie. – *Ce* qu'on appelle eau bouillie, à Tarascon, *c'*est quelques tranches de pain noyées dans de l'eau chaude, avec une gousse d'ail, un peu de thym, un brin de laurier.

Alphonse Daudet, *Tartarin de Tarascon*,
Librio n° 164.

Commentaires

- **quelques :** déterminant indéfini qui s'accorde en nombre avec le nom qu'il introduit, ici *précautions*, pluriel.
- **Tarasconnais :** on met une majuscule devant un nom de peuple employé substantivement.
- **africains :** le nom de peuple est ici employé comme adjectif, on ne met donc pas de majuscule.
- **jour-là :** ne pas oublier le trait d'union qui unit toujours la particule adverbiale *là* et le nom qui la précède.

Dictée n° 19

Cf. leçon 5, p. 348

La loi du désir

Être heureux, c'est avoir non pas tout ce qu'on désire, mais enfin une bonne partie, peut-être la plus grosse partie de ce qu'on désire. **Soit**. Mais si le désir est manque, on ne désire, par définition, que ce qu'*on n'*a pas. Or, si l'on ne désire que ce qu'*on n'*a pas, *on n'*a jamais ce qu'on désire, donc *on n'*est jamais heureux. Non pas que le désir ne soit jamais satisfait, la vie n'est pas difficile à ce point. Mais en ceci que, **dès qu'**un désir est satisfait, il n'y a plus de manque, donc plus de désir.

André Comte-Sponville, *Le Bonheur,
désespérément*, Librio n° 513.
© Pleins feux, 2000.

Commentaires

- **Soit :** adverbe d'affirmation. Il faut faire entendre le *-t* final.
- **dès que :** ne pas oublier l'accent grave sur *dès*.

Dictée n° 20
Cf. leçon 5, p. 348

Un visage à la fenêtre

La porte d'entrée ferme mal, elle ouvre mal aussi. Il s'agit de ces portes auxquelles on donne un tour de clé pour satisfaire l'esprit, tant, à la pousser, si l'*on n'*y est pas habitué, *on* ébranle jusqu'aux murs. À côté d'elle, de là où je suis, j'ai vu, l'espace d'une seconde, un visage **blafard** s'encadrer au carreau de la fenêtre, se haussant **goulûment** sur la pointe des pieds pour regarder notre menu – un rêve récurrent. À peine a-t-on le temps d'enregistrer la vision que la porte fait entendre son raclement. Personne n'a frappé. La poussée devient plus violente. J'ai bondi, le couteau à bout rond en avant.

Éric Holder, *L'Échappée belle*, dans *Révélations*,
Librio, édition limitée.

Commentaires

- **blafard :** très pâle, livide.
- **goulûment :** dans la formation de cet adverbe en -*ment*, on a remplacé le -*e* final de l'adjectif féminin par un accent circonflexe (cf. leçon : Les adverbes en -*ment*, p. 385).

Chapitre 5

Le participe passé

*Vers les sommets : endurance et concentration.
Ne pas relâcher l'effort !*

Leçon n° 1

L'accord du participe passé avec l'auxiliaire *être*

• Employé avec l'auxiliaire *être*, le participe passé[1] s'accorde en genre et en nombre avec le sujet.

Exemple 1 : <u>Ils</u> sont allés au cinéma.
Exemple 2 : <u>On</u> est parti avant-hier.
Exemple 3 : <u>Elle</u> est descendue de sa chaise.

• Quand le verbe est à la forme passive, c'est-à-dire que la forme verbale est composée à la fois de l'auxiliaire *être* et de l'auxiliaire *avoir*, c'est la même règle qui s'applique.

Exemple 4 : <u>Ces photos</u> ont été prises malgré l'interdiction.

Cf. dictées 21 et 22

---

1. Pour la définition et la formation du participe passé, voir p. 32 à 35.

Leçon n° 2

L'accord du participe passé avec l'auxiliaire *avoir*

• Employé avec l'auxiliaire *avoir*, le participe passé :
– ne s'accorde jamais avec le sujet du verbe
– s'accorde en genre et en nombre avec le complément d'objet direct [COD][1] quand celui-ci est placé avant le participe.

• Observez ces exemples en prenant bien soin de reconnaître à chaque fois le verbe, le sujet, et le COD lorsqu'il y en a un :

Exemple 1 : Les enfants *ont mangé* dans la cuisine : on n'accorde pas le participe passé avec le sujet du verbe (ici *les enfants*). Il n'y a pas de COD dans cette phrase.

Exemple 2 : Ils *ont mangé* des biscuits : le COD est placé après le participe passé, il n'y a donc pas de raison pour accorder le participe passé.

Exemple 3 : Ces biscuits, elle *les a mangés* : le COD est le pronom *les* qui représente *ces biscuits*. Il est placé avant le participe passé. Donc, on accorde le participe passé en genre et en nombre avec le pronom COD masculin pluriel.

Exemple 4 : Les biscuits qu'elle *a mangés* sont délicieux : le COD est le pronom relatif *qu'* qui représente son antécédent *les biscuits*. Le COD est placé avant le participe : on accorde donc le participe en genre et en nombre avec l'antécédent du pronom COD (ici masculin pluriel).

Cf. dictées 23, 24 et 25

---

1. Pour en savoir plus sur le COD, voir p. 177.

Leçon n° 3

Le participe passé des verbes pronominaux

• Les verbes pronominaux sont ceux qui se construisent avec un pronom personnel réfléchi (exemple : *se* laver) qui renvoie à la même personne que celle représentée par le pronom sujet (exemple : *je me* lave). On distingue deux types de verbes pronominaux [1] :
– les verbes essentiellement pronominaux qui n'existent qu'à la forme pronominale dans le dictionnaire, exemple : s'évader, s'agenouiller.
– les verbes occasionnellement pronominaux qui existent aussi sous une forme non pronominale, exemple : s'habiller [/ habiller quelqu'un], se tromper [/ tromper quelqu'un].

• Le participe passé des verbes essentiellement pronominaux s'accorde en genre et en nombre avec le sujet du verbe.
Exemple : <u>Elle</u> *s'est efforcée* de bien faire.

• Le participe passé des verbes occasionnellement pronominaux :

– **Règle générale** : le participe passé s'accorde avec le COD s'il est placé avant le verbe (règle de l'accord du participe passé avec l'auxiliaire *avoir*). Ainsi, si le pronom réfléchi est COD, le participe s'accorde avec lui. Si le pronom n'est pas COD (mais COI [2] ou COS [3]) et si le COD est placé après, le participe passé ne s'accorde pas.
Exemple : Ils <u>se</u> *sont battus* [ils ont battu eux-mêmes] : on accorde le participe avec *se*, COD du verbe.
Mais : Ils <u>se</u> *sont juré* <u>une éternelle amitié</u> [ils ont juré une éternelle amitié à eux] : on n'accorde pas le participe passé. *Se* est COS, le COD *une éternelle amitié* est placé après le verbe.

---

1. On n'étudiera pas ici la distinction entre verbes pronominaux réfléchis et verbes pronominaux réciproques car elle ne présente pas d'intérêt pour l'accord du participe passé.
2. COI : complément d'objet indirect. Voir p. 177.
3. COS : complément d'objet second. Voir p. 177.

– Le participe passé des verbes pronominaux non réfléchis (ceux pour lesquels le pronom réfléchi n'est pas analysable, c'est-à-dire n'a pas de fonction grammaticale précise) s'accorde avec le sujet du verbe.

Exemple : <u>Elles</u> *s'étaient aperçues* que le jeu était truqué.

Exemple : <u>Ils</u> *s'étaient souvenus* que c'était un sacré tricheur !

– **Remarque :** il est parfois difficile de savoir si le pronom est analysable ou non, mais cela n'est pas grave puisque le participe passé de ces verbes, logiquement, s'accorde toujours (avec le COD ou avec le sujet, qui renvoient à la même personne).

– Le participe passé des verbes pronominaux de sens passif s'accorde avec le sujet.

Exemple : <u>La démarche</u> *s'est effectuée* correctement [a été effectuée].

Cf. dictées 26, 27 et 28

Leçon n° 4

Participe passé en *-é* ou infinitif en *-er*

• Pour les verbes du 1er groupe, on ne peut pas distinguer à l'oreille (sauf en cas de liaison avec une voyelle) un participe passé en **-é**, variable, d'un infinitif en **-er**. Pour ne pas les confondre, il convient de remplacer le verbe qui pose problème par un verbe du 3e groupe, dont l'infinitif et le participe passé ne se prononcent pas de la même façon.

Exemple : prendre / pris.

• On sait alors si l'on est en présence d'un participe passé (on l'accorde alors comme il se doit) ou d'un infinitif.

Exemple : Elle a mangé [/ pris] un bonbon : participe passé en **-é**.
Exemple : Elle va manger [/ prendre] beaucoup trop de bonbons, je le sens : infinitif en **-er**.

Cf. dictée 29

Dictée n° 21
Cf. leçon 1, p. 356

La cuisine des nomades

La viande se consomme fraîche, simplement salée et rôtie à la broche ou encore cuite longuement dans le sable rendu **brûlant** par un feu de braises. Découpée en morceaux, elle *est* aussi *séchée* au soleil. [...]

Le lait *est consommé* chaque jour, cru ou caillé, souvent mélangé à la farine de **mil**. Le beurre, lui, *est fondu* puis *écumé* et *mis* à l'abri de l'air. Ainsi préparé, il pourra se conserver plusieurs semaines. [...]

Le célèbre couscous est d'origine **berbère**. Semoule de blé dur ou de maïs, de seigle, ou d'orge ou parfois de riz comme au Soudan, dont les grains *ont été roulés* à la main et *enrobés* d'une fine **gangue** de farine avant d'*être passés* au **tamis** et *séchés* au soleil.

Gilles et Laurence Laurendon, *La Cuisine du désert,*
50 recettes faciles au bon goût d'aventure, Librio n° 555.

Commentaires

- **brûlant :** le verbe *brûler* prend un accent circonflexe sur le *u* à toutes les personnes et à tous les temps.
- **mil :** le mil est une céréale principalement cultivée en Afrique.
- **berbère :** les Berbères sont un peuple d'Afrique du Nord. Il est ici employé comme adjectif, et ne prend donc pas de majuscule.
- **gangue :** enveloppe.
- **tamis :** pour deviner quelle est la consonne finale muette de ce nom, on peut penser au verbe *tamiser* (cf. leçon : Les consonnes finales muettes, p. 315).

Dictée n° 22

Cf. leçon 1, p. 356

L'alerte

Je n'avais pas encore cinq ans. Nous habitions un immeuble de six étages, abritant une trentaine de locataires. Nous logions au quatrième. C'était un jour sans doute semblable aux autres, avec son cortège de petits bonheurs et de contrariétés. Pourtant, ce **jour-là**, tous les soucis [*ont été*] *réunis* au moment du repas du soir. L'heure de la soupe! **Quelle** épreuve! Cette soupe qu'il faut manger si l'on veut grandir, mais celle aussi qui ressemble à de l'eau chaude à peine troublée par quelques éléments non identifiables. Nous sommes en 1944. Ceci explique cela. [...] Mémé a tout vérifié : les mains sont propres, la serviette *est attachée* autour du cou, les poings *sont fermés*, **campés** de chaque côté de l'assiette. Mémé sert la soupe. Un bruit strident nous agresse. C'est l'alerte. [...] Nous allons *être bombardés*.

« Le sac vide » dans *Premières fois, le livre des instants qui ont changé nos vies*, Librio n° 612.

Commentaires

- **jour-là :** ne pas oublier le trait d'union. *Là* est une particule adverbiale toujours liée par un trait d'union au mot qui la précède.
- **Quelle :** déterminant exclamatif qui s'accorde en genre et en nombre avec le nom qu'il introduit, ici *épreuve*, féminin singulier (cf. leçon : quel[le][s] *et* qu'elle[s], p. 387).
- **campés :** posés fermement.

Dictée n° 23

Cf. leçon 2, p. 357

La visite au cimetière

Mais les fleurs qui ornaient le devant du tombeau baissaient déjà la tête. On les *avait disposées* là pour la Toussaint. Maman, qui n'*avait pu* venir, *avait envoyé* de très beaux **chrysanthèmes**. Après la visite du cimetière, il y *avait eu* un grand déjeuner à la maison avec des amis de la famille. Ce ne serait pas le cas aujourd'hui, qui était un dimanche comme les autres. [...]

Elles arrivèrent à la maison juste à temps pour échapper au gros de l'averse. Tante Madeleine resta pour le déjeuner. Angèle *avait préparé* un chou farci. La promenade au cimetière *avait aiguisé* l'**appétit** de Sylvie. Elle dévora.

Henri Troyat, *Viou*, Librio n° 284.

Commentaires

• **chrysanthèmes**: ce mot est masculin, comme l'indique l'adjectif *beaux*. Les chrysanthèmes sont des plantes traditionnellement utilisées pour fleurir les tombes à la Toussaint.

• **appétit**: prend deux *p*, comme beaucoup de mots commençant par *ap-* (cf. leçon: Les consonnes doubles, p. 316).

Dictée n° 24

Cf. leçon 2, p. 357

« Le souffle de tes lèvres sur les miennes »

Annoncer qu'Alfred de Musset s'adresse à <u>une femme</u> dont il est passionnément amoureux.

[...] lorsque je suis parti, je n'*ai* pas *pu* souffrir ; il n'y avait pas de place dans mon cœur. Je t'*avais tenue* dans mes bras [...] ! Je t'*avais* **pressée sur cette blessure chérie** ! Je suis parti sans savoir ce que je faisais ; je ne sais si ma mère était triste, je crois que non, je l'*ai embrassée*, je suis parti ; je n'*ai* rien *dit*, j'avais le souffle de tes lèvres sur les miennes, je te respirais encore.

Alfred de Musset à George Sand dans
Je vous aime, Librio n° 575.

Commentaires

• **pressée sur cette blessure chérie :** Musset a serré George Sand contre son cœur qu'il compare à une « blessure » parce qu'il est malade d'amour. Cette blessure est « chérie » parce qu'elle le fait souffrir mais en même temps l'exalte et le rend heureux.

Dictée n° 25

Cf. leçon 2, p. 357

Les adieux

Cette vie que je venais d'exposer pour Ellénore, je l'*aurais* **mille** fois *donnée* pour qu'elle **fût** heureuse sans moi.

Les six mois que m'*avait accordés* mon père étaient expirés ; il fallut songer à partir. Ellénore [...] fit promettre que, deux mois après, je **reviendrais** près d'elle, ou que je lui **permettrais** de me rejoindre : je le lui jurai **solennellement**. Quel engagement n'*aurais*-je pas *pris* dans un moment où je la voyais lutter contre elle-même et contenir sa douleur ! Elle *aurait pu* exiger de moi de ne pas la quitter ; je savais au fond de mon âme que ses larmes n'auraient pas été **désobéies**. J'étais reconnaissant de ce qu'elle n'exerçait pas sa puissance ; il me semblait que je l'en aimais mieux.

Benjamin Constant, Adolphe, Librio n° 489.

Commentaires

• **mille** : adjectif numéral invariable qui ne prend jamais de -*s* (cf. leçon : L'accord des adjectifs, p. 337).

• **fût** : subjonctif imparfait en proposition subordonnée circonstancielle de but introduite par la conjonction de subordination « pour que ». On écrit *fût* avec un accent circonflexe car on peut le remplacer par *soit* (cf. leçon : eut *et* eût, fut *et* fût, p. 374).

• **reviendrais, permettrais** : ces verbes au conditionnel présent jouent un rôle de futur dans le passé, le verbe de la proposition principale *fit* étant au passé simple (cf. : leçon : Futur ou conditionnel présent ?, p. 373).

• **solennellement** : l'adverbe est formé sur l'adjectif féminin *solennelle*, qui donne au masculin *solennel*, qui s'écrit avec un *l* et deux *n*. Le premier *e* du mot se prononce [a].

• **désobéies** : on accorde le participe passé en genre et en nombre avec le sujet quand on a à la fois l'auxiliaire *être* et l'auxiliaire *avoir* (c'est la règle de l'accord avec l'auxiliaire *être* qui s'applique, cf. leçon : L'accord du participe passé avec l'auxiliaire *être*, p. 356).

Dictée n° 26

Cf. leçon 3, p. 358

Un meurtre inexplicable

« Les gens de police sont confondus par l'absence apparente de motifs légitimant, non le meurtre en lui-même, mais l'atrocité du meurtre. Ils *se sont embarrassés* aussi par l'impossibilité apparente de concilier les voix qui se disputaient avec ce fait qu'**on n'**a trouvé en haut de l'escalier d'autre personne que mademoiselle l'Espanaye, assassinée, et qu'il n'y avait aucun moyen de sortir sans être vu des gens qui montaient l'escalier. [...] Dans des investigations du genre de celle qui nous occupe, il ne faut pas tant se demander comment les choses *se sont passées*, qu'étudier en quoi elles se distinguent de tout ce qui est arrivé jusqu'à présent. »

Edgar Allan Poe, *Double assassinat dans la rue Morgue*,
traduit par Charles Baudelaire, Librio n° 26.

Commentaires

• Les verbes pronominaux de la dictée :
– **s'embarrasser** : on peut analyser le pronom réfléchi *se* comme le COD du verbe [ils ont embarrassé eux-mêmes], on accorde donc le participe passé avec le COD placé avant (cf. leçon p. 358) ;
– **se passer** : le pronom réfléchi *se* n'est pas analysable, on accorde le participe passé avec le sujet du verbe, ici *les choses*, féminin pluriel (cf. leçon p. 358).

• **on n'** : pour ne pas oublier la négation *n'*, il faut remplacer *on* par *nous*. *Nous n'avons pas trouvé* : on entend le son [n], donc on écrit *on n'* (cf. leçon : on *et* on n', p. 348).

Dictée n° 27

Cf. leçon 3, p. 358

Les dévots

[Pourquoi] voyons-nous si **fréquemment** les dévots si durs, si fâcheux, si **insociables** ? C'est qu'ils *se sont imposé* une tâche qui ne leur est pas naturelle. Ils souffrent, et quand on souffre, on fait souffrir les autres. Ce n'est pas là mon compte, ni celui de mes protecteurs ; il faut que je sois gai, souple, plaisant, bouffon, drôle.

Diderot, *Le neveu de Rameau*, Librio n° 61.

Commentaires

• Le verbe pronominal de la dictée : **s'imposer :** le pronom réfléchi *se* est analysable comme le COI du verbe (ils ont imposé à eux une tâche), on n'accorde donc pas le participe passé (cf. leçon p. 358).

• **fréquemment :** deux *m*.

• **insociable :** qui n'est pas sociable. À ne pas confondre avec *asocial* qui désigne un marginal, quelqu'un qui n'est pas adapté à la vie en société ou qui la refuse avec force.

Dictée n° 28

Cf. leçon 3, p. 358

Les poètes de mauvais goût

Ils **se sont persuadés** qu'après avoir mêlé leurs larmes aux pleurs d'une mère qui se désole sur la mort de son fils, après avoir frémi de l'ordre d'un tyran qui ordonne un meurtre, ils ne s'ennuieraient pas de leur **féerie**, de leur insipide mythologie, de leurs petits **madrigaux** doucereux qui ne marquent pas moins le mauvais goût du poète, que la misère de l'art qui **s'en accommode.**

Diderot, extrait du *Neveu de Rameau*, Librio n° 61.

Commentaires

• Le verbe pronominal de la dictée : **se persuader** : on peut analyser le pronom réfléchi *se* comme le COD du verbe (ils ont persuadé eux-mêmes), on accorde donc le participe passé avec le COD placé avant (cf. leçon p. 358).

• **féerie** : seul le premier *e* porte un accent, et le mot doit se prononcer [feri], malgré l'usage courant qui tend à prononcer [e] le second *e*.

• **madrigaux** : un madrigal est une petite chanson d'amour inspirée d'un air populaire et chantée par plusieurs voix.

• **s'accommoder** : les mots commençant par *ac-* prennent souvent deux *c* (cf. leçon : Les consonnes doubles, p. 316).

Dictée n° 29

Cf. leçon 4, p. 360

Candide malheureux
cherche un compagnon de voyage

Ce procédé acheva de *désespérer* Candide ; il avait à la vérité *essuyé* des malheurs **mille** fois plus douloureux ; mais le **sang-froid** du juge, et celui du patron **dont** il était *volé*, **alluma sa bile**, et le plongea dans une noire **mélancolie**. [...] Enfin, un vaisseau **français** était sur le point de partir pour Bordeaux, comme il n'avait plus de moutons *chargés* de diamants à *embarquer*, il loua une chambre du vaisseau à juste prix, et fit *signifier* dans la ville qu'il **payerait** le passage, la nourriture, et donnerait deux **mille piastres** à un honnête homme qui voudrait faire le voyage avec lui, à condition que cet homme serait le plus *dégoûté* de son état et le plus malheureux de la province.

Voltaire, *Candide*, Librio n° 31.

Commentaires

- **mille :** adjectif numéral invariable qui ne prend jamais de *-s* (cf. leçon : L'accord des adjectifs, p. 337).
- **sang-froid :** ne pas oublier le trait d'union.
- **dont :** même sens que *par qui*. Au XVIIIe siècle, époque à laquelle écrit Voltaire, l'emploi des relatifs est plus souple qu'en français moderne.
- **alluma sa bile :** signifie que Candide se met en colère, la bile étant considérée comme une sécrétion organique liée au sentiment de colère.
- **mélancolie :** tristesse.
- **français :** employé comme adjectif, ce nom de peuple ne prend pas de majuscule.
- **payerait :** on peut écrire aussi *paierait*.
- **piastre :** type de monnaie.

Chapitre 6

Savoir distinguer les temps

*Sur les crêtes : grande agilité requise,
attention aux précipices !*

Leçon n° 1

Participe passé ou temps conjugué ?

• On ne peut parfois pas distinguer à l'oreille un participe passé en [i] ou [y] (graphie : *-i*, *-is*, *-it*, *-its*, *-ie*, *-ies*, ou *-u*, *-ue*, *-us*, *-ues*) d'un verbe conjugué à la troisième personne du singulier s'écrivant *-it* ou *-ut*. Pour ne pas les confondre, on peut remplacer le verbe par un imparfait. Si la substitution fonctionne, c'est que l'on est en présence d'un verbe à un temps conjugué, et on l'écrit *-it* ou *-ut*. Sinon, c'est qu'on est en présence d'un participe passé et on l'accorde comme il se doit.

Exemple 1 : Le plat fini a été emporté à la cuisine [/ la marmite finie a été emportée à la cuisine] : participe passé du verbe *finir*.
Exemple 2 : Il finit le plat de spaghettis [/ Il finissait le plat de spaghettis] : verbe *finir* conjugué au présent ou au passé simple.
Exemple 3 : Ceci est interdit [/ Cette chose est interdite] : participe passé du verbe *interdire*.

⚠ Certains participes passés en [i] s'écrivent *-it*.
Exemple 4 : Il lut ce livre avec avidité [/ il lisait ce livre avec avidité] : verbe *lire* conjugué au passé simple.
Exemple 5 : Cette histoire lue par un conteur est formidable [/ ce récit lu par un conteur] : participe passé du verbe *lire*.

• Pour orthographier correctement un participe passé en [i], il convient de penser à sa forme féminine. On pourra alors choisir entre les graphies *-i*, *-is*, ou *-it*.
– *-ie* au féminin donne *-i* au masculin : blottie / blotti
– *-ise* au féminin donne *-is* au masculin : comprise / compris
– *-ite* au féminin donne *-it* au masculin : interdite / interdit

Cf. dictées 30 et 31

371

Leçon n° 2

Passé simple ou imparfait de l'indicatif ?

• À l'indicatif des verbes en -*er*, la première personne du singulier du passé simple et celle de l'imparfait se prononcent presque de la même manière, mais s'écrivent différemment : *-ai* pour le passé simple, *-ais* pour l'imparfait.

Exemple : Je regardais la télé quand soudain j'éternuai.

• Pour les distinguer, penser :

– **au sens de la phrase** : l'imparfait est le temps du décor, de la description, de l'action d'arrière-plan. On peut le remplacer par « j'étais en train de ». Il s'oppose en ce sens au passé simple qui introduit les actions de premier plan, que l'on peut dater, et qui sont délimitées dans leur déroulement.

Exemple : J'étais en train de regarder la télé quand soudain j'éternuai.

– **à remplacer le verbe qui pose problème** par le même verbe conjugué à la troisième personne du singulier, dont l'imparfait et le passé simple ne se terminent pas de la même manière.

Exemple : Il était en train de regarder la télé quand soudain il éternua.

Cf. dictée 32

Leçon n° 3

Futur ou conditionnel présent ?

Pour former le futur, on ajoute à l'infinitif du verbe les terminaisons *-ai*, *-as*, *-a*, *-ons*, *-ez*, *-ont*. Pour former le conditionnel présent, on ajoute à l'infinitif du verbe les terminaisons *-ais*, *-ais*, *-ait*, *-ions*, *-iez*, *-aient*.

Ainsi, la première personne du singulier du futur et celle du conditionnel présent se prononcent presque de la même façon mais n'ont pas la même orthographe. Pour les distinguer, penser :

- **au sens de la phrase** : le conditionnel présent s'utilise :

– comme futur dans le passé en concordance avec un temps du passé.
Exemple : Je pensais que je lirais ce livre un jour/Je pense que je lirai ce livre un jour.

– pour exprimer l'hypothèse dans le cadre du système hypothétique introduit par si :
Exemple : Si je le voulais, je ferais des efforts.

– pour exprimer un souhait, un désir, une volonté, une crainte, de manière atténuée :
Exemple : Je voudrais te dire que tu comptes beaucoup pour moi.

- **à remplacer le verbe qui pose problème** par le même verbe conjugué à la troisième personne du singulier, dont le futur et le conditionnel ne se terminent pas de la même manière.
Exemple : Je lirais/il lirait *mais* je lirai/il lira.

Cf. dictée 33

Leçon n° 4

eut *et* eût, fut *et* fût

• On écrit ***eut*** si l'on peut le remplacer par *avait* : *eut* est le verbe *avoir* à la troisième personne du passé simple de l'indicatif, on peut donc le remplacer par un autre temps de l'indicatif, comme l'imparfait.

Exemple : Il eut très mal. / Il avait très mal.

En revanche, on écrit ***eût*** si l'on peut le remplacer par *ait* ou *aurait* : *eût* est le verbe *avoir* à la troisième personne du subjonctif imparfait. On peut donc le remplacer par un autre temps du subjonctif comme le subjonctif présent [*ait*], ou par un conditionnel [*aurait*], le conditionnel pouvant servir à exprimer l'irréel, comme le subjonctif.

Exemple : Bien qu'il eût très mal, il ne pleura pas. / Bien qu'il ait très mal, il ne pleure pas.
Exemple : S'il eut été là, il eût raconté son histoire. / S'il avait été là, il aurait raconté son histoire.

• On écrit ***fut*** si l'on peut le remplacer par *était* : *fut* est le verbe *être* à la troisième personne du passé simple de l'indicatif, on peut donc le remplacer mentalement par un autre temps de l'indicatif, comme l'imparfait.

Exemple : Elle fut très heureuse de le revoir. / Elle était très heureuse de le revoir.

En revanche, on écrit ***fût*** si l'on peut le remplacer par *soit* : *fût* est le verbe *être* à la troisième personne du singulier du subjonctif imparfait, on peut donc le remplacer par un autre temps du subjonctif, comme le subjonctif présent [*soit*].

Exemple : Quoiqu'il fût très bon acteur, ils ne l'avaient pas choisi pour ce film. / Quoiqu'il soit très bon acteur, ils ne l'ont pas choisi pour ce film.

Cf. dictée 34

Dictée n° 30

Cf. leçon 1, p. 371

Une métamorphose

Quand il se retrouva sur le **trottoir**, rue de la Mairie, il *sentit* bien qu'il n'était plus le même. Il n'avait plus le temps ni l'âge d'expliquer. Le soleil était *revenu*, luisait sur le trottoir mouillé. L'air lui semblait léger ; léger son corps, légère sa démarche. Au lieu de prendre le chemin du retour, il *se surprit* à regagner le **centre-ville**. [...] Il faisait chaud. L'imperméable jeté sur l'épaule, il avançait, les bras en balancier, aux lèvres un sourire *inconnu*. [...] Jamais les **marronniers** n'avaient *senti* si bon...

Philippe Delerm, *L'Envol*, Librio n° 280.
© Éditions du Rocher, 1996.

Commentaires

- **trottoir** : deux *t*.
- **centre-ville** : ne pas oublier le trait d'union.
- **marronniers** : deux *r* et deux *n*.

Dictée n° 31

Cf. leçon 1, p. 371

Un nouvel amour ?

Si la dictée semble trop longue, on peut la couper en deux, la première partie allant jusqu'à « l'abusant ».

Le soir *rendit* à mon nouvel amour tout le prestige de la veille. La dame se montra sensible à ce que je lui avais *écrit*, tout en manifestant quelque étonnement de ma ferveur soudaine. J'avais *franchi*, en un jour, plusieurs degrés des sentiments que l'on peut concevoir pour une femme avec apparence de sincérité. Elle m'avoua que je l'étonnais tout en la rendant fière. J'essayai de la convaincre ; mais **quoi que je voulusse** lui dire, je ne *pus* ensuite retrouver dans nos entretiens **le diapason de mon style**, de sorte que je *fus réduit* à lui avouer, avec larmes, que je m'étais trompé moi-même en l'abusant. Mes confidences *attendries* eurent pourtant **quelque** charme, et une amitié plus forte dans sa douceur succéda à de vaines protestations de tendresse.

[...] Un hasard les *fit* connaître l'une à l'autre, et la première *eut* l'occasion, sans doute, d'attendrir à mon égard celle qui m'avait exilé de son cœur.

Gérard de Nerval, Aurélia, Librio n° 23.

Commentaires

• **quelque** : déterminant indéfini, il introduit un nom. Il est proche du sens de « un certain ».

• **quoi que** : on écrit *quoi que* en deux mots lorsqu'on ne peut pas le remplacer par *bien que*, mais par *quelle que soit la chose que* (cf. leçon : quoique *et* quoi que, p. 388).

• **je voulusse** : *quoi que* exprime la concession et est suivi du subjonctif (ici, subjonctif imparfait).

• **le diapason de mon style** : image musicale. Le narrateur ne parvient pas à retrouver le ton employé pour séduire la dame.

Dictée n° 32

Cf. leçon 2, p. 372

Les rêves de gloire d'un petit garçon

Je ne *savais* pas lire, je *portais* des **culottes fendues**, je *pleurais* quand ma bonne me mouchait et j'*étais* dévoré par l'amour de la gloire. Telle est la vérité : dans l'âge le plus tendre, je *nourrissais* le désir de m'illustrer sans retard et de durer dans la mémoire des hommes. [...] C'est pourquoi je *pensai* devenir un saint. [...] Pour m'y livrer sans perdre de temps, je *refusai* de **déjeuner**. Ma mère, qui n'entendait rien à ma nouvelle vocation, me crut souffrant et me regarda avec une inquiétude qui me fit de la peine. Je n'en *jeûnai* pas moins. Puis, me rappelant saint Siméon **stylite**, qui vécut sur une colonne, je *montai* sur la **fontaine** de la cuisine ; mais je ne pus y vivre, car Julie, notre bonne, m'en délogea promptement.

Anatole France, *Le Livre de mon ami*, Librio n° 123.

Commentaires

- **culottes fendues :** pantalon s'arrêtant aux genoux porté par les petits garçons.
- **déjeuner, jeûnai :** *jeûner* et *jeûne* prennent un accent circonflexe. En revanche, il n'y a pas d'accent circonflexe sur le *u* de *déjeuner*.
- **stylite :** nom employé ici comme adjectif. Un stylite est un saint ou un ermite vivant au sommet d'une colonne (c'est le cas de saint Siméon) ou d'une tour.
- **fontaine :** située dans la cuisine, la fontaine était un petit réservoir d'eau pourvu d'un robinet et d'un petit bassin, qui servait pour les usages domestiques.

Dictée n° 33

Cf. leçon 3, p. 373

Une femme pleine d'équité

Chère femme, combien je vous aime ! Combien je vous estime !
[...] Je ne *saurais* vous dire ce que la droiture et la vérité font sur
moi. Si le spectacle de l'injustice me transporte **quelquefois**
d'une telle indignation que j'en perds le jugement et que dans ce
délire je *tuerais*, j'*anéantirais* ; aussi celui de l'**équité** me remplit
d'une douceur, m'enflamme d'une chaleur et d'un enthousiasme
où la vie, s'il fallait la perdre, ne me tiendrait à rien. [...]

Ô ma Sophie, combien de beaux moments je vous dois ! combien je vous en *devrai* encore ! [...] si tu lis jamais ces mots quand
je ne *serai* plus, car tu me survivras, tu verras que je m'occupais
de toi et que je disais [...] qu'il dépendrait de toi de me faire mourir de plaisir ou de peine.

Denis Diderot à Sophie Volland dans *Je vous aime*, Librio n° 575.

Commentaires

- **quelquefois** : attention, ce mot invariable s'écrit en un seul mot.
- **équité** : le sentiment d'équité est celui qui permet de faire naturellement la distinction entre le juste et l'injuste.
- **Ô** : interjection littéraire qui prend un accent circonflexe. Il n'y
a jamais de point d'exclamation après cette interjection.

Dictée n° 34

Cf. leçon 4, p. 374

Un étrange pays

En outre, d'après ces gens affolés, on *eût* dit que le sol était agité de trépidations **souterraines** [...]. Mais peut-être y avait-il une bonne part d'exagération dans ce que les Werstiens croyaient voir, entendre et ressentir. **Quoi qu'**il en soit, il s'était produit des faits positifs, tangibles, on en conviendra, et il n'y avait plus moyen de vivre en un pays si extraordinairement machiné.

Il va de **soi** que l'auberge du *Roi Mathias* continuait d'être déserte. Un **lazaret** en temps d'épidémie n'*eût* pas été plus abandonné. [...]

Dans la soirée du 9 juin, vers huit heures, le loquet de la porte *fut* soulevé du dehors ; mais cette porte, verrouillée en dedans, ne put s'ouvrir.

[...] À l'espoir qu'il éprouvait de se trouver en face d'un hôte se joignait la crainte que cet hôte ne *fût* quelque revenant de mauvaise mine [...].

Jules Verne, *Le Château des Carpathes*,
Librio n° 171.

Commentaires

- **souterraines** : prononcer sou-té-raines.
- **Quoi que** : quand on ne peut pas le remplacer par *bien que*, on écrit *quoi que* en deux mots (cf. leçon : quoique *et* quoi que, p. 388).
- **soi** : dans l'expression *aller de soi*, on reconnaît le pronom réfléchi *soi* [*moi, toi, soi*...] qui s'écrit sans *-t* final.
- **lazaret** : bâtiment où l'on isole les malades contagieux. On pourra épeler ce mot à l'élève.

Chapitre 7

De *tout* à *quoique* en passant par les adverbes en *-ment*

Encore quelques obstacles éparpillés sur le chemin du retour, la descente peut réserver des surprises...

Leçon n° 1

tout

Tout est un mot qui possède plusieurs natures. Il peut être :

• **Un nom :** il est placé après un déterminant.
Exemple : Tu es mon *tout*.

• **Un déterminant :** il s'accorde avec le nom qu'il introduit.

– Il est placé avant un nom, et est combiné à un autre déterminant.
Exemple : J'aime *tous* mes cadeaux.

– Il est placé avant un nom, et est employé seul.
Exemple : *Tout* chevalier digne de ce nom doit franchir cette épreuve !

• **Un pronom :** il remplace un nom et prend les marques du genre et du nombre du nom qu'il remplace.
Exemple : *Tous* ont reçu un cadeau. [/ *Les enfants* ont reçu un cadeau.]

• **Un adverbe :** il est invariable.

– Il modifie un adjectif.
Exemple : Il m'a offert un *tout* petit chien.
Exemple : *Tout* grand qu'il est, il n'a pas réussi à attraper la balle.

– Il modifie un autre adverbe.
Exemple : Je l'aime, *tout* simplement.

Cf. dictée 35

Leçon n° 2

leur

• *Leur* peut être[1]:

– **Un déterminant possessif**[2]: il précède toujours un nom, avec lequel il s'accorde en nombre. Il peut donc s'écrire *leur* (si le nom est singulier) ou *leurs* (si le nom est pluriel).

Leur signifie qu'il y a plusieurs possesseurs mais une seule chose possédée:

Exemple 1: Les voisins sont inquiets: *leur* <u>voiture</u> a été peinte en rose fluo cette nuit. [Il y a plusieurs voisins mais une seule voiture.]

Leurs signifie qu'il y a plusieurs possesseurs et plusieurs choses possédées:

Exemple 2: Les militants ont bien réussi: *leurs* <u>actions</u> sont dans tous les journaux. [Il y a plusieurs militants et plusieurs actions.]

– **Un pronom personnel**: il précède toujours un verbe. Il représente la 3ᵉ personne du pluriel [*ils, elles*] mais ne varie jamais et n'existe que sous la forme *leur* (même s'il remplace un mot au pluriel).

Exemple 3: Pour calmer les enfants, je *leur* ai acheté des glaces.

À retenir: pour être sûr de ne pas confondre *leur*, déterminant possessif, et *leur*, pronom personnel, changer de personne en remplaçant *ils* ou *le groupe nominal pluriel* par ***nous***.

Exemple 1: <u>Nous</u> sommes inquiets: *notre* voiture a été peinte en rose fluo cette nuit: il s'agit du déterminant possessif, et il n'y a qu'une seule chose possédée.

Exemple 2: <u>Nous</u> avons bien réussi: *nos* actions sont dans tous les journaux: il s'agit du déterminant possessif et il y a plusieurs choses possédées.

Exemple 3: Pour <u>nous</u> calmer, il *nous* a acheté des glaces: il s'agit du pronom personnel.

Si l'on obtient *notre*, on écrit *leur*.
Si l'on obtient *nos*, on écrit *leurs*.
Si l'on obtient *nous*, on écrit *leur*.

Cf. dictée 36

---

1. Nous n'étudierons pas ici le cas de *leur*, pronom possessif.
2. Pour plus d'information sur les déterminants possessifs, voir p. 119 et 120.

Leçon n° 3

L'accentuation

• Il existe en français trois sortes d'accents :

– L'accent aigu [´] produit un son fermé : il se place sur un *e* fermé [[e]]. Exemple : un marché.

– L'accent grave [`] produit un son ouvert : il se place sur un *e* ouvert [[ɛ]]. Exemple : une règle. Il se place aussi sur les voyelles *a* et *u* dans certains cas. Il permet alors de distinguer certains mots de leurs homophones [*a* et *à*, *ou* et *où*].

– L'accent circonflexe [^] produit un son très largement ouvert. Il se place sur les lettres *a*, *e*, *i*, *o*, et *u*. Exemple : bâiller, gêner, gîte, geôle, brûler. Il remplace souvent un -*s* disparu, maintenu dans certains mots de la même famille : bâton / bastonner, fête / festival, goûter / gustatif.

• **Quand mettre un accent sur le *e* ?**

– Ne prennent un accent que les *e* qui terminent une syllabe.
Exemple : é/lé/phant ; mè/re mais mer, er/mite.

– On ne double pas la consonne qui suit une voyelle accentuée, sauf pour le mot *châssis* et ses dérivés. Il faut placer l'accent immédiatement sur la voyelle avant de finir d'écrire le mot. On sait ainsi qu'il ne faut pas doubler la consonne suivant la voyelle accentuée.
Exemple : é/rable mais er/rer

⚠ **Ne pas oublier l'accent circonflexe :**

– sur certains participes passés en -*u* accordés au masculin singulier : dû [devoir], crû [croître], mû [mouvoir]… Attention, on écrit *pu* [pouvoir] et *cru* [croire].

– sur certains adverbes en -*ment* : continûment, assidûment, crûment, congrûment, dûment…

– sur les verbes conjugués aux première et deuxième personnes du pluriel du passé simple : nous mangeâmes, vous fûtes.

– sur les verbes conjugués à la troisième personne du singulier du subjonctif imparfait : qu'il tînt.

– sur les verbes *connaître* et *paraître* et leurs composés uniquement aux formes où le *i* précède le *t* : *elle connaît* mais *vous connaissez*.

Cf. dictée 37

Leçon n° 4

Les mots invariables

Nous donnons ici une liste de mots invariables souvent mal orthographiés. Bien les faire lire à l'élève puis en choisir quelques-uns et les lui faire épeler sans faute.

ailleurs	désormais	pourtant
ainsi	envers	quelquefois
alors	environ	sans
après	exprès	selon
aujourd'hui	guère	sitôt
aussi	hors	surtout
aussitôt	longtemps	tant mieux
autrefois	lors	tant pis
beaucoup	lorsque	tôt
bientôt	maintenant	travers
cependant	malgré	toujours
certes	mieux	vers
d'abord	moins	volontiers
davantage	néanmoins	
depuis	parmi	

Cf. dictée 38

Leçon n° 5

Les adverbes en *-ment*

Les adverbes se terminant par le suffixe **-ment** sont des adverbes de manière. Comme tous les adverbes, ils sont invariables. Pour bien les orthographier, il convient de penser à la façon dont ils sont formés.

• En général, on a ajouté le suffixe *-ment* à la forme féminine de l'adjectif correspondant : copieuse > copieusement, naturelle > naturellement.

• Ou bien, on a ajouté *-ment* à la forme masculine de certains adjectifs : joli > joliment, éperdu > éperdument.

• Mais on a pu aussi remplacer le *-e* du féminin par un accent circonflexe : crue > crûment, assidue > assidûment.

• Par analogie avec les adjectifs terminés par *-é*, certains adverbes en *-ment* s'écrivent *-ément* au lieu de *-ement* : précise > précisément.

• À partir des adjectifs en *-ent* et *-ant*, on a formé les adverbes en *-emment* et en *-amment* qui sont les seuls à prendre deux *m* : méchant > méchamment, prudent > prudemment.

Cf. dictée 39

Leçon n° 6

L'inversion du sujet

On parle d'inversion du sujet lorsque le sujet est placé après le verbe (sa position canonique dans la phrase simple étant devant le verbe). Mais quelle que soit la position du sujet, le verbe s'accorde toujours avec lui.

* Quelques cas d'inversion du sujet :
– Dans la phrase interrogative : Que fais-tu ?
– Dans les incises : « J'aime ce gâteau », dit-il.
– Dans certaines propositions relatives : Le gâteau que préparait ma mère semblait délicieux.
– Dans les propositions subordonnées introduites par *à peine* : À peine avait-il allumé la radio qu'il entendit le téléphone sonner.
– Dans les textes littéraires et particulièrement les textes poétiques, elle est très fréquente par effet de style.

* Pour identifier le sujet, ne pas oublier qu'il répond généralement à la question *qui est-ce qui ?* ou *qu'est-ce qui ?*

Cf. dictée 40

Leçon n° 7

quel[le][s] *et* qu'elle[s]

Il est très difficile de distinguer à l'oreille ***quel[le][s]*** et ***qu'elle[s]***.

• ***Quel [quels, quelle, quels]*** peut être :

– **un déterminant interrogatif ou exclamatif** qui accompagne toujours un nom commun et s'accorde en genre et en nombre avec lui :
Exemple 1 : *Quel* plat préfères-tu ? *Quel* est un déterminant interrogatif s'accordant avec *plat*, masculin pluriel.
Exemple 2 : *Quelle* jolie veste ! *Quelle* est un déterminant exclamatif s'accordant avec *veste*, féminin singulier.

– **un pronom interrogatif** : il est attribut du sujet et s'accorde en genre et en nombre avec lui :
Exemple 3 : *Quelles* sont les épreuves à passer ? *Quelles* est attribut du sujet *les épreuves*, féminin pluriel.

• ***Qu'elle [qu'elles]*** est la combinaison de *que* et du pronom personnel de la troisième personne du féminin (singulier ou pluriel).
Exemple 4 : Il veut *qu'elle* fasse la cuisine.
Exemple 5 : Voici la robe *qu'elle* a achetée.

À retenir : si l'on peut remplacer la forme problématique par *qu'il[s]*, on écrit *qu'elle[s]* en deux mots. Sinon on écrit *quel[le][s]* en un mot.
Exemple 3 : [*Qu'il*] sont les épreuves à passer ? : ne fonctionne pas. On choisit *quel* et on l'accorde avec le sujet = *quelles*.
Exemple 4 : Il veut [*qu'il*] fasse la cuisine : fonctionne. On choisit *qu'elle* et on l'accorde avec le verbe = *qu'elle*.

Cf. dictées 41 et 42

Leçon n° 8

quoique *et* quoi que

• Il est très difficile de distinguer à l'oreille **quoique** et **quoi que**. De plus, ils introduisent tous les deux des propositions subordonnées exprimant la concession et sont tous les deux suivis du subjonctif.
Leur sens n'est pourtant pas le même :

– **Quoique** peut être remplacé par *bien que*.
Exemple : *Quoiqu*'il soit très poli, je ne l'aime pas. / *Bien qu*'il soit très poli, je ne l'aime pas.

– **Quoi que** peut être remplacé par *quelle que soit la chose que*.
Exemple : *Quoi que* tu fasses, je te suivrai. / *Quelle que soit la chose que* tu fasses, je te suivrai.

• Pour ne pas les confondre, il suffit donc d'essayer de remplacer la forme qui pose problème par *bien que*. Si la substitution fonctionne, il faut écrire *quoique* en un seul mot. Sinon, on écrit *quoi que*, en deux mots.

Cf. dictée 43

Dictée n° 35
Cf. leçon 1, p. 381

Exploration dans les ténèbres

Mais *tout* à coup, après plusieurs éternités passées à me **traî-ner**, collé à la paroi de ce précipice **concave** et affolant, ma tête heurta quelque chose de dur, et je compris que je venais d'attein-dre le toit, ou *tout* au moins quelque palier. Toujours dans le noir, je **levai** une main et tâtai l'obstacle. Je **m'aperçus** qu'il était de pierre, et **immuable**. [...]

[Je] me redressai lourdement et fouillai la nuit de mes mains, à la recherche de fenêtres afin de pouvoir, pour la première fois, poser les yeux sur le ciel, la lune et les étoiles dont m'avaient parlé mes livres. Mais sur *tous* ces points je fus déçu : car *tout* ce que je rencontrai, ce furent d'interminables alignements de profondes étagères de marbre, chargées de longues et inquiétantes boîtes que je touchai en frissonnant.

H.P. Lovecraft, *Je suis d'ailleurs*, dans *La Dimension fantastique 1*, anthologie présentée par Barbara Sadoul, traduit par Yves Rivière, Librio n° 150.
© Denoël, 1961.

Commentaires

- **traîner :** ne pas oublier l'accent circonflexe sur le *i* de ce verbe à toutes les personnes et à tous les temps, ainsi que sur ses composés [*traîneau, traînard*...].
- **concave :** de forme incurvée vers l'intérieur.
- **levai :** le verbe est au passé simple car il décrit une action pas-sée datable et clairement délimitée, et s'inscrit dans une suite d'ac-tions rendues au passé simple [*heurta, compris, tâtai, m'aperçus*, etc.] (cf. leçon : Passé simple ou imparfait ?, p. 372).
- **m'aperçus :** un seul *p*. Ne pas oublier la cédille sous le *c* devant le *u* pour faire le son [s].
- **immuable :** qu'on ne pouvait pas faire bouger.

Dictée n° 36

Cf. leçon 2, p. 382

De l'infidélité des femmes

Emilia. — [...] Mais je pense que c'est la faute de *leurs* maris si les femmes **succombent**. S'il arrive à ceux-ci de négliger *leurs* devoirs [...] ou d'éclater en maussades jalousies et de nous soumettre à la contrainte, ou encore de nous frapper ou de réduire par dépit notre budget accoutumé, **eh bien!** [...] quelque vertu que nous ayons, nous avons de la rancune. Que les maris le sachent! *leurs* femmes ont des sens comme eux; elles voient, elles sentent, elles ont un palais pour le doux comme pour l'**aigre**, ainsi que les maris. [...] Alors qu'ils nous traitent bien! Autrement, qu'ils sachent que *leurs* torts envers nous nous autorisent nos torts envers eux!

Shakespeare, *Othello*, traduit par François-Victor Hugo, Librio n° 108.

Commentaires

- **succombent:** cèdent à la tentation.
- **eh bien!:** dans cette interjection, il faut écrire *eh* et non pas *et*. Attention à ne pas la confondre avec l'interjection *hé* qu'on utilise souvent pour interpeller quelqu'un ou faire un reproche.
- **aigre:** un goût aigre est un goût acide et désagréable.

Dictée n° 37
Cf. leçon 3, p. 383

Le vieux laboureur

Dans ce texte, pour ne pas compliquer la lecture, nous n'avons pas mis en italique les nombreux mots portant un ou plusieurs accents – il est en effet facile de les repérer.

La journée était claire et tiède, et la terre, fraîchement ouverte par le tranchant des **charrues**, **exhalait** une vapeur légère. Dans le haut du champ, un vieillard, dont le dos large et la figure sévère rappelaient celui d'**Holbein**, mais dont les vêtements n'annonçaient pas la misère, poussait gravement son *areau* de forme antique, **traîné** par deux bœufs tranquilles, à la robe d'un jaune pâle, véritables **patriarches** de la prairie, hauts de taille, un peu maigres, les cornes longues et rabattues [...].
Le vieux laboureur travaillait lentement, en silence, sans efforts inutiles.

George Sand, La Mare au diable, Librio n° 78.

Commentaires

• **charrues :** les mots de la famille de *char* prennent tous deux *r* à l'exception de *chariot*.
• **exhalait :** signifie ici *dégager* [une vapeur].
• **Holbein :** peintre allemand du XVIe siècle qui se spécialisa dans la peinture de portraits.
• **areau :** ancêtre de la charrue.
• **traîné :** ne pas oublier que le verbe *traîner* et ses dérivés s'écrivent avec un accent circonflexe sur le *i* (exemple : *entraîner*, *traîneau*...).
• **patriarche :** vieillard respecté entouré d'une nombreuse famille.

Dictée n° 38

Cf. leçon 4, p. 384

Les mœurs corses

Il ne faut *point* juger les mœurs de la Corse avec nos petites idées européennes. Ici un bandit est ordinairement le *plus* honnête homme du pays [...]. Un homme tue son voisin en plein jour sur la place publique, il gagne le **maquis** et **disparaît** pour *toujours*. *Hors* un membre de sa famille qui correspond avec lui, personne ne sait ce qu'il est devenu. [...] Quand ils ont fini leur **contumace**, ils rentrent chez eux comme des ressuscités [...].

[...] Ils vous racontent eux-mêmes leur histoire en riant, et ils s'en glorifient tous *plutôt* qu'ils n'en rougissent ; c'est *toujours* à cause du point d'honneur, et *surtout* quand une femme s'y trouve mêlée, que se déclarent ces **inimitiés** profondes qui [...] durent *quelquefois plusieurs* siècles [...].

Gustave Flaubert, *Voyage en Corse* dans *Corse noire*, anthologie présentée par Roger Martin, Librio n° 444.

Commentaires

• **maquis :** végétation constituée d'arbrisseaux capables de supporter l'aridité. Le maquis corse offre une bonne cachette aux bandits en fuite. Pour deviner la consonne finale muette de ce mot, on peut penser à *maquisard*, mot de la même famille.

• **disparaît :** ce composé de *paraître* prend un accent circonflexe sur le *i* chaque fois que celui-ci est placé devant un *t*.

• **contumace :** désigne ici la période pendant laquelle le bandit a disparu pour échapper à la justice.

• **inimitié :** ce mot est le contraire du mot *amitié*.

Dictée n° 39
Cf. leçon 5, p. 385

Les méfaits de l'opinion publique

Que s'est-il donc passé, comment ton peuple, France, ton peuple de bon cœur et de bon sens, **a-t-il** pu en venir à cette férocité de la peur, à ces ténèbres de l'intolérance ? On lui dit qu'il y a, dans la pire des tortures, un homme **peut-être** innocent, on a des preuves matérielles et morales que la révision du procès s'impose, et voilà ton peuple qui refuse *violemment* la lumière […].

Quelle angoisse et quelle tristesse, France, dans l'âme de ceux qui t'aiment, qui veulent ton **honneur** et ta grandeur ! […]

Songes-tu que le danger est *justement* dans ces ténèbres têtues de l'opinion publique ? Cent journaux répètent *quotidiennement* que l'opinion publique ne veut pas que Dreyfus soit innocent, que sa culpabilité est nécessaire au salut de la patrie. […] Aussi, ceux de tes fils qui t'aiment et t'**honorent**, France, n'ont-ils qu'un devoir ardent, à cette heure grave, celui d'agir *puissamment* sur l'opinion […].

Émile Zola, Lettre à la France dans J'accuse !, Librio n° 201.

Commentaires

- **a-t-il :** ne pas oublier les traits d'union.
- **peut-être :** locution adverbiale, ne pas oublier le trait d'union.
- **Quelle :** déterminant exclamatif qui s'accorde avec le nom qu'il introduit, ici *angoisse*, féminin singulier, puis *tristesse*, féminin singulier (cf. leçon : quel[le][s] *et* qu'elle[s], p. 387).
- **honneur / honorer :** attention, *honneur* prend deux *n* mais *honorer* un seul (de même que *honorable, honoraire, déshonorant…*).

Dictée n° 40

Cf. leçon 6, p. 386

La leçon de dessin

Le maître alla de chevalet en chevalet, grondant, flattant, plaisantant, et faisant, comme toujours, craindre plutôt ses plaisanteries que ses réprimandes. [...] Elle prit une feuille de papier et se mit à **croquer** à la **sépia** la tête du pauvre reclus. Une œuvre conçue avec passion porte toujours un **cachet** particulier. Aussi, dans la circonstance où se trouvait *Ginevra*, l'intuition qu'elle devait à sa mémoire vivement frappée, ou la nécessité peut-être, cette mère des grandes choses, lui prêta-t-elle un talent surnaturel. La tête de l'officier fut jetée sur le papier au milieu d'un tressaillement intérieur qu'elle attribuait à la crainte [...].

La beauté de l'inconnu [...] que lui prêtaient *son attachement à l'Empereur, sa blessure, son malheur, son danger même*, tout disparut aux yeux de Ginevra, ou plutôt tout se fondit dans un seul sentiment, nouveau, délicieux.

Honoré de Balzac, La Vendetta, Librio n° 302.

Commentaires

• **croquer :** dessiner rapidement et à grands traits un modèle pour en saisir l'attitude ou l'expression générale.

• **sépia :** sorte d'encre utilisée pour dessiner.

• **cachet :** marque distinctive qui fait l'originalité d'une œuvre d'art.

Dictée n° 41

Cf. leçon 7, p. 387

L'infidélité est masculine

HERMIANNE. — Oui, Seigneur, je le soutiens encore. La première inconstance, ou la première infidélité, n'a pu commencer que par quelqu'un d'assez hardi pour ne rougir de rien. Oh! comment veut-on que les femmes, avec la pudeur et la timidité naturelle *qu'elles* avaient, et *qu'elles* ont encore depuis que le monde et sa corruption durent, comment veut-on *qu'elles* soient tombées les premières dans des vices de cœur qui demandent autant d'audace, autant de **libertinage de sentiment**, autant d'effronterie que ceux dont nous parlons ? Cela n'est pas croyable.

Marivaux, *La Dispute*, Librio n° 477.

Commentaires

• **libertinage de sentiment :** inconstance, dérèglement dans le sentiment amoureux.

Dictée n° 42
Cf. leçon 7, p. 387

L'orgueil d'une maîtresse vu par sa servante

CLÉANTHIS. — Je sors, et **tantôt** nous reprendrons le discours, qui sera fort divertissant ; car vous verrez aussi **comme quoi** Madame entre dans une loge au spectacle, avec *quelle* emphase, avec *quel* air imposant, **quoique** d'un air distrait et sans y penser ; car c'est la belle éducation qui donne cet **orgueil-là**. Vous verrez comme dans la loge on y jette un regard indifférent et dédaigneux sur des femmes qui sont à côté, et qu'on ne **connaît** pas. [...]

Marivaux, L'Île des esclaves, Librio n° 477.

Commentaires

- **tantôt :** signifie ici *bientôt* (sens aujourd'hui vieilli).
- **comme quoi :** même sens que *comment*.
- **quoique :** quand on peut le remplacer par *bien que*, on écrit *quoique* en un mot (cf. leçon : quoique *et* quoi que, p. 388).
- **orgueil :** le *u* vient immédiatement après le *g,* car *-euil* devient *-ueil* après *g* et *c* (exemple : *cueillir*).
- **orgueil-là :** ne pas oublier le trait d'union qui rattache toujours la particule adverbiale *là* au mot qui la précède.
- **connaît :** ne pas oublier l'accent circonflexe sur le *i* chaque fois que celui-ci est placé devant un *t.*

Dictée n° 43

Cf. leçon 8, p. 388

Des pluies diluviennes

Nous avons réécrit la fin du texte pour en simplifier le sens.

Hélas! **je l'ai encore, cette pauvre enfant**; et *quoi qu*'elle ait pu faire, il n'a pas été en son pouvoir de partir le [dix] de ce mois, comme elle en avait **le dessein.** Les pluies ont été et sont encore si excessives, qu'il y aurait eu de la folie à **se hasarder.** Toutes les rivières sont débordées, tous les grands chemins sont noyés [...]. [...] je vous avoue que l'excès d'un si mauvais temps fait que je me suis opposée à son départ pendant quelques jours. Je ne prétends pas qu'elle évite le froid, ni les boues, ni les fatigues du voyage; mais je ne veux pas qu'elle soit noyée.

Cette raison, *quoique* très forte, ne la retiendrait pas **présentement.**

Madame de Sévigné, d'après la *Lettre au comte de Grignan du 16 janvier 1671,* dans « *Ma chère bonne...* », Librio n° 401.

Commentaires

• **je l'ai encore, cette pauvre enfant:** Madame de Sévigné parle ici de sa fille qui veut quitter Paris mais en est empêchée par des pluies torrentielles, et doit par conséquent rester auprès de sa mère. *Je l'ai encore* signifie ainsi: « je l'ai encore auprès de moi ».

• **le dessein:** l'intention. À ne pas confondre avec le *dessin* que l'on dessine.

• **se hasarder:** se risquer (sous-entendu: « à partir »).

• **présentement:** adverbe aujourd'hui vieilli qui signifie *maintenant, au moment où je parle.*

Alphabet phonétique des voyelles et des consonnes mentionnées

Voyelles

[i] lit
[e] blé, lancer
[ɛ] mère, mais, forêt. mercredi
[a] chat
[ĩ] brin, main
[y] vu

Consonnes

[f] fable
[n] anormal
[r] rat
[ʒ] venger, jeter

Librio

835

Composition PCA – 44400 Rezé
Achevé d'imprimer en France par Aubin
en mars 2007 pour le compte de E.J.L.
87, quai Panhard-et-Levassor, 75013 Paris
Dépôt légal mars 2007.
EAN 9782290003473

Diffusion France et étranger : Flammarion